Fremdsprache und Rhythmus

Eine Untersuchung zum Sprachrhythmus in
Deutsch und Spanisch als Fremdsprache

von

Silvia Pulzován de Egger

Tectum Verlag
Marburg 2002

D 25

Die Deutsche Bibliothek - CIP-Einheitsaufnahme

Pulzován de Egger, Silvia:
Fremdsprache und Rhythmus.
Eine Untersuchung zum Sprachrhythmus in Deutsch und Spanisch als Fremdsprache.
/ von Silvia Pulzován de Egger
- Marburg : Tectum Verlag, 2002
Zugl: Freiburg i. Br., Univ. Diss. 2001
ISBN 3-8288-8376-1

© Tectum Verlag

Tectum Verlag
Marburg 2002

Danksagung

An erster Stelle möchte ich meinem Doktorvater, Prof. Dr. Peter Auer, für die Betreuung dieser Arbeit und für die fördernde und hilfreiche Kritik danken. Ohne seine tatkräftige Unterstützung wäre diese Arbeit nicht möglich gewesen. Auch Herrn Prof. Robert Bannert möchte ich für seine beratende Unterstützung danken. Allen Informanten, durch deren Mitarbeit das Material für die empirische Untersuchung erstellt werden konnte, sei hier auch ganz herzlich gedankt.
Herrn Thurow sowie den Mitarbeitern des Sprachlabors für Experimentalphonetik der Universität, insbesondere Franziska und Odile, sei hier mein Dank ausgesprochen für die Möglichkeit, Räumlichkeiten und Geräte des Sprachlabors zu benutzen und für die offene Hilfsbereitschaft und beratende Unterstützung. Ebenso möchte ich allen Teilnehmern des Kolloquiums von Prof. Auer für Hinweise und Anregungen zu dieser Arbeit danken, ganz besonders Dr. Peter Gilles für technische Hilfe beim Abspeichern der Aufnahmen.
Dankend möchte ich an meinen 1997 verstorbenen Betreuer Prof. Dr. Otmar Werner gedenken, dessen Glauben an mein Projekt mir das Studium an einer deutschen Universität ermöglicht hat.
Dem Deutschen Akademischen Austauschdienst (DAAD) bin ich für die finanzielle Unterstützung durch Jahresstipendien 1996 und 1997 verbunden.
An dieser Stelle möchte ich auch an Roberto Bein und an Dr. Michael von Engelhardt, beide ehemalige DAAD-Lektoren in Buenos Aires, meinen Dank aussprechen. Durch deren gemeinsamen Anstoß fand diese Arbeit ihren Ursprung. Mein Dank gilt auch Klaus Kiewert für das Korrekturlesen der Dissertationsarbeit, sowie allen Freunden, die mir Beistand auch in schweren Zeiten leisteten. Ganz besonders bin ich meinen Schwiegereltern und meiner Mutter für die liebevolle und geduldige Unterstützung verbunden.

Schließlich möchte ich mich ganz herzlich bei meinem Ehemann Reinhold und unserer Tochter Florencia bedanken, nicht nur für Geduld, Verständnis, Hilfsbereitschaft und Mutzuspruch, sondern auch für die lebhafte Abwechslung, die sie mir während der Forschungszeit geboten haben.

Inhaltsverzeichnis

1. **Einleitung und Zielsetzung** 9
   1.1. Der Sprachrhythmus 11
   1.2. Die untersuchten Sprachen 17
      1.2.1. Der Rhythmus im Spanischen 19
      1.2.2. Der Rhythmus im Deutschen 24
   1.3. Fremdsprachenerwerb, kontrastive Linguistik und natürliche Phonologie 28
   1.4. Fremdsprachenerwerb und Sprachrhythmus 35
   1.5. Fragestellung 40

2. **Methode** 43
   2.1. Die Informanten 43
   2.2. Die Aufnahmen 48
   2.3. Die Auswertung 49

3. **Aufbau der Silbe** 51
   3.1. Aufbau der Silbe im Spanischen und im Deutschen 57
   3.2. Silbifizierung 59

4. **Veränderungsprozesse der Silbenstruktur** 61
   4.1. Sonoritätshierarchie und Konsonantencluster 61
      4.1.1. Konsonantencluster im Deutschen 63
      4.1.2. Konsonantencluster im Spanischen 69
      4.1.3. Vorhersage für den Fremdsprachenerwerb 72
      4.1.4. Konsonantencluster in DaF 73
      4.1.5. Konsonantencluster in Spanisch als Fremdsprache 77
      4.1.6. Zusammenfassung und Interpretation 78
   4.2. Klitika 80
      4.2.1. Klitika im Deutschen 84
      4.2.2. Klitika im Spanischen 88
      4.2.3. Vorhersage für den Fremdsprachenerwerb 92
      4.2.4. Klitika in Deutsch als Fremdsprache 93
      4.2.5. Klitika in Spanisch als Fremdsprache 94
      4.2.6. Zusammenfassung und Interpretation 96
   4.3. /s/-Allophone im Spanischen 97

4.3.1. Vorhersage für den Fremdsprachenerwerb 103
4.3.2. Das Phonem /s/ bei Mutter- und Fremdsprachlern 104
4.3.3. Das Phonem /s/ bei SpaF-Lernern 107
4.3.4. Das Phonem /s/ bei DaF-Lernern 108
4.3.5. Zusammenfassung und Interpretation 110
4.4. Auslautende Konsonanten 111
4.4.1. Auslautverhärtung im Deutschen 111
4.4.2. Der Auslaut im Spanischen 113
4.4.3. Vorhersage für den Fremdsprachenerwerb 113
4.4.4. Auslautende Konsonanten bei argentinischen DaF-Lernern 114
4.4.5. Auslautende Konsonanten bei deutschen Spanischlernern 117
4.4.6. Zusammenfassung und Interpretation 119
4.5. Resilbifizierung 121
4.5.1. Resilbifizierung im Spanischen 122
4.5.2. Resilbifizierung im Deutschen 125
4.5.3. Vorhersage für den Fremdsprachenerwerb 125
4.5.4. Resilbifizierung in Spanisch als Fremdsprache 126
4.5.5. Resilbifizierung in Deutsch als Fremdsprache 129
4.5.6. Zusammenfassung und Interpretation 131
4.6. Der [ʔ]-Laut im Deutschen 133
4.6.1. Vorhersage für den Fremdsprachenunterricht 135
4.6.2. Empirischer Teil 136
4.6.3. Zusammenfassung und Interpretation 147
4.7. Konsonantentilgung im Spanischen 149
4.7.1. Vorhersage für den Fremdsprachenerwerb 150
4.7.2. Konsonantentilgung in Spanisch als Fremdsprache 150
4.7.3. Konsonantentilgung in DaF 151
4.7.4. Zusammenfassung und Interpretation 151
4.8. Die Dauer der Vokale 152
4.8.1. Vokaldauer im Deutschen 153
4.8.2. Vokaldauer im Spanischen 156
4.8.3. Vorhersage für den Fremdsprachenerwerb 157
4.8.4. Empirische Untersuchung 158
4.8.5. Vokaldauer bei DaF-Lernern 160
4.8.6. Vokaldauer bei SpaF vor /r/ und /ɾ/ 168
4.8.7. Zusammenfassung und Interpretation 174
4.9. Elision des /ə/-Lautes 175
4.9.1. Vorhersage für den Fremdsprachenerwerb 175

4.9.2.	Elision des /ə/-Lautes bei DaF-Lernern	176
4.9.3.	Vokaltilgung und silbische Konsonanten bei SpaF-Lernern	178
4.9.4.	Zusammenfassung und Interpretation	179
4.10.	**Synalöphe und Synärese**	**181**
4.10.1.	Vorhersage für den Fremdsprachenerwerb	183
4.10.2.	Vokalfolgen bei SpaF-Lernern	183
4.10.3.	Vokalfolgen bei DaF-Lernern	186
4.10.4.	Zusammenfassung und Interpretation	188

5. Zusammenfassung und Ausblick für den Fremdsprachenunterricht 189

6. Anhang 199

7. Bibliographie 201

1. Einleitung und Zielsetzung

Das Erlernen einer Fremdsprache im Erwachsenenalter fällt den meisten Personen schwer, denn viele neue Aspekte müssen mehr oder weniger gleichzeitig gelernt werden: Grammatik, Syntax, Wortschatz und Phonetik. Im Fremdsprachenunterricht wird üblicherweise sehr viel Zeit und Arbeit der Grammatik und dem Vokabular gewidmet, in der Annahme, sie seien die Basis der Sprache[1]. Erst seit einigen Jahren wächst das Interesse an der Rolle der Phonetik im Fremdsprachenunterricht, was aber nicht bedeutet, dass eine Ausspracheschulung im Sprachunterricht auch tatsächlich stattfindet. Oft ist die Zeit dafür zu knapp, der Sprachlehrer verfügt nicht über das notwendige Fachwissen, oder es sind nicht genügend Materialien vorhanden, die genau auf die Lernergruppe passen[2]. Negative Auswirkungen dieses Umstandes bestehen beispielsweise darin, dass nur wenige phonologisch/phonetische Merkmale der neuen Sprache vermittelt werden, und dass keine vollständige Ausspracheschulung stattfindet, in der u.a. die rhythmische Struktur der Fremdsprache bewusst gemacht wird. Der Sprachlerner bemerkt zwar oft selbst, dass er den Rhythmus der Fremdsprache nicht korrekt nachmachen kann. Leider kann er als Laie im Normalfall die Natur dieses neuen Rhythmus aber nicht entziffern[3] und benötigt hier die Hilfe eines qualifizierten Sprachlehrers. Voraussetzung für ein effektives Training des Sprachrhythmus in der Fremdsprache ist die kontrastive Arbeit mit der Muttersprache des Sprachschülers, weil der befremdliche Akzent in bezug auf den Rhythmus in der Fremdsprache auf Interferenzen aus der Muttersprache[4] und auf universelle Tendenzen zurückgeführt werden kann.
Konkret soll dies hier am Beispiel Deutsch-(argentinisches) Spanisch dargestellt werden.

Die vorliegende Untersuchung richtet sich nicht nur an Linguisten, sondern auch an Lehrer für Deutsch-als-Fremdsprache (DaF) und Spanisch-als-Fremdsprache (SpaF). Zielsetzung der Arbeit ist zum einen, den Sprachrhythmus im argentinischen Spanischen und im Deutschen zu beschreiben, und zum anderen soll im empirischen Teil der Arbeit festgestellt werden, inwiefern der Rhythmus in Deutsch bzw. Spanisch als Fremdsprache nachgemacht werden kann. Es wird also untersucht, mit welchen den Rhythmus ausmachenden Faktoren, die

---

[1] Vgl. Terrell 1977, S. 326.
[2] Hirschfeld 1995, S. 7.
[3] Adams 1979, S. 3.
[4] Klimov 1995, S. 23.

Fremdsprachler Schwierigkeiten haben, wo Interferenzen aus der Muttersprache zu erwarten sind, und schließlich wie sehr dieser dann entstehende Rhythmus dem Sprachrhythmus der Zielsprache nahe kommt. Dazu werden einige der wesentlichen Aspekte für die Rhythmusbildung untersucht. Es handelt sich dabei um Phänomene, die die Silbenstruktur betreffen. Wie im Verlaufe der Arbeit gezeigt werden wird, sind derartige Phänomene schwer zu erlernen, wie z.B. umgangssprachliche Veränderungen der Silbenstruktur durch Resilbifizierung und Konsonantentilgung, oder für die Sprachlerner "neuartige" Silbenstrukturen mit komplexer Coda. Im folgenden werden diese Aspekte sowohl theoretisch wie auch empirisch untersucht.

Den theoretischen Rahmen dieser Arbeit bilden die Kontrastive Linguistik und die Natürliche Phonologie. Beide werden unter 1.2. kurz erläutert.

1.1. Der Sprachrhythmus

Die rhythmische (isochrone[5]) Struktur ist ein wesentliches Identifikationsmerkmal gesprochener Sprache[6]. Alle mündlichen Äußerungen haben unabhängig von der Sprache die Eigenschaft, sich in der Zeit zu entfalten. Während dieses zeitlichen Verlaufs wiederholt sich in den meisten Sprachen eine Folge von sich abwechselnden betonten und unbetonten Silben mehr oder weniger regelmäßig. Dies lässt eine zunächst einfache phonetische Rhythmizität erwarten, die von Sprache zu Sprache anders sein kann. Diese rhythmische Struktur hat vor allem die Funktion, gesprochene Sprache so zu organisieren, dass der Hörer relevante Informationen leichter heraushören kann, da er seine Aufmerksamkeit auf die voraussehbaren betonten Silben richten kann[7]. Der Rhythmus organisiert also die Sprache, damit dem Hörer die Perzeption erleichtert wird.

Bei einer phonetisch-phonologischen Untersuchung des Sprachrhythmus lassen sich alle Sprachen nach der (starken) Isochronie-Hypothese[8] in zwei große Gruppen einteilen, nämlich in "akzentzählende", bei denen betonte Silben sich in zeitlich regelmäßigen Abständen wiederholen, und "silbenzählende". Bei den letzteren wechseln sich auch betonte und unbetonte Silben ab, wobei die zeitliche Dauer von einem Akzent zum nächsten irrelevant ist.

Aus der Isochronie der Füße in den akzentzählenden Sprachen folgt, dass ihre Silbendauer variabel sein muss, um auch bei unterschiedlich aufgebauten Füßen Isochronie sicherzustellen. In einer idealen akzentzählenden Sprache ist somit die Fußdauer konstant, dafür lässt sich aber die Silbendauer verändern. Die rhythmische Komprimierung der einzelnen Silben in mehrsilbigen Füßen führt zur Reduktion der unbetonten Silben oder sogar zum Silbenausfall.

Für silbenzählende Sprachen hingegen folgt aus der Isochronie der Silben, dass die Abstände zwischen zwei Akzenten in Abhängigkeit von der Anzahl intervenierender Silben proportional anwachsen. Hier verändert sich also die Fußdauer je nach Anzahl der Silben. Bei einer konstant bleibenden Silbendauer ist theoretisch ein Fuß mit vier Silben doppelt so lang in seinem zeitlichen Verlauf wie ein Fuß mit nur zwei Silben.

---

[5] Isochronie ist der zeitliche gleichmäßige Wechsel von betonten und unbetonten Silben (Völtz 1991, S. 284).
[6] Unter anderen Klimov, 1995, S. 23 und Auer/Uhmann 1988, S. 217.
[7] Auer/Couper-Kuhlen 1994, S. 83f, Allen/Hawkins 1980, S. 228f. Siehe auch Kohno 1987, S. 54.
[8] Nach Pike 1945 und Abercrombie 1967.

Dieser Unterschied zwischen beiden Rhythmustypen kann (theoretisch) folgendermaßen, am Beispiel von Deutsch und Spanisch, veranschaulicht werden (wobei | die isochrone Einheiten markiert und ' den Akzent) [9]:

Deutsch	Spanisch
	Péter	ráucht			Sán	dro	fú	ma	
	Frídolin	ráucht			Sán	dro	ha	fu	má	do	
	Frídolin be	trínkt sich			A	le	ján	dro	ha	fu	má	do	

Am deutschen Beispiel kann man beobachten, dass die Fußdauer mehr oder weniger konstant bleibt, wofür unbetonte Silben auch reduziert werden können. Am spanischen Beispiel dagegen ist die Silbendauer relativ gleichmäßig, unabhängig von der Position und Anzahl betonter und unbetonter Silben.

Eine Unterscheidung der Rhythmustypologie kann nicht nur auf der Basis der Isochronie-Hypothese gemacht werden, da sie nicht als objektiv messbare akustische Realität feststellbar ist. Es sind aber besonders die Merkmale phonologischer Art, die in den Sprachen objektiv nachweisbar sind, und die weiterhin eine binäre Einteilung der Sprachen als silben- oder akzentzählend ermöglichen. Diese Merkmale betreffen hauptsächlich die Silbenstruktur, nämlich die Komplexität der Silbenstruktur und jeder ihrer einzelnen Komponenten, die Stabilität des Vokalsystems und die (Nicht-)Reduktion unbetonter Silben. Diese Faktoren werden in der folgenden Tabelle genauer erläutert.

---

[9] Z.T. aus Auer/Uhmann 1988, S. 218.

prototypische akzentzählende Sprachen	prototypische silbenzählende Sprachen
verschiedene, komplexe Silbenstruktur	überwiegend Konsonant-Vokal (CV)-Silbenstruktur
betonte Silben sind meistens schwer, unbetonte Silben sind leicht	keine Unterschiede in der Struktur betonter und unbetonter Silben
die Kombination von Elementen an jeder silbischen Position können von erheblicher Komplexität sein	außer der Kombination von C und V sind keine weiteren Cluster möglich
die Silbenlängen sind nicht einheitlich	die Silbenlängen sind einheitlich
jede unbetonte Silbe wird qualitativ und quantitativ reduziert	Reduktionen finden nicht statt. Jede Silbe ist sowohl qualitativ als auch quantitativ vollständig vorhanden
tempoabhängig variable, schlecht definierte Silbengrenzen, die zu einer Abschwächung von ambisilbischen Konsonanten führen können	konstante, gut definierte Silbengrenzen
Vokalsystem im Nebenakzent reduziert, keine Vokalharmonie möglich	Vokalsystem stabil und Vokalharmonie möglich
Vokalausfall aus akzentuellen Gründen	Vokalausfall zur Optimierung der Silbenstruktur
komplexe Akzentregeln. Akzent ist grammatisch distinktiv. Phonetisch gesehen ist der Akzent komplex, er kann durch Dauer, Veränderung der Tonhöhe, Lautstärke und Qualität des Vokals ausgedrückt werden	Akzent grammatisch wenig distinktiv. Wortakzent fehlt zum Teil. Phonetisch betrachtet kommt der Akzent hauptsächlich durch Tonhöhenveränderungen zum Ausdruck[10]
Es werden eher die ersten Silben des Wortes betont	Es werden eher die letzten Silben des Wortes betont

Tabelle 1: Merkmale von prototypischen akzent- bzw. silbenzählenden Sprachen[11]

---

[10] Dauer 1983, S. 58.

Aus der Tabelle geht hervor, dass beide Rhythmustypen sich besonders dadurch unterscheiden, wie sehr sich die betonten Silben qualitativ und quantitativ von den unbetonten Silben abheben, denn bei einer prototypisch akzentzählenden Sprache bilden die betonten Silben einen starken Kontrast zu den unbetonten, während bei den silbenzählenden Sprachen der Unterschied nicht so groß ist. Beide Rhythmustypen unterscheiden sich auch durch die (In)Stabilität des Vokalsystems, denn bei silbenzählenden Sprachen sind Silbenstruktur und Vokalsystem bei betonten und unbetonten Silben immer gleich, während das Vokalsystem bei den akzentzählenden Sprachen für betonte und unbetonte Silben unterschiedlich ist. Weitere Unterscheidungsmerkmale sind die Komplexität der Silbenstruktur und schließlich wie stark - phonetisch betrachtet - der Akzent zum Ausdruck kommt, denn bei den akzentzählenden Sprachen kann dieser durch Dauer, Veränderung der Tonhöhe, Lautstärke und Qualität des Vokals ausgedrückt werden.

Die einzige "universelle" Voraussetzung für Rhythmusbildung ist, dass es einen Unterschied zwischen betonten und unbetonten Silben gibt[12], und dass diese im Sprachfluss abwechselnd vorkommen[13].

Diese strenge Polarisierung zwischen idealen akzent- bzw. silbenzählenden Sprachen ist nicht realistisch, denn selten besteht der Rhythmus einer Sprache aus allen Merkmalen dieser Prototypen. Daher unterscheiden sich Sprachen, die als zum selben Prototyp gehörend eingestuft werden, trotzdem in ihrer rhythmischen Struktur stark voneinander. Als Beispiele seien Englisch und Arabisch unter den akzentzählenden und Spanisch und Französisch unter den silbenzählenden Sprachen genannt[14]. Daher sollte der Übergang zwischen akzent- und silbenzählenden Sprachen als Kontinuum gesehen werden, bei dem Sprachen als eher akzent- oder eher silbenzählend eingestuft werden. Die genaue Lage innerhalb des Kontinuums wird dadurch bestimmt, ob Dauerverhältnisse innerhalb des Fußes oder innerhalb der Silbe ausgeglichen werden, und in welchem Maß die in der

---

[11] Nach Auer/Uhmann 1988, S. 253, Dauer 1983, S. 55ff und Völtz 1991, S. 286.
[12] Laver 1994, S. 514.
[13] Diese Abfolge betonter und unbetonter Silben wird auch *rhythmische Alternanz* genannt. Für (phonetische) Forschungsergebnisse siehe Bruce 1983, Almeida 1993 und 1994 und Toledo 1997.
[14] Dauer 1987, S. 447.

Tabelle angeführten Faktoren zutreffen. Diese Auffassung stellt eine schwächere Version der Isochronie-Hypothese dar[15]. Demnach beziehen sich im folgenden die Begriffe silben- und akzentzählend nicht auf die beiden Extreme der starken Isochronie-Hypothese, sondern auf die tendenzielle Annäherung an einen der beiden Idealtypen. Durch die schwächere Isochronie Hypothese entsteht die Schwierigkeit, Sprachen innerhalb des Kontinuums richtig einzustufen, weil ja oft nur manche der o.g. Merkmale auf eine Sprache zutreffen oder auch Merkmale beider Rhythmustypen in einer Sprache möglich sind. Es bleibt auch offen, ab wann die Linguisten die Bezeichnung "eher akzentzählend" gebrauchen. Sobald eine Sprache nicht protoypisch silbenzählend ist, oder erst wenn die Sprache mehrheitliche Kriterien akzentzählender Sprachen erfüllt? Für die vorliegende Untersuchung ist die Bezeichnung des Rhythmustyps allerdings nicht in dem Maße relevant wie die Analyse der einzelnen Faktoren und ihre Erlernbarkeit in der Fremdsprache.

Ein weiteres Einstufungsproblem kann sich ergeben, da gelegentlich innerhalb einer Sprache beide Isochronie-Typen konkurrieren[16], denn die Wahl zwischen silben- und akzentzählend ist vom Sprachtempo abhängig. Bei höherer Sprachgeschwindigkeit nähert sich eine sonst eher silbenzählende Sprache dem akzentzählenden Typ an.

Abgesehen von den phonetisch-phonologischen Merkmalen, zur Feststellung des Rhythmus einer Sprache, scheint die Domäne der menschlichen Perzeption[17] eine wichtige Rolle zu spielen. Denn nach der schwachen Isochronie-Hypothese ist der Eindruck von Regelmäßigkeit das Entscheidende und nicht die akustisch-phonetische Isochronie (nach der Isochronie-Hypothese). Anders als bei einem unregelmäßigen Takt in der Musik, der jedem Menschen sofort auffällt, tendieren Hörer dazu, kleinere Unregelmäßigkeiten im Sprachrhythmus nicht wahrzunehmen[18]. Testpersonen überschätzen erwiesenermaßen[19] kurze Intervalle

---

[15] Nach Auer/Uhmann 1988.
[16] Auer/Uhmann 1988. S. 254.
[17] Psychologisch-perzeptuelle Ebene nach Lösener 1999, S. 104.
[18] Pompino-Marschall 1990, S. 8.

zwischen sprachlichen Stimuli bezüglich ihrer Länge, unterschätzen aber lange Intervalle. Akustisch unterschiedliche Zeitdauermessungen werden von den Versuchspersonen an ein Gleichmaß angenähert, weil schon die Tendenz zur Isochronie im akustischen Signal bei dem Hörer den Eindruck von Isochronie erweckt[20]. Bei nicht-sprachlichen Geräuschen (wie z.B. Musik) kommt diese "Vereinheitlichung" des Rhythmus nicht vor.

Die Gründe für diese Nivellierung im sprachlichen Signal sind in zwei Faktoren zu suchen. Einerseits kann ein Überhören oder Zulassen kleinerer Abweichungen von einem regelmäßigen Rhythmus seitens des Hörers vorliegen, der aus eigener Erfahrung (unbewusst) weiß, dass die Artikulation von verschiedenen phonologischen Strukturen auch unterschiedliche zeitliche Dauer in Anspruch nehmen kann[21]. Andererseits ist auch der Messpunkt ein entscheidender Faktor, denn bei einer akustisch-phonetischen Zeitdauermessung des Sprachsignals wird als Messpunkt entweder der Vokalansatz oder der Beginn des akustischen Signals angenommen. Diese Wahl des Messpunktes stimmt aber nicht unbedingt mit der menschlichen Perzeption überein. Diese wird vielmehr von der psychologischen Realität ("was der Hörer hören will") als von dem realen akustischen Signal gesteuert. Der vom Hörer angenommene Messpunkt wird "Perceptual-Center" oder auch P-Center genannt[22].

Durch die Verschiebung der Ableitbarkeit des Rhythmus aus sprachlichen Einheiten auf allgemeine Wahrnehmungsprinzipien wird der Rhythmus von der Sprache selbst abgelöst, denn sie dient nur noch als "Projektionsfläche für die perzeptuelle Rhythmisierung"[23]. Da die menschliche Wahrnehmung sehr subjektiv ist, kann die Isochronie auch bei der schwachen Isochronie-Hypothese nicht objektiv durch empirische Untersuchungen bestätigt werden[24].

---

[19] Siehe u.a. Auer/Uhmann 1988, S. 240ff und Völtz 1991, S. 288f.
[20] Völtz 1994, S. 100f.
[21] Vgl. Laver 1994, S. 525.
[22] Für weitere Forschungsergebnisse und Diskussion siehe Pompino-Marschall 1990 und Auer/Uhmann 1988, S. 241.
[23] Lösener 1999, S. 104.
[24] Vgl. Auer/Couper-Kuhlen 1994, S. 82 und Lösener 1999, S. 106.

1.2. Die untersuchten Sprachen

In dieser Arbeit werden zunächst der Rhythmus des Deutschen und Spanischen (in der Porteño-Varietät) anhand der bereits vorliegenden Literatur verglichen. Anschließend wird empirisch untersucht, wie argentinische Muttersprachler den Rhythmus in Deutsch als Fremdsprache lernen und ebenfalls wie deutsche Muttersprachler den Rhythmus in Spanisch als Fremdsprache lernen. Die Auswahl dieser beiden Sprachen ist wesentlich dadurch motiviert, dass noch keine vergleichenden Untersuchungen zum Sprachrhythmus zwischen argentinischem Spanisch und Deutsch vorliegen. Dies ist erstaunlich, da viele Argentinier Deutsch lernen, sowohl in Argentinien als auch in Deutschland, und auch die Nachfrage für das argentinische Spanisch unter Deutschen groß ist. Leider haben die meisten Lehrwerke für SpaF das Iberisch-Spanische als Zielsprache[25], und die lateinamerikanischen Varietäten werden nicht berücksichtigt. Daher ist eine detaillierte Beschreibung der Erlernbarkeit des Rhythmus in der Fremdsprache für viele Sprachlerner und -lehrer wichtig und notwendig.

Das argentinische Spanisch ist nach Kubarth[26] nicht nur am meisten innerhalb der Hispania vom Kastilischen entfernt[27], sondern auch auch sehr verschieden von anderen lateinamerikanischen Varietäten[28]. Dies betrifft alle sprachlichen Aspekte, besonders den Wortschatz und die Phonologie, darunter auch Aspekte, die einen Einfluss auf den Sprachrhythmus haben, wie z.B. die phonetischen Mittel zur Hervorhebung der betonten Silbe[29] und sprachspezifische Prozesse wie die Tilgung des auslautenden /s/-Phonems.

---

[25] Zum Beispiel *Por supuesto* (Klett Verlag), *Kontakte Spanisch* (Hueber Verlag), *Paso a paso* (Hueber), *Español* (Rororo).
[26] Kubarth 1987, S. 171.
[27] Obwohl die Argentinier ihre Sprache spontan als *castellano* bezeichnen und nicht als *español*.
[28] Der historische Ursprung für diese unterschiedliche Sprachentwicklung innerhalb Lateinamerikas ist auf die relativ späte Besiedlung Argentiniens und die dadurch (im Vergleich zu anderen Kolonien in Südamerika) lockere Bindung an Spanien zurückzuführen. Unter anderem durch die Sprache versuchte man damals, sich von Spanien abzugrenzen, um auf dieser Weise eine neue Identität zu finden (Kubarth 1987, S. 173).
[29] Siehe Borzone de Manrique/Signiorini 1983.

Da es (noch) keine schriftliche, ganzheitliche phonologische Normierung dieser Varietät gibt, sondern nur einzelne Untersuchungen zu bestimmten Phänomenen, sollen bei der vorliegenden Arbeit die Aufnahmen von argentinischen Muttersprachlern[30] als Referenzpunkt für die Porteño-Varietät gelten.

Für die deutsche Aussprache dagegen gibt es verschiedene Normierungen, wie z. B. Siebs oder das Aussprachewörterbuch von Duden. Beide basieren auf empirischen Daten geschulter Sprecher, z.B. Schauspieler oder Rundfunksprecher bei der Ausübung ihres Berufes.

Solche Normierungen sind ein Versuch, die Aussprache zu vereinheitlichen und vor allem festzuhalten. Dies wiederum hat allerdings zur Folge, dass diese schriftliche Fixierung zur Grundvoraussetzung oder Norm wird. Es besteht dann die Gefahr einer Versteinerung der Sprache, denn die Norm (und evtl. auch der Rhythmus einer Sprache) kann sich mit der Zeit und durch die Gesellschaft ändern, und keine schriftliche Kodifizierung kann damit Schritt halten[31]. Dadurch wird die normierte Hochsprache zu einem Ideal, das nur selten von realen Sprechern erreicht wird. Speziell für die Beschreibung des Rhythmus kann die Normierung der Sprache bewirken, dass umgangssprachliche Phänomene, die einen großen Einfluss auf den Rhythmus haben, nicht berücksichtigt werden.

Für die vorliegende Arbeit wird zunächst eine dialektfreie Aussprache des Deutschen als Standard betrachtet, also eine norddeutsch geprägte Standardaussprache geschulter deutscher Sprecher, wie es in der hier verwendeten Fachliteratur (u.a. Kohler und Wiese) üblich ist. Dieser dialektneutrale Standard wird auch in den gängigen Lehrwerken für Deutsch als Fremdsprache angestrebt[32], so dass er für viele der Deutschlernern die Norm bildet.

---

[30] Siehe Kapitel *Methode*, S. 43ff.
[31] Kohler 1995, S. 27.
[32] Zum Beispiel *Lernziel Deutsch* (Max Hueber Verlag), *Memo* (Langenscheidt Verlag), *Themen neu* (Hueber Verlag), *Die Suche* (Langenscheidt Verlag), *Unterwegs* (Langenscheidt Verlag).

1.2.1. Der Rhythmus im Spanischen

Im Rahmen der starken Isochronie-Hypothese wird das Spanische, zusammen mit den meisten romanischen Sprachen, sehr oft als Beispiel für eine typische silbenzählende Sprache angeführt[33]. Obwohl das Spanische nicht alle Kriterien einer typischen silbenzählenden Sprache erfüllt (siehe Tabelle 1, S. 13), erweckt seine relativ einheitliche Silbenstruktur den Eindruck, die Silben seien von gleicher phonetischen Dauer[34].
Aber erst eine Untersuchung aller o.g. Faktoren, die den spanischen Rhythmus ausmachen, erlaubt eine angemessene Einstufung innerhalb der Skalierung zwischen eher akzent- oder eher silbenzählenden Sprachen. Im folgenden Modell (nach Tabelle 1 und nach Dauer[35]) werden diese Faktoren für das Spanische analysiert. Dabei beschreibt bei jedem Kriterium der erste Satz (+) immer ein typisches Merkmal von akzentzählenden Sprachen, der zweite Satz (0) ist, falls vorhanden, gewissermaßen "neutral", der dritte (-) beschreibt ein typisches Merkmal von silbenzählenden Sprachen. Die angekreuzten Sätze beschreiben das (argentinische) Spanisch:

Silbendauer
+ Die betonten Silben sind erheblich länger in ihrer zeitlichen Dauer als unbetonte.
X 0 Die betonten Silben sind leicht länger in ihrer zeitlichen Dauer als unbetonte.
- Die betonten Silben sind nicht länger in ihrer zeitlichen Dauer als unbetonte, oder es gibt keinen Akzent.

Nach Borzone de Manrique/Signiorini[36] sind nicht-finale betonte und unbetonte Silben bei argentinischen Sprechern durchschnittlich um einen Faktor von 1.5 kürzer als betonte Silben vor einer Pause. Nach Delattre[37] beträgt der Faktor

---

[33] Pike 1945.
[34] Auer/Uhmann 1988, S. 248.
[35] Modell von Dauer 1987, S. 448f übernommen.
[36] Borzone de Manrique/Signiorini 1983, S. 120.
[37] Delattre 1966, S. 186.

durchschnittlich 1.2 und nach Olsen[38] sind betonte Silben in Spanischen um ein Faktor 1.3 länger als unbetonte.

<u>Silbenstruktur</u>

    + In dieser Sprache können sehr unterschiedliche Silbenstrukturen vorkommen.
    Schwere Silben sind meist betont, leichte unbetont.
    ✗ - Es gibt eine begrenzte Anzahl von Silbentypen (hauptsächlich CV und CVC). Es können Prozesse wie Reduktion von finalen Cluster, Epenthesis oder Verschmelzung zur Optimierung der Silbenstruktur vorkommen.

Das Spanische weist 10 mögliche Silbenstrukturen auf[39], eine eher begrenzte Anzahl im Vergleich zu anderen Sprachen. Dabei kommen sehr wenige Cluster vor. Im Onset sind maximal zwei Konsonanten erlaubt, in der Coda kommen in seltenen Fällen und nur wortintern auch zweigliedrige Cluster vor. Die Präferenz für offene Silben, die von einem Konsonant eingeleitet werden, ist im Spanischen sehr stark ausgeprägt: 70% der Silben sind offen (58% CV, 6% CCV und 6% V)[40]. Bei Silben anderer Strukturtypen können viele Prozesse stattfinden, um diese zu verbessern[41].

---

[38] Olsen 1972, S. 994.
[39] Völtz 1994, S. 101.
[40] Vgl. Auer/Uhmann 1988, S. 247.
[41] Siehe Kapitel *Aufbau der Silbe*, S. 51ff.

Vokalqualität

    + Das Vokalsystem der betonten Silben ist größer als das der unbetonten, welche zur Reduktion tendieren.

    0 Das Vokalsystem der unbetonten Silben ist kleiner als das der betonten, aber die Vokale werden nicht zentralisiert.

    ✕ - Das Vokalsystem ist für betonte und unbetonte Silben gleich. Veränderungen der Vokale, die immer nur phonetischer Natur sind, betreffen sowohl betonte als auch unbetonte Vokale.

Im Spanischen besteht das Vokalsystem aus den fünf Phonemen /a, e, i, o, u/, die sowohl an betonter wie als auch an unbetonter Position vorkommen können.

Konsonanten

    + Konsonanten werden in betonten Silben genauer artikuliert als in unbetonten. Es können Allophone auftreten.

    ✕ - Alle Konsonanten werden unabhängig von der Betonung gleich ausgesprochen. Allophone sind nicht durch den Akzent bedingt.

Im Spanischen werden unbetonte Silben nicht reduziert. Also sind nicht nur die Vokalen, sondern auch die Konsonanten an unbetonter Position gleich wie die an betonter Position. Phonetische Qualitätsveränderungen der Konsonanten entstehen als Folge des Sprachstils und der Sprechgeschwindigkeit, aber nicht der Betonung[42]

---

[42] Vgl. Harris 1969.

Akzentfunktion

   ✗ + Der Akzent kann an verschiedenen Positionen in einem Wort vorkommen und dient auch der Erkennung dieses Wortes. Eine Verschiebung des Akzents könnte eine neue Bedeutung bringen.

       0 Der Akzent kann nur an einer Position vorkommen. Eine Verschiebung des Akzents bedeutet eine Verschiebung der Wortgrenze.

       - Es gibt keinen Akzent auf der Wortebene.

Die Akzent des Spanischen kann grammatisch distinktiv sein, wie z.B. im Minimalpaar *come* (er isst, in der ersten Silbe betont) und *comé!* (iss!), bei dem die Akzentverschiebung nicht nur eine neue lexikalische Bedeutung impliziert, sondern auch einen grammatikalischen Unterschied.

Akzentposition

       + Der Akzent kommt früh im Wort vor (kapochron).

   ✗ - Der Akzent kommt spät im Wort vor (kodachron).

Im Spanischen kann der Akzent nur in den letzen drei Silben im Wort vorkommen. Am Häufigsten wird die vorletzte Silbe betont (über 64%)[43], unabhängig von der Silbenanzahl im Wort (abgesehen von Einsilblern).

Aus diesem Modell geht hervor, dass das Spanische überwiegend Kriterien silbenzählender Sprachen erfüllt. Es ist andererseits unumstritten, dass die spanische Sprache nicht eine rein silbenzählende Sprache ist, da sie z.T. von dem silbenzählenden Prototyp abweicht. Dies ermöglicht sehr unterschiedliche Meinungen darüber, wo sich das Spanische in der Skalierung zwischen silben- und akzentzählend befindet, da unterschiedliche Kriterien für die Klassifizierung für ausschlaggebend gehalten werden können. Die Gründe für eine Einstufung des Spanischen als akzentzählend lauten:
- Die phonetischen Realisation des Akzents[44].

---

[43] Nuñez Cedeño/Morales-Front 1999, S. 211.
[44] Laut Borzone de Manrique/Signiorini (1983, S. 126) ist die phonetische Realisation des argentinischen Akzents der englischen sehr ähnlich. Die betonte Silbe soll hier durch einen höheren Tonhöhenverlauf,

- Die angebliche Zentralisierung unbetonter Vokale[45].
- Der Abstand zwischen zwei betonten Silben wächst nicht proportional zu der Silbenanzahl[46].
- Englische und französische Phonetiker und Laie stufen den spanischen Rhythmus als eher akzentzählend ein[47].

Die Kriterien für die Einstufung als silbenzählend lauten:
- Es kann kein regelmäßiger Abstand zwischen den betonten Silben festgestellt werden. Der zeitliche Abstand zwischen den betonten Silben im Englischen, eine eher akzentzählende Sprache, ist nicht regelmäßiger als im Spanischen[48].
- Spanisch hat eine psychologische Tendenz zum silbenzählenden Rhythmus, ist aber keine reine silbenzählende Sprache[49].
- Die Silben sind im Spanischen einheitlich in bezug auf Struktur, Dauer und Vokalqualität[50].

Länge und Lautstärke hervorgehoben werden. Werden diese drei Merkmale zusammen benutzt, um den Akzent zu markieren, so erweckt diese betonte Silbe den Eindruck die ganze (Silben)Gruppe, in der sie selber erscheint, zu leiten.

[45] Borzone de Manrique/Signiorini (1983, S. 126f) stellen fest, dass unbetonte Vokale im Spanischen kürzer als betonte ausfallen mit einer Tendenz zur Zentralisierung, die aber nicht so stark ausgeprägt ist wie im Deutschen oder Englischen. Für sie ist die CV-Silbenstruktur des Spanischen nur die Folge einer universellen Tendenz, CV-Silben zu bilden, und kein Hinweis für eine silbenzählende Tendenz des Spanischen.

[46] Borzone de Manrique/Signiorini 1983, S. 127.

[47] Miller (1984, S. 82) stellt dies bei einer empirischen Untersuchung zum Rhythmus im Arabischen, Polnischen, Spanischen, Finnischen, Japanischen, Indonesischen, und Yoruba fest. Dabei sollten französische und englische Phonetiker und Laie Aufnahmen mit vorgelesenen Texten und spontane Gespräche auf den o.g. Sprachen hören und als akzent- oder silbenzählend (perzeptuell) einstufen.

[48] Dauer (1983, S. 54ff) stellt dies bei einer empirischen Untersuchung zum Rhythmus im Englischen Thailändischen, Spanischen, Griechischen und Italienischen fest, bei der anhand eines vorgelesenen Textes der Abstand zwischen den betonten Silben gemessen wurde.

[49] Gili Gaya 1940, zitiert nach Pointon 1980, S. 295 und 300. Für ihn ist auch die Sprechgeschwindigkeit sehr wichtig, denn für ihn fördert eine schnelle Sprechgeschwindigkeit eine isochrone Silbenfolge, während durch langsames Sprechen viel mehr auf die Dauer der (unbetonten) Silben geachtet werden kann. Für Auer/Uhmann 1988, S. 254 findet ein genau entgegengesetztes Phänomen statt: "In höheren Tempi wird jede (silbenzählende) Sprache eher akzentzählend. Umgekehrt impliziert sehr langsames und überdeutliches Sprechen in akzentzählenden Sprachen eine Annäherung an silbenzählende Rythmisierungsmuster".

[50] Olsen 1972, S. 993ff. In bezug auf die Silbenstruktur stellt Olsen fest, dass die meisten spanischen Silben aus Konsonant-Vokal-Folgen bestehen. An zweiter Stelle stehen die Folgen Konsonant-Vokal-Konsonant. In bezug auf die Vokaldauer stellt Olsen für das Spanische fest, dass der größte Unterschied zwischen betonten, satzfinalen Vokalen und unbetonten satzinternen Vokalen besteht. Dagegen weisen betonte nicht-finale und unbetonte finale Vokale eine ähnliche Dauer auf.

In der vorliegenden Untersuchung wird das argentinische Spanisch aufgrund seiner Silbenstruktur und der sprach- und varietätsspezifischen Prozesse zur Optimierung der Silbenstruktur, des stabilen Vokalsystems und der Akzentposition im Wort als *tendenziell silbenzählend* eingestuft, ohne aber beiseite zu lassen, dass hier auch einige Kriterien akzentzählender Sprachen erfüllt werden.

Auf weitere Aspekte des Rhythmus im Spanischen kann hier nicht eingegangen werden. Für *postlexikalische Prosodie* des Spanischen sei auf Roca[51] verwiesen, für den *poetischen Rhythmus* siehe Goncharenko[52].

1.2.2. Der Rhythmus im Deutschen

Das Deutsche gilt im Gegensatz zum Englischen nicht als Musterbeispiel einer typisch akzentzählenden Sprache nach der starken Isochronie-Hypothese. Dennoch ist seine akzentzählende Tendenz unumstritten, da es viele der Kriterien für diese Einstufung erfüllt.

Im folgenden Modell[53] werden wieder die entsprechenden Faktoren oder Kriterien für das Deutsche analysiert. Auch hier beschreibt der erste Satz (+) immer ein typisches Merkmal von akzentzählenden Sprachen, der zweite Satz (0) ist, falls vorhanden, gewissermaßen "neutral", der dritte (-) beschreibt ein typisches Merkmal von silbenzählenden Sprachen. Die angekreuzten Sätze treffen auf das Deutsche zu:

Silbendauer

    ✗ + Die betonten Silben sind erheblich länger in ihrer zeitlichen Dauer als unbetonte.

    0 Die betonten Silben sind leicht länger in ihrer zeitlichen Dauer als unbetonte.

    - Die betonten Silben sind nicht länger in ihrer zeitlichen Dauer als unbetonte oder es gibt keinen Akzent.

---

[51] Roca 1986.
[52] Goncharenko 1987.
[53] Modell von Dauer 1987, S. 448f übernommen.

Der Dauerunterschied zwischen betonten und nicht betonten satzinternen Silben entspricht im Deutschen nach Delattre[54] durchschnittlich einem Faktor von 1.47, im Vergleich zum Spanischen (Faktor 1.21) und zum Englischen (Faktor 1.58) ein mittlerer Wert.

Silbenstruktur
  ✕ + In dieser Sprache können sehr unterschiedliche Silbenstrukturen vorkommen. Schwere Silben sind meist betont.
   - Es gibt eine begrenzte Anzahl von Silbentypen (hauptsächlich CV und CVC). Es können Prozesse wie Reduktion von finalen Cluster, Epenthesis oder Verschmelzung zur Optimierung der Silbenstruktur vorkommen.

Im Deutschen sind 15 verschiedene, z.T. sehr komplexe Silbenstrukturen möglich: Im Silbenanfangsrand sind bis zu drei Konsonanten möglich, am Silbenende bis zu vier[55].

Vokalqualität
  ✕ + Das Vokalsystem der betonten Silben ist größer als das der unbetonten, welche zur Reduktion tendieren.
  0 Das Vokalsystem der unbetonten Silben ist kleiner als das der betonten, aber Vokale werden nicht zentralisiert.
  - Das Vokalsystem ist für betonte und unbetonte Silben gleich. Veränderungen der Vokale, die immer nur phonetischer Natur sind, betreffen sowohl betonte als auch unbetonte Vokale.

Es gibt im Deutschen einen deutlichen Unterschied zwischen betonten und unbetonten Silben, da die letzteren oft reduziert werden. Der unbetonte Vokal wird

---

[54] Delattre 1966, S. 186.
[55] Siehe Kapitel *Sonoritätshierarchie und Konsonantencluster*, S. 61ff.

als Schwa-Laut ausgesprochen, als Folge eines Abfalls der Artikulationsspannung. Gelegentlich kann der unbetonte Vokal elidiert werden[56].

Konsonanten

(✗) + Konsonanten werden in betonten Silben genauer artikuliert als in unbetonten. Es können Allophone auftreten.

- Alle Konsonanten werden unabhängig von der Betonung gleich ausgesprochen. Allophone sind nicht durch den Akzent bedingt.

Auch die Konsonanten unbetonter Silben können Abschwächungsprozessen unterliegen, besonders in Formwörtern (Artikel, Pronomen, Konjunktionen, Präpositionen), wie z.b. wird *mal* zu [mɑ] oder *mit dem Auto* [mɪ(p)m] (Auto)[57].

Akzentfunktion

✗ + Der Akzent kann an verschiedenen Positionen in einem Wort vorkommen und dient auch der Erkennung dieses Wortes. Eine Verschiebung des Akzents könnte eine neue Bedeutung bringen.

0 Der Akzent kann nur an einer Position vorkommen. Eine Verschiebung des Akzents bedeutet eine Verschiebung der Wortgrenze.

- Es gibt keinen Akzent auf der Wortebene.

Im Deutschen kann eine Akzentverschiebung einen Bedeutungsunterschied hervorrufen, wie z.B. bei *übersetzen* (einen Text) und *übersetzen* (den Fluss).

---

[56] Siehe Kapitel *Elision des [ə]-Lautes*, S. 175ff.
[57] Völtz 1994, S. 102.

Akzentposition

   ✗ + Der Akzent kommt früh im Wort vor (kapochron).
      - Der Akzent kommt spät im Wort vor (kodachron).

Auch im Deutschen können nur die drei letzten Silben eines Wortes (nicht eines Kompositums) betont werden, dabei wird am meisten die vorletzte Silbe betont. Dadurch, dass im Deutschen die meisten (nicht zusammengesetzten) Wörter zweisilbig sind, und meistens die vorletzte Silbe betont wird, ergibt sich eine Betonung früh im Wort[58].

Bezüglich der Isochronie weist das Deutsche eine Tendenz zur regelmäßigen Abfolge betonter Silben auf[59]. Denn die unbetonten Intervalle zwischen den betonten Silben weisen eine relativ stabile Länge auf, die durch Längungs- und Reduktionsprozesse erreicht wird[60]. Dies ist besonders beim Vorlesen zu beobachten. Beim freien Sprechen werden Sätze öfter unterbrochen oder Pausen eingefügt, was die isochrone Tendenz negativ beeinflussen, aber nicht eliminieren kann[61]. Nach diesen Kriterien kann die deutsche Sprache als *tendenziell akzentzählend* eingestuft werden.

---

[58] Vgl. Eisenberg 1991, S. 40.
[59] Für empirische Untersuchungen zum P-Center im Deutschen siehe Pompino-Marschall 1990.
[60] Völtz 1994, S. 101. Nach Pompino-Marschall/Grosser/Hubmayer/Wieden 1987, S. 162, kann im Deutschen nur ein schwacher Komprimierungseffekt unbetonter Silben festgestellt werden.
[61] Kohler 1982, S. 103.

1.3. Fremdsprachenerwerb, kontrastive Linguistik und natürliche Phonologie

Erwachsene können eine Fremdsprache nicht wie Kinder ihre Muttersprache lernen. Sie durchlaufen aber ähnliche Lernprozesse, bei denen sowohl die Muttersprache wie auch universale Spracherwerbsprozesse der Ausgangspunkt sind. Durch die Anlehnung an die Muttersprache werden oft Muster, Regeln und Gewohnheiten aus diesem System in die Fremdsprache übertragen. Diese können z.T. eine lernfördernde Wirkung haben, wenn sie nicht gegen das System oder die Norm der Fremdsprache verstoßen. Dies wird auch als *(positiver) Transfer* bezeichnet. Wenn die Übertragung aus der Muttersprache dagegen negativ auf den fremdsprachlichen Lernprozess wirkt, wird sie *Interferenz* (oder *negativer Transfer*) genannt. Dies umfasst sowohl die Übertragung von Regeln aus der Muttersprache (externe Interferenz), als auch falsche Analogieschlüsse innerhalb der Fremdsprache (interne Interferenz)[62]. Interferenzen haben ihren Ursprung in einer Vielfalt von Faktoren, die unterschiedlich zusammenwirken können, wie persönliche Aspekte, Alter, Situation, Muttersprache, Fremdsprache, strukturelle Unterschiede zwischen beiden Sprachen sowie dem Öffnungsgrad der beiden Teilsysteme[63]. Dennoch können nicht alle Fehlleistungen von Sprachschülern während des Fremdsprachenerwerbs durch Interferenzen aus der Muttersprache erklärt oder vorhergesagt werden. Etliche Fehlleistungen in der Fremdsprache entstehen auch durch Sprachlernprozesse, die bereits im kindlichen Spracherwerb vorkommen[64]. Das Anfangsstadium des (kindlichen) Spracherwerbs wird durch universale Tendenzen geleitet, die proportional zum Erlernen und Assimilieren sprachspezifischer Regeln unterdrückt werden[65]. Die daraus resultierende Sprache ist eine Kombination aus universellen Tendenzen und sprachspezifischen Regeln, die sich ergänzen oder auch in manchen Aspekten überschneiden.

Der Unterschied zwischen Mutter- und Fremdsprachenerwerb besteht u.a. darin, dass der Prozess des Muttersprachenerwerbs erfolgreich abläuft, weil beim Kleinkind die universellen Tendenzen noch in ihrer Fülle vorhanden sind. Ein Erwachsener dagegen hat durch den Erwerb seiner Muttersprache teilweise diese universellen Tendenzen bereits unterdrückt. Sie sind also beim

---

[62] Siehe Hirschfeld 1983b, S. 51ff.
[63] Juhász 1970, S. 27 und Hirschfeld 1983b, S. 52.
Das phonemisch-allophonische Subsystem ist am meisten geschlossen, dann folgen Akzentsystem, das rhythmische System und das Intonationssystem. Dabei lässt ein Subsystem um so mehr Spielraum für Interferenzerscheinungen zu, je offener es ist.
[64] Vgl. Major 1987, S. 207ff.
[65] Ebenfalls Major 1987, S. 207.

Fremdsprachenerwerb nicht mehr verfügbar[66]. Der erwachsene Sprachlerner muss, genau wie ein Kind beim Spracherwerb universelle Tendenzen aber auch Interferenzen unterdrücken, um sich der Zielsprache zu nähern. Da aber der Ausgangspunkt nicht identisch zum Kleinkind ist, kann er eine Fremdsprache nie so wie eine Muttersprache beherrschen[67].

Nach Major[68] ist zu Beginn des Fremdsprachenerwerbs die Interferenz am stärksten. In einem späteren Stadium des Lernprozesses lässt die Interferenz nach und es entsteht eine Zwischen- oder Transitionssprache, weil neue Strukturen gebildet werden. Sie wird *Interlanguage*[69], oder auch *Interimsprache* genannt. Da in diesem Stadium die Interferenz nachlässt, ist die Zwischensprache stark von Sprachlernprozessen gesteuert. Sie kann zwar von Sprecher zu Sprecher unterschiedlich sein, dennoch können Übereinstimmungen zwischen Gruppen von Sprechern derselben Muttersprache, Fremdsprache und Lernphase festgestellt werden. Auf einem bestimmten Niveau des Lernprozesses, das hauptsächlich vom Sprachschüler abhängt, *fossilisiert* diese Interimsprache, kann sich also nicht mehr an die Zielsprache nähern, weil auch die (Fremd)Sprachlernprozesse nachlassen, analog zur Interferenz in einem früheren Stadium. Der Sprachlerner kann in der Fremdsprache kommunizieren, obwohl er Sprachfehler macht, denn er kann die Fremdsprache nicht wie die Muttersprachler benutzen. Diese Sprachfehler können u.a. auf der phonetisch/phonologischen, sowie auch auf der grammatikalischen und syntaktischen Ebene auftreten. Bei der Analyse von diesen Sprachfehlern ist ein kontrastiver Sprachvergleich unumgänglich. Erst wenn das System und die Norm von Mutter- und Fremdsprache verglichen werden, kann man erkennen, welche Interferenzen ihren Ursprung in der Muttersprache haben können und welche Fehler anderer Natur sind, unter anderem universelle Sprachlernprozesse, der Einfluss der Schriftbildes, falsche Analogiebildungen, morphologische Interferenz bei etymologisch verwandten Wörtern, Einfluss weiterer Fremdsprachen, Unterrichtssituation, psychologische Bedingungen, oder individuelle Veranlagung.

Von allen sprachlichen Aspekten, die im Fremdsprachenunterricht gelernt werden müssen, wie beispielsweise Grammatik, Syntax oder Wortschatz, ist für die

---

[66] Major 1987, S. 212. Siehe auch Pro- und Gegenargumente bei White 1989, S. 48ff und 77.
[67] Kinder dagegen können eine Fremdsprache praktisch wie Muttersprachler lernen, wobei das kritische Alter dafür sehr umstritten ist, da es nicht nur von biologischen Faktoren ("brain lateralization"), sondern auch von sozialen und psychischen abhängt (siehe Archibald, 1998, S. 18ff).
[68] Major 1987, S. 216f.
[69] Selinker 1972, Archibald 1998, S. 2ff, Young-Scholten 1993, S. 1, Heinrichs/Gester/Kelz 1980, S. 138 und Strozer 1992, S. 105.

Sprachlerner im allgemeinen die Phonetik der schwierigste[70]. Im Gegensatz zu anderen Anforderungen kann sich der Sprachlerner die Phonetik nicht ausschließlich durch kognitive Verfahren, Einsichten in Ausspracheregeln und Artikulationsverfahren aneignen. Selbst wenn die Fehlleistung seitens der Sprachschüler erkannt wird, kann diese erst durch gezieltes und geduldiges "Training" verbessert werden. Es handelt sich hier oft einerseits um Interferenzfehler, die sehr häufig und hartnäckig sind, weil die Artikulationsbewegungen aus der Muttersprache schon automatisch und unbewusst ablaufen. Ein Beispiel dazu ist die Aussprache des Spanischen zungenspitzen [r]-Lautes seitens deutscher Sprachlernern. Diese tendieren im allgemeinen dazu, an dessen Stelle das ihnen aus ihrer Muttersprache bekannte uvulare [R] auszusprechen. Nur wenige Sprachlerner können die für Spanisch übliche Artikulation durch eine bewusste Ausspracheschulung lernen. Andererseits handelt es sich aber auch oft um Aussprachefehler, die ihren Ursprung in universellen Tendenzen haben, die von der Muttersprache nicht unterdrückt wurden, aber in der Fremdsprache nicht vorkommen. Als Beispiel sei hier die Auslautverhärtung genannt, die eine universelle Tendenz darstellt[71] und die im Deutschen nicht unterdrückt wird. Daher sind die silbenfinalen Konsonanten im Deutschen stimmlos. Dies wird oft auf Fremdsprache übertragen, auch wenn bei dieser stimmlose auslautende Konsonanten nicht üblich sind.

Kontrastive Linguistik

Die kontrastive Linguistik ist eine vergleichende (synchrone) sprachwissenschaftliche Beschreibungs- und Analysemethode[72], wobei das Hauptinteresse auf dem Kontrast oder den Unterschieden zwischen den zu vergleichenden Sprachsystemen liegt, und nicht so sehr auf ihren Gemeinsamkeiten. Durch die kontrastive Linguistik können auch die zugrundeliegenden Universalien der zu vergleichenden Sprachen bestimmt werden[73]. Der Ursprung der kontrastiven Analyse ergab sich aus der Praxis im

---

[70] Vgl. Hirschfeld 1983b, S. 52.
[71] Major 1987, S. 208.
[72] Rein 1983, S. 1.
[73] Rein 1983, S. 5 und 97. Dabei geht Rein aber davon aus, dass (nur) die Gemeinsamkeiten zwischen den Sprachen Universalien seien und meistens ein positiver Transfer aus der Muttersprache in die Fremdsprache stattfindet. Universale Tedenzen können aber auch in der Fremdsprache beobachtet werden, ohne dass ein Transfer aus der Muttersprache vorliegt.

Fremdsprachenunterricht, in dem nicht nur die Zielsprache, sondern auch die Muttersprache der Sprachschüler berücksichtigt wird. Sie dient als Methode nicht nur dem Fremdsprachenunterricht, sondern auch bei der Übersetzung[74]. Dadurch wird die kontrastive Linguistik zu einem wichtigen Verbindungsglied zwischen der theoretischen und praktischen Sprachwissenschaft.

Eine kontrastive Untersuchung besteht im allgemeinen aus den folgenden vier Schritten[75]:
a) *Beschreibung*. Zunächst werden die zwei zu vergleichenden Sprachen formal beschrieben, und die vorhandene Literatur wird ggf. konsultiert[76].
b) *Auswahl*. Anschließend wird ein Teilaspekt dieser beiden Sprachen ausgesucht, wie z.b. das phonologische System oder auch nur ein Teil davon.
c) *Vergleich*. Der ausgewählte Teilaspekt wird in beiden Sprachen verglichen.
d) *Vorhersage*. Schließlich kann eine Vorhersage der Schwierigkeiten, z.B. der Aussprache im Fremdsprachenunterricht, gemacht werden.

An der kontrastiven Linguistik ist in den letzten Jahren kritisiert worden, dass sie, obwohl sie aus der Praxis des Fremdsprachenunterrichts entstanden ist, nach dem Vergleich beider Sprachsysteme nur eine theoretische Vorhersage wagen kann, aber das Praxisfeld des Fremdsprachenunterricht kaum wieder erreicht. Kontrastive Analysen werden mit dem Ziel durchgeführt, dem Fremdsprachenlehrer eine Grundlage für das gezielte Üben zur Behebung von Lernschwierigkeiten zu bieten. Dazu wird aber keine systematische Analyse des Praxisfeldes des Fremdsprachenunterrichts vorgenommen[77]. Gegner der kontrastiven Linguistik kritisieren an einer solchen Analyse, dass lernpsychologisch basierte Phänomene (Interferenzen) als "Sprachunterschiede" beschrieben werden und als "verselbständigte" statische Formen betrachtet werden[78]. Desweiteren wird der kontrastiven Linguistik vorgeworfen, sie könne nicht alle Fehler verlässlich voraussagen, da sie nicht alle durch Interferenz aus der Muttersprache verursacht werden[79]. Das Gegenargument dazu lautet, dass die kontrastive Linguistik auch

---

[74] oder Sprachkontaktsituationen wie Gastarbeiter-Zweitspracherwerb oder in Grenzgebieten (Rein 1983, S. 94).
[75] Archibald 1998, S. 50ff.
[76] Theoretiker der kontrastiven Linguistik betonen, dass diese Beschreibung nach jedem Grammatikmodell erfolgen kann, solange beide Sprachen nach demselben Modell beschrieben werden. Nach Rein (1983, S. 15) eignet sich die generative Transformationsgrammatik am besten, weil sie eine feste und detaillierte Beschreibung ermöglicht
[77] Bausch/Raabe 1978, S. 56f. Für Gegenargumente siehe Krzeszowski 1972, S. 75 und Rein 1983, S. 15f.
[78] Bausch/Raabe 1978, S. 58.
[79] Rein 1983, S. 26.

nicht das Ziel hat, alle Fehler, die bei dem Fremdspracherwerbsprozess entstehen, erklären zu können[80], sondern nur die, die häufig und durch Interferenz entstehen. Ein weiteres Ziel der kontrastiven Linguistik ist, als Analyse- Kontroll- und Erklärungsmethode von Linguisten und Sprachlehrer erst im Unterricht von fortgeschrittenen Sprachlernern eingesetzt zu werden, aber nicht bei Lernern in der Anfangsetappe[81].

Natürliche Phonologie

Die *natürliche Phonologie*, Ende der sechziger Jahre von Stampe[82] gegründet, geht davon aus, dass Phoneme und phonetische Realisierungen jeder Sprache Überbleibsel von natürlichen universalen Prozessen darstellen, die je nach Sprache mehr oder weniger unterdrückt werden[83]. Zu Beginn des Erstspracherwerbs sind die universellen Prozesse in ihrer Fülle vorhanden[84], aber im Laufe des Spracherwerbs lernen Kleinkinder diejenigen Prozesse, welche nicht charakteristisch für die Sprache der Erwachsenen sind, durch sprachspezifische Regeln zu unterdrücken. Einer der großen Unterschiede zwischen den (universellen) Prozessen und den (sprachspezifischen) Regeln besteht darin, dass die Prozesse synchron und phonetisch motiviert sind und unbewusst[85] in einem phonologischen (prosodischen) Kontext ablaufen. Die Regeln dagegen sind Überbleibsel diachroner Sprachentwicklungen und werden eher nach morphologischen Kriterien angewandt[86].

Nach der natürlichen Phonologie ergeben sich sprachliche Veränderungen aus Prozessen, durch die eine Optimierung der Sprache erreicht werden kann. Diese Entwicklungen zu einem idealen Endzustand hin werden auch *Teleologien* genannt.

---

[80] James 1972
[81] Rein 1983, S. 29.
[82] Stampe 1979, 1973 als Dissertation eingereicht.
[83] Vgl. Dressler 1984, S. 30 und Major 1987, S. 208.
[84] Obwohl natürliche Prozesse Teil der kognitiven Ausstattung des Menschen sind, können sie nicht als Teil der Sprachfähigkeit betrachtet werden. Sie sind außersprachlich motiviert. Die Funktion der natürlichen Prozesse ist, Sprache aussprachbar und perzipierbar zu machen (Auer 1990, S. 26).
[85] In Wortspielen, Versprechern und Fremd(aus)sprache kommen nur universelle Prozesse vor, und keine sprachspezifischen Regeln (Hurch/Rhodes 1996, S. X). Bei schnellerem Sprachtempo nehmen die sprachspezifischen Einschränkungen ab, und die zugrundeliegenden Prozesse kommen vermehrt zum Tragen (Auer 1990, S. 26).
[86] Hurch/Rhodes 1996, S. X.

Nach Auer[87] gibt es neben Teleologien der Fortisierung und Lenisierung - die im Prinzip die meisten natürlichen Prozesse erschöpfen - auch zwei weitere *prosodische Teleologien*, nämlich die *Optimierung der Silbenstruktur*, die im Laufe der vorliegenden Untersuchung beschrieben wird, und die *rhythmische Alternanz*, die in erster Linie der Informationsverarbeitung dient.

Durch die natürliche Phonologie können synchrone und diachrone Sprachveränderungen erklärt werden, also sowohl Veränderungen innerhalb einer Sprache (z.b. Dia-, Sozio- oder Ideolekte), Erstspracherwerb, sowie auch historischer Sprachwandel[88]. Da durch diese Theorie (Erst-) Spracherwerb erklärt werden kann, sowie Gemeinsamkeiten zwischen verschiedenen Sprachen feststellbar sind, kann sie auch der Aufklärung von bestimmten Fehlleistungen beim Fremdspracherwerb bei Erwachsenen dienen. Es handelt sich aber, anders als bei der kontrastiven Linguistik, nicht um eine Theorie des Zweitspracherwerbs.
Ebenso wie Kleinkinder müssen auch Erwachsene lernen, welche universellen Prozesse (die aber beim Erwachsenen nicht mehr in ihrer Fülle vorhanden sind) in der Zielsprache erlaubt sind, und welche durch sprachspezifische Regeln unterdrückt werden (wobei sie im Unterschied zu Kleinkindern auch gleichzeitig Interferenzen aus der Muttersprache unterdrücken müssen)[89].

Der Fremdsprachenerwerb kann also als Prozess verstanden werden, der im wesentlichen darin besteht, Interferenzen aus der Muttersprache und universale Tendenzen, welche nicht typisch für die zu erlernende Sprache sind, zu minimieren oder sogar zu vermeiden. Die Unterscheidung zwischen Interferenzen und universalen Tendenzen in der Fremd(aus)sprache, die in manchen Fällen sehr schwer fällt, ist fundamental, um die Fehlleistung erkennen, verstehen und eventuell korrigieren zu können[90]. Für das Feststellen von Interferenzen müssen Mutter- und Fremdsprache (z.B. durch die kontrastive Linguistik) verglichen werden. Die universalen Tendenzen sind unabhängig von den Sprachen feststellbar. In seltenen Fällen, können universale Tendenzen und Interferenzen

---

[87] Auer 1990, S. 29.
[88] Vgl. Auer 1990, S. 24f und Major 1987. S. 208.
[89] Vgl. Major 1987, S. 208.
[90] Für Stampe (Major 1987, S. 209) können Interferenzen und Entwicklungsprozesse nicht getrennt voneinander betrachtet werden, da diese letzteren pre- und postlexikalisch die oberflächen Repräsentationen steuern. Also könnte die Interferenz aus der Muttersprache ihren Ursprung in einem Sprachlernprozess haben.

zusammenfallen. Erst wenn die Natur des Fehlers erkannt wurde kann auch verstanden werden, warum der Lerner Schwierigkeiten in diesem Aspekt hat, und schließlich kann gezielt daran gearbeitet werden, den Fehler zu beheben.

1.4. Fremdsprachenerwerb und Sprachrhythmus

Die prosodische Struktur der Muttersprache, im frühesten Kindesalter erworben, kann bei dem Erwerb der rhythmischen Struktur einer Fremdsprache ein großes Hindernis sein[91], denn hier ist die Interferenz aus der Muttersprache besonders stark: Der Rhythmus wird "direkt und global" in die Fremdsprache übertragen[92]. Der Fremdsprachler kann die neue rhythmische Formen nicht wahrnehmen, weil sie nicht in sein muttersprachliches Raster passen. Durch aus der Muttersprache stammende, unbewusst automatisierte Sprechbewegungen können fremde Artikulationen auch schwer realisiert werden. Schließlich kommen noch psychische Ursachen dazu, nämlich die Hemmung vieler Sprachschüler, von der vertrauten Sprechweise abzuweichen[93]. Um diese Barrieren zu überwinden und eine bessere Anpassung an die Fremdsprache zu erreichen, sind nicht nur Fachkenntnisse und Lernstrategien[94] seitens des Sprachlehrers gefragt, sondern auch viel Einfühlvermögen und Geduld.

Die grössten Schwierigkeiten mit dem Erlernen des neuen Rhythmus scheinen Sprachlerner aus tendenziell silbenzählenden Sprachen zu haben, wenn die zu erlernende Fremdsprache eine tendenziell akzentzählende ist. Diese Sprecher benutzen auch in der Fremdsprache einen silbenzählenden Rhythmus. Dies ist an der Tendenz, die Silbenstruktur zu vereinfachen, die finalen betonten Vokale nicht zu dehnen, und unbetonte Vokale nicht zu reduzieren, erkennbar. Oft verwandeln diese Sprecher die akzentzählende Sprache in eine Folge von CV-Silben[95]. Auf der anderen Seite haben diese Sprachlerner keine Schwierigkeiten mit einem zyklischen Akzentmuster (z.B. des Englischen), welches im Einklang mit dem universellen Muster ist. Dies belegen viele Untersuchungen über Englisch oder Deutsch als Fremdsprache. Einige von ihnen werden im Folgenden erläutert. Adams[96] führt verschiedene Untersuchungen zu dem Erwerb des Rhythmus in Englisch-als-Fremdsprache bei Sprachlernern mit silbenzählender Muttersprache durch. Bei der ersten von ihr beschriebenen Untersuchung lesen eine Gruppe von 11 Muttersprachlern des australischen Englischen und eine Gruppe von 11

---

[91] Adams 1979, S. 4.
[92] Hirschfeld 1995, S. 8 und Young-Scholten 1993, S. 22.
[93] Ebenfalls Hirschfeld 1995, S. 8.
[94] Siehe Hinweise in *Zusammenfassung und Ausblick*, S. 189ff.
[95] Dauer 1983, S. 59.
[96] Adams 1979.

Fremdsprachlern asiatischer Herkunft[97], die wenig Erfahrung in englischer Aussprache haben, zwölf Textabschnitte[98] auf Englisch vor. Zehn weitere Muttersprachler des australischen Englisch hörten diese von beiden Gruppen vorgelesenen Textabschnitte und mussten entscheiden, ob der Satzakzent richtig plaziert war. Adams stellt dabei fest, dass es sehr große Unterschiede in der Akzentplazierung zwischen beiden Informantengruppen gibt. Die Fremdsprachler setzten doppelt so viele Akzente wie die Muttersprachler und betonten dabei mehrere Wörter (lexikalisch) falsch. Die Wörter, die bei den Sprachlernern entgegen der Tendenz bei den Muttersprachlern einen Satzakzent bekamen, sind hauptsächlich Präpositionen, Konjunktionen und Adjektive.

Bei einem zweiten Test mit vier Muttersprachlern des australischen Englischen und dreizehn Fremdsprachlern[99], deren Muttersprache Vietnamesisch, Kambodschanisch, Bengalisch, Indonesisch oder Philippinisch ist, wurde die Muskelaktivität des Brustkorbs beim Vorlesen derselben zwölf englischen Textabschnitte gemessen (Electromyographic Investigation). Dabei wurden die Intensität, die Sprechpausen und die Grundfrequenz im Sprachsignal gemessen sowie auch Oszillogramme hergestellt. Adams[100] stellt bei dieser Untersuchung fest, dass die asiatischen Informanten beim Vorlesen von englischen Sätzen viel mehr Pausen einlegen als die Muttersprachler. Dadurch können sie nicht nur rhythmische (und semantische) Einheiten trennen, sondern auch die Wortgrenzen signalisieren.

Bei einer akustischen Untersuchung[101] wurden die Grundfrequenz, die Amplitude und die Dauer des Sprachsignals gemessen, um festzustellen, durch welche dieser drei Parameter der Akzent zum Ausdruck gebracht wird. Die Informanten waren hier acht Muttersprachler des australischen Englischen und acht Muttersprachler des Vietnamesischen, Bengalischen, Indonesischen oder des Kombodschanischen. Das Testmaterial bestand aus den zwölf o.g. Textabschnitte auf Englisch. Das Ergebnis zeigt bei beiden Informantengruppen eine starke Korrelation des Akzents sowohl mit der Grundfrequenz und als auch mit der Dauer des Sprachsignals, seltener mit der Amplitude. Speziell bei der Fremdsprachlergruppe korreliert der Akzent öfter als bei den Muttersprachlern mit der Grundfrequenz. Dennoch betont Adams, dass die Mittel zum Akzentausdruck ein sprecher- und nicht ein

---

[97] Adams 1979 bezeichnet die asiatischen Sprachen, die bei allen Tests die sie durchführt die Muttersprache der Sprachlerner sind, als silbenzählend.
[98] Dabei handelt es sich um zwei Aufzählreime, drei Verse mit einer strengen metrischen Struktur, fünf weitere ähnliche Passagen, einen "kolloquialen" Text und einen Abschnitt literarischer Prosa.
[99] Die fremdsprachler waren alle ausgebildete Englischlehrer.
[100] Adams 1979, S. 106ff.
[101] Adams 1979, S. 135ff.

sprachabhängiges Phänomen seien. Es wurde auch beobachtet, dass bei der Fremdsprachlergruppe der Unterschied zwischen betonten und unbetonten Silben viel geringer signalisiert wird als bei den Muttersprachlern, besonders in bezug auf die Dauer.
Adams[102] schlussfolgert aus diesen drei Untersuchungen, dass die asiatischen Lerner des Englischen keine Schwierigkeiten mit der Realisierung des Akzents haben, sondern mit dessen Plazierung und dem Timing der rhythmischen Einheiten. Die Gründe dafür liegen an
- *den silbenzählenden Charakter ihrer Muttersprache,*
- *ihrer Lernmethode des Englischen* und
- *der geringen Erfahrung in der englischen (Aus)Sprache.*

Bei einem weiteren Test mit pädagogischem Charakter sollten 30 asiatische Lerner des Englischen lernen, rhythmische Strukturen zu erkennen (Perzeption) und zu produzieren (Produktion). Adams[103] kommt hier nochmals zu dem Ergebnis, dass diese Sprachlerner des australischen Englischen keine Schwierigkeiten mit der Realisierung des Akzents haben, sondern mit dem Abstand zwischen den betonten Silben, denn diese Informanten setzten deutlich mehr Pause ein als australische Muttersprachler. Aus pädagogischer Sicht schlägt Adams[104] vor, dass die Sprachlerner über den Rhythmus der zu erlernende Sprache, auch im Vergleich zu der eingenen Muttersprache, aufgeklärt werden.

Die empirische Untersuchung von Young-Scholten[105] bezieht sich auf den Erwerb des Klitisierungsphänomens und der rhythmischen Struktur in Deutsch-als-Fremdsprache. Das Testmaterial besteht aus 80 Satzpaaren (z.B. Frage und Antwort), die von sechs deutschen Muttersprachlern vorgelesen werden und von den Versuchspersonen wiederholt werden sollen (Perzeption und Produktion). Die Versuchspersonen sind 21 Nicht-Deutsche Sprecher, deren Muttersprache Amerikanisch, Koreanisch, Spanisch oder Türkisch ist, und die sehr gute Deutschkenntnisse haben. Erwartungsgemäß kommen die Amerikaner am besten mit den klitischen Formen aus, und die Koreaner am schlechtesten. Speziell für die spanischen Informanten stellt Young-Scholten[106] fest, dass sie die klitischen Formen des Deutschen am besten von allen Informanten erkennen (Perzeption), aber am wenigsten von allen wieder anwenden können (Produktion). Es besteht keine Korrelation zwischen Produktion und Perzeption. Die spanischen

---

[102] Adams 1979, S. 159.
[103] Ebefalls Adams 1979, S. 159ff.
[104] Adams 1979, S. 169.
[105] Young-Scholten 1993, S. 113ff.
[106] Young-Scholten 1993, S. 147f und 172.

Informanten übertragen eindeutig den silbenzählenden Rhythmustyp des Spanischen ins Deutsche. Desweiteren wird hier festgestellt, dass die Aussprache des Schwa-Lautes und die sehr variable Silbendauer des Englischen den Fremdsprachlern mit silbenzählender Muttersprache in hohem Maße Schwierigkeiten bereiten[107].

Wenk[108] führte eine empirische Untersuchung zum Erwerb des englischen Rhythmus mit 12 französischen Englischlernern durch. 4 der Informanten sind Anfänger, 4 sind etwas weiter fortgeschritten in ihren Englischkenntnissen, während die restlichen 4 sehr weit fortgeschritten sind. Die erste Gruppe sollte bei der Untersuchung einen ihnen bekannten Text vorlesen und auch einen von einem Muttersprachler vorgelesenen Text (nachahmend) vorlesen. Wenk stellt für diese Gruppe fest, dass die unbetonten Vokale viel zu deutlich ausgesprochen werden[109]. Die anderen beiden Sprechergruppen sollten auch Texte vorlesen, und mündliche Beschreibungen machen. Dabei wurde bei der fortgeschrittensten Gruppe festgestellt, dass sie die unbetonten Vokale wie Muttersprachler aussprechen können.
Bei einem weiteren Versuch haben die Informanten nur das letzte Wort eines vorgelesenen Satzes wiederholt. Dabei wurde - durch das Kuzzeitgedächnis - 99% Übereinstimmung mit der Muttersprachleraussprache erreicht.

Bei einer anderen empirischen Untersuchung zur Erlernbarkeit des englischen Rhythmus von Taylor[110] wurde die Aussprache von 49 Sprechern aus 23 verschiedenen Ländern beobachtet. Die Informanten, die jeweils in ihrer Heimat Englischlehrer sind, wurden gebeten, einen Text vorzulesen und frei zu reden. 25 der Sprecher hatten Schwierigkeiten mit dem Rhythmus des Englischen. Bei 10 von ihnen war dies beim Vorlesen deutlich, bei allen 25 wurde silbenzählender Rhythmus anstelle von akzentzählendem festgestellt, sowohl bei dem vorgelesenen Text wie bei der freien Rede[111].

Für den Deutsch-als-Fremdsprache-Unterricht erkennt Völtz[112], dass Sprachlerner oft den Unterschied zwischen betonten und unbetonten Silben nicht deutlich genug

---

[107] Young-Scholten 1993, S. 22f.
[108] Wenk 1986.
[109] Das Material wurde von drei englischen Muttersprachlern beurteilt.
[110] Taylor 1987, S. 97.
[111] In dem Artikel von Taylor wird die Muttersprache der Informanten leider nicht erwähnt, auch nicht der Rhythmustyp der Sprecher, die Schwierigkeiten mit dem englischen Rhythmus haben.
[112] Völtz 1994, S. 102.

zum Ausdruck bringen, weil die Spannung gleichmäßig bleibt, so dass unbetonte Silben zu stark, betonte aber zu schwach erscheinen. Auch hier haben Fremdsprachler Schwierigkeiten, Reduktions-, Elisions- und Tilgungsprozesse in den unbetonten Silben durchzuführen. Genau diejenigen Merkmale und Prozesse, die den deutschen Rhythmus ausmachen, beispielsweise der deutliche Unterschied zwischen betonten und unbetonten Silben oder die Möglichkeit, die Silbendauer zu kontrollieren, werden seitens der (ursprünglich silbenzählenden) Sprachlerner nicht übernommen.

Im entgegengesetzten Fall, nämlich dem Erlernen einer tendenziell silbenzählenden Sprache seitens Sprecher mit einer akzentzählenden Muttersprache, können ebenso Interferenzen aus der Muttersprache auftreten, da auch diese Sprecher die rhythmische Struktur aus ihrer Muttersprache in die Fremdsprache übertragen. Es liegt nahe, dass dann in der silbenzählenden Fremdsprache unbetonte Silben reduziert werden und der Akzent phonetisch wie in der Muttersprache produziert wird. Speziell im Falle von spanischlernenden Deutschen werden (umgangssprachliche) Prozesse zur Optimierung der Silbenstruktur, also um eine CV-Silbenstruktur zu erreichen, nur selten stattfinden, da für diese Sprecher geschlossene Silben keine Seltenheit bilden. Man könnte daher annehmen, dass diese Sprachlerner, durch eine gezielte Ausspracheschulung den in diesem Falle spanischen Rhythmus leichter lernen können als spanischsprachige Sprachlerner den deutschen. Der silbenzählende Rhythmus ist dem Sprecher mit einer akzentzählenden Muttersprache schließlich nicht fremd, denn er hat ihn beim frühen Spracherwerb und später auch in kindlichen Abzählreimen verwendet[113].

---

[113] Nach Abercrombie (zitiert nach Adams 1979, S. 86) gibt es Beweise, dass der silbenzählende Rhythmus in einem frühen Spracherwerbsstadium bei allen Kleinkindern vorhanden ist. Der akzentzählende Rhythmus muss von den Kleinkindern erst später als ein zusätzliches Merkmal seiner Muttersprache erworben werden.

1.5. Fragestellung

In der folgenden Untersuchung zum Rhythmus soll nicht die Isochronie - weder als phonetisches Merkmal noch als perzeptuelle Wahrnehmung - untersucht werden, sondern es soll festgestellt werden, wie deutsche und argentinische Fremdsprachler die wichtigen Faktoren der Rhythmusbildung, die in der Tabelle 1 (Seite 13) angegeben wurden, in der Fremdsprache erkennen und selber produzieren können. Nach einer theoretischen Einführung zum Silbenaufbau und zur Silbifizierung werden im Kapitel *Veränderungen der Silbenstruktur* sämtliche Phänomene und Prozesse des Deutschen und des Spanischen untersucht, die typisch für silben- bzw. akzentzählende Sprachen sind und die erfahrungsgemäß für die Sprachlerner besonders schwer zu erlernen sind. Und man könnte erwarten, dass im Falle, dass die Prozesse, die typisch für einen beider Rhythmustypen sind, von den Lernern nicht richtig nachgemacht werden, der Erwerb des Sprachrhythmus in der Fremdsprache gestört wird.

In bezug auf die Silbenränder, Onset und Coda, kann behauptet werden, dass die spanische Sprache, und besonders die Porteño-Varietät, sehr stark dazu tendiert, Konsonanten in der Coda abzuschwächen und Konsonantencluster aufzulösen, um die Silben möglichst zu öffnen. Onsetlose Silben dagegen werden vermieden, um die optimale CV-Silbenstruktur zu bewahren. Um dies zu erreichen, finden im Spanischen Resilbifizierung, Verschmelzung zweier aufeinanderfolgenden Nuklei und Abschwächung von auslautendem /s/ statt.
Das Deutsche dagegen begünstigt Konsonanten(folgen) in der Coda, die nicht selten stimmlos ist und dadurch eine starken Kontrast zum Nukleus bildet. Um dies zu erreichen werden auslautende Konsonanten "verhärtet", komplexe Codas mit extrasilbischen Elementen gebaut. Auch im Deutschen werden onsetlose Silben möglichst vermieden, solang die Wortgrenze erhalten bleibt. Um anlautenden (fußinitilalen) Vokalen ein Onset zu verleihen, werden sie glottalisiert.
Auch die Phänome, die ausschließlich den Silbennukleus betreffen sind in beiden Sprachen unterschiedlich. Das Spanische hat ein sehr stabiles Vokalsystem, und abgesehen von dem Phänomen der Synalöphe sind auch die Silbennuklei sehr stabil. Im Deutschen dagegen ist der Qualitäts- und Quantitätsunterschied der Vokale relevant. Unbetonte Vokale können reduziert und elidiert werden.

Diese Phänomene werden in der vorliegenden Arbeit sowohl theoretisch, anhand der vorhandenen Literatur, wie auch empirisch, anhand von Aufnahmen von

Fremdsprachenschülern[114], untersucht. Abschließend soll festgestellt werden, inwiefern der resultierende Rhythmus dem muttersprachlich deutschen bzw. spanischen entspricht.

---

[114] Siehe Kapitel *Methode*, S. 43ff.

2. Methode

Jedes der folgenden Kapitel in der vorliegenden Arbeit besteht aus einem Überblick über die vorhandene Literatur und aus einem empirischen Teil. In diesem letzten Teil werden die Ergebnisse der Analysen von Tonaufnahmen von deutschen Spanischlernern und von argentinischen Deutschlernern vorgestellt. Dabei werden nicht in jedem Kapitel alle Interviews in vollem Umfang ausgewertet, da dies den Rahmen dieser Arbeit gesprengt hätte. In Abhängigkeit vom untersuchten Phänomen werden daher nur die Aufnahmen von zwei bis acht repräsentativ ausgewählten Sprechern berücksichtigt, welche das jeweils relevante Phänomen ausreichend oft enthalten. Aus dem vorhandenen Gesamtmaterial lassen sich die erzielten Ergebnisse aber systematisch absichern.

Gegebenenfalls werden auch Daten von deutschen oder spanischen Muttersprachlern als Vergleichsmaterial vorgestellt, wenn in der Literatur noch keine empirische Daten vorhanden sind.

2.1. Die Informanten

Für den empirischen Teil der Arbeit wurden Informanten interviewt, die entweder im Heimatland oder im Land der Zielsprache die Fremdsprache lernen: Die fünf deutschen Informanten in Argentinien leben alle im Großraum Buenos Aires, die sechs deutschen Informanten aus Deutschland leben in Baden-Württemberg. Die fünf argentinischen DaF-Lerner in Deutschland leben ebenfalls im Südwesten Deutschlands, die sechs argentinischen Informanten aus Argentinien im Großraum Buenos Aires. Alle Muttersprachler, die interviewt wurden, leben jeweils in der eigenen Heimat. Die argentinischen in der Provinz Buenos Aires, die deutschen im Südwesten Deutschlands. Da also ein Teil der interviewten Sprecher in Südwestdeutschland lebt, können leichte dialektale Färbungen der Aussprache in den Aufnahmen vorkommen. Das Vergleichsmaterial deutscher Muttersprachler besteht aus Aufnahmen von aus Südwestdeutschland stammenden Sprechern, die allerdings nur leicht von dem oben beschriebenen Standard abweichen.

Man könnte vermuten, dass Sprechlerner, die tagtäglich in der Fremdsprache kommunizieren müssen, den Rhythmus schneller und/oder besser aufnehmen können als Lerner, die nicht im Land der Zielsprache leben. Andererseits kann man annehmen, dass Fremsprachler, die nur im akademischen Umfeld mit der Fremdsprache in Kontakt kommen, gezielte Hinweise und Regeln für die richtige Rhythmusbildung von dem Sprachlehrer bekommen und ihn so gesteuert lernen.

Um dies festzustellen werden Informanten im Heimatland und im Land der Zielsprache interviewt.

Alle Informanten, die aufgenommen wurden, gehören zu der gebildeten Sozialgruppe: Sie sind Studenten oder haben einen Hochschulabschluss. Die meisten von ihnen sprechen weitere Fremdsprachen. Sie befinden sich alle im Alter zwischen 23 und 50 Jahren und sind am Ende ihres Studium oder berufstätig. Alle Informanten haben ein vergleichbares Fremdsprachenniveau, obwohl sie z.T. unterschiedlich lang die Sprache lernen. Alle Lerner haben die Fremdsprache, bis auf eine Ausnahme, erst im Erwachsenenalter gelernt. Die meisten von ihnen sind hochmotiviert, die neue Sprache gut zu lernen, denn entweder leben sie in dem Land, in dem die Sprache gesprochen wird, oder sie brauchen sie für ihren Beruf. Nur wenige der Sprachlerner lernen die Sprache als Hobby oder aus persönlichen Gründen. Alle Sprecher sind in der neuen Sprache kommunikationsfähig, d.h., dass sie beim Lesen und Hören das Meiste verstehen. Wenn sie selber sprechen, machen sie oft Fehler (meistens in der Grammatik und in der Aussprache), aber das Gesagte ist weitgehend verständlich.

Spanischlernende in Argentinien
Anja, ca. 30 Jahre alt, Dozentin an der Sprachenhochschule in Buenos Aires. Sie ist seit 10 Monaten in Argentinien und konnte davor kein Spanisch. Andere Fremdsprachen sind bei ihr Russisch und Französisch. Sie nimmt Spanischunterricht in einem Spanischkurs für Fortgeschrittenen teil.

Dieter, ca. 50 Jahre alt, Deutschlehrer an einer Grund- und Sekundarschule in Buenos Aires. Er lebt seit über zwei Jahren in Argentinien. Davor hat er zwei Jahre in Kolumbien gelebt, wo er Spanisch gelernt hat.

Helmut, ca. 40 Jahre alt, Lektor an der Sprachenhochschule in Buenos Aires. Seit drei Jahren lebt er in Argentinien und lernt Spanisch. Weitere Fremdsprachen sind Englisch und Portugiesisch.

Elmar, ca. 50 Jahre alt, Dozent an der Sprachenhochschule in Buenos Aires. Er lebt seit sieben Jahren in Argentinien. Er kann keine weiteren Fremdsprachen.

Mabel, c.a. 35 Jahre alt. Dozentin an der Sprachenhochschule in Buenos Aires. Sie lebt seit zwei Jahren in Argentinien und lernt seit drei Jahren Spanisch.

Spanischlernende in Deutschland
Milena, c.a. 24 Jahre alt. Sie war vor fünf Jahren ein Jahr lang in Ecuador. Seit drei Jahren studiert sie Spanisch (Schwerpunkt Lateinamerika) an der Universität.

Klaus, c.a. 40 Jahre alt. Berufsbedingt reist er oft nach Argentinien. Er nimmt bei einer Argentinierin in Freiburg Spanischunterricht. Er kann auch Englisch.

Florian, c.a. 24 Jahre alt . Er war als Ausstauschschüler für ein Jahr in Buenos Aires. Jetzt studiert er unter anderem Spanisch an der Universität.

Reinhold, 32 Jahre alt. Er ist mit einer Argentinierin verheiratet, hat einige Sprachkurse bei lateinamerikanischen Dozenten besucht und vier Monate in Argentinien gelebt. Er ist Dozent an der Universität und kann Latein und Englisch.

Clemens, 35 Jahre alt. Er ist mit einer Argentinierin verheiratet und hat vor acht Jahren einen Sprachkurs in Argentinien besucht. Er reist jährlich nach Argentinien.

Boris, 27 Jahre alt. Hat Sprachkurse in Spanien und in Deutschland an der Universität besucht. Er ist Student und spricht auch Englisch und Italienisch.

Andrea, ca. 24 Jahre alt. Studiert Spanisch seit vier Jahren an der Universität Freiburg und war schon öfters in Spanien.

Deutschlernende in Argentinien
Gloria, ca.30 Jahre alt. Sie lernt seit fünf Jahren Deutsch an einem Sprachinstitut und arbeitet alsAngestellte. Ihre erste Fremdsprache ist Italienisch.

Stella, ca.40 Jahre alt. Sie lernt Deutsch seit sechs Jahren privat und an einem Sprachinstitut. Englisch ist ihre erste Fremdsprache.

Roberto, ca. 40 Jahre alt. Er lernt ebenfalls seit sechs Jahren Deutsch privat und an einem Sprachinstitut. Er kann auch Englisch.

Analía, 40 Jahre alt. Sie hat sechs Jahre lang Deutsch an einem Sprachinstitut gelernt. Seit zwei Jahren besucht sie keine Sprachkurse mehr. Sie ist Sekundarschullehrerin und reist gelegentlich nach Deutschland in Urlaub.

Analía, 23 Jahre alt. Sie hat sechs Jahre lang Deutsch in der Schule und an einem Sprachinstitut gelernt. Seit zwei Jahren besucht sie keine Sprachkurse mehr.

Pablo, 31 Jahre alt. Er hat acht Jahre lang Privatunterricht in Deutsch gehabt, aber seit zwei Jahren nicht mehr. Er hat zwei Hochschulabschlüsse. Seine ersten Fremdsprachen sind Englisch und Französisch.

Deutschlernende in Deutschland
Susana, ca. 35 Jahre alt. Sie ist seit drei Jahren in Deutschland und lernt seitdem Deutsch, nimmt aber nicht an einem Sprachkurs teil. Sie unterrichtet an der Universität und spricht auch Italienisch.

Cristina, 38 Jahre alt. Seit acht Jahren mit einem Deutschen verheiratet. Seit sechs Jahren lebt und sie arbeitet als Ingenieurin sie in Süddeutschland.

Adriana, 42 Jahre alt. Seit 13 Jahren lebt sie in Freiburg. Sie hat zu Beginn am Goethe-Institut Sprachkurse besucht. Sie hat in Deutschland an der Universität studiert und ist Dozentin an verschiedenen Musikschulen.

Robi, 32 Jahre alt. Seit fünf Jahren studiert und promoviert er in Freiburg. Am Anfang des Studiums hat er einen Deutschkurs (PNdS) besucht.

Mabel, c.a. 35 Jahre alt. Ist mit einem Deutschen verheiratet und lebt seit fünf Jahren in Freiburg. Sie hat hier einige Intensiv-Sprachkurse besucht, davor konnte sie kein Deutsch. Ihre erste Fremdsprache ist Portugiesisch.

Deutsche Muttersprachler
Reinhold, 31 Jahre alt. Lebt in Süddeutschland und ist Dozent an der Universität.

H. und S. Zwei Frauen Anfang bis Mitte 30. Beide haben einen Hochschulabschluss und sind im akademischen Bereich tätig. S. stammt aus Schwaben, H. aus dem Ruhrgebiet.

Argentinische Muttersprachler
Federico, 35 Jahre alt. Lebt in Buenos Aires und ist Dozent an der Universität.

Diego, 29 Jahre alt. Lebt in Buenos Aires und arbeitet als Angestellter.

Christian, 23 Jahre alt. Lebt in Buenos Aires und studiert an der Universität.

Angélica, 25 Jahre alt. Lebt in Buenos Aires und studiert dort an der Sprachenhochschule.

Elizabeth, 25 Jahre alt. Lebt in Buenos Aires und studiert an der Sprachenhochschule.

2.2. Die Aufnahmen

Die meisten Aufnahmen fanden zwischen Oktober 1998 und Mai 1999 statt. Zusätzlich wurden im Juni 2000 in Deutschland zwei weitere Aufnahmen zum Thema "Vokaldauer in Spanisch als Fremdsprache" gemacht.
Alle Aufnahmen wurden mit einem tragbaren Digitalaufnahmegerät Sony TCD-D100 gemacht. Dabei wurden zwei Mono-Mikrophone verwendet. Dadurch konnten die Stimmen beider Interviewpartner bei der Auswertung besser voneinander unterschieden werden.

Bei den meisten Aufnahmen handelt es sich um spontane Dialoge, meistens zwischen dem Interviewer und dem Fremdsprachler. Drei von den Gesprächen finden jeweils zwischen zwei Sprachlernern statt, zwei weitere zwischen Muttersprachlern (je ein Gespräch auf Deutsch und auf Spanisch). In den Dialogen kommen alltägliche Themen vor, wie z.B. das Erzählen über Reisen, Hobbies, Familiengeschichten oder Eindrücke über das Leben im Ausland. Während des spontanen Gesprächs konzentrieren sich die Informanten hauptsächlich auf den Inhalt, und dadurch wird ihre Aussprache meistens sehr spontan. Dadurch können, mehr als bei einem vorgelesenen Text, Aussprachefehler und Interferenzen verstärkt vorkommen, die z.T. für diese Untersuchung wichtig sind. Die Dauer der jeweiligen Aufnahmen variiert je nach Sprecher zwischen fünfzehn Minuten und einer Stunde.
Bei Aufnahmen, die im Jahr 2000 zusätzlich vorgenommen wurden, lesen die beiden Informanten einen kurzen Text[115] vor, in dem extrem häufig das Phänomen vorkommt, das untersucht werden soll. Anschließend sollten die Informanten eine Liste mit 13 Minimalpaaren[116] zum selben Phänomen vorlesen. Da diese zweite Aufnahme gezielt zu einem bestimmten Phänomen bei Spanischlernern gemacht wurde, wird kein Dialog aufgenommen, sondern nur Textsorten vorgelesen, bei denen das Vorkommen des Phänomens gesteuert werden kann. Durch das Vorlesen der Minimalpaare werden die Informanten gezwungen, den Unterschied zwischen beiden Wörtern bewusst auszusprechen.

---

[115] Siehe *Anhang*, S. 199.
[116] Siehe auch *Anhang*, S. 199.

2.3. Die Auswertung

Die Aufnahmen wurden zunächst orthographisch festgehalten. Zu jedem Phänomen, das untersucht wurde, wurden die entsprechenden Beispielwörter phonetisch transkribiert. Die Auswertung aller Phänomene bis auf die Vokaldauer erfolgt nur auditiv. Durch diese Art der Auswertung, die vielleicht nicht so objektiv wie phonetische Messungen sein mag, werden alle untersuchten Aspekte, die zusammen den Sprachrhythmus bilden, in der Perzeption und Interpretation des Hörers untersucht[117].

---

[117] Vgl. Auer/Uhmann 1987, S. 254.

3. Aufbau der Silbe

In jeder Sprache sind Silben vorhanden, die - länger oder kürzer, komplex oder einfach - dem Sprecher als sprachliche und prosodische Einheit bewusst sind. Ihr Aufbau wird, wie auch alle anderen Aspekte der Phonologie, von universalen natürlichen Prozessen[118] und ihrer, je nach Sprache, stärkeren oder schwächeren Unterdrückung bestimmt. Diese erfolgt, wie in der Einleitung schon erwähnt, nach einzelsprachlichen Regeln und verleiht auf dieser Weise jeder Sprache ihren eigenen Charakter. Daher werden in jeder Sprache die Silben aus anderen möglichen Lautkombinationen und von unterschiedlichem Umfang gebildet.

Das Grundelement einer Silbe ist in allen Sprachen der lautliche Anteil, der die maximale Schallfülle oder Sonorität enthält und aufgrund dieser Sonorität sehr gut wahrgenommen wird. Man bezeichnet ihn als *Nukleus*, oder auch als Kern, Kopf und Gipfel. Er ist in jeder Silbe obligatorisch, und um ihn herum können weitere, weniger sonore Elementen stehen. Phonetisch gesehen hat der Nukleus einer Vollsilbe auch die Eigenschaft, ganz genau der Gipfel zwischen einem *Crescendo* bzw. *Anstieg* und einem *Decrescendo* bzw. *Abklingen* der Energiekonturen zu sein[119]. Zu jeder wohlgeformten Vollsilbe gehört mindestens ein Crescendo, also ein Anstieg der Sonorität und der Energiekontur bis zum Höhepunkt der Schallfülle. Die Konsonanten vor und nach dem Silbengipfel kennzeichnen diese Energieverläufe, Anstieg und Abklingen.

Die einzelnen Laute, die zusammen eine Silbe bilden, sind - nach der hier verwendeten Auffassung - nicht linear, sondern hierarchisch (qualitativ) geordnet. Diese Rangordnung beruht darauf, dass, wie bereits erwähnt, in jeder idealen Silbe ein sonorer Nukleus (Sonoritätsmaximum) identifiziert werden kann, und dass die Laute von den Silbengrenzen (Sonoritätsminimum) zum Nukleus hin zunehmend sonorer werden. Dies ist nach Auer[120] eins von beiden Merkmalen der *optimalen*

---

[118] Vgl. Auer 1990, S. 24ff.
[119] Vennemann 1994, S. 8f.
[120] Auer 1990, S. 29.

Silbenstruktur. Der relative Sonoritätsunterschied zwischen Silbenrand und Silbennukleus ergibt die steigend-fallende Kontur, die bestehen bleibt, auch wenn sich mehrere Konsonanten in der Peripherie häufen[121]. Eine mehrsilbige Äußerung ist erkennbar durch mehrere Sonoritätsmaxima, die durch entsprechende Sonoritätsminima getrennt sind.

Die Energie- und die Sonoritätskontur verlaufen oft parallel, aber sie sind nicht identisch. Der Gipfel des Energiecrescendos wird idealerweise zusammen mit dem Sonoritätsmaximum erreicht. Aber beispielsweise Appendices[122] können andere Konturen hervorrufen, und der Energiegipfel muss mit dem Sonoritätsmaximum (je nach Anzahl der Moren in der Silbe) nicht übereinstimmen[123].

Der Nukleus, der Höhepunkt der Sonorität, wird im Spanischen immer durch einen der fünf Vokalen [a, e, i, o, u] besetzt. Die können in jeder spanischen, betonten oder unbetonten Silbe vorkommen. Im Deutschen gibt es sechzehn nukleusfähige Vokalphoneme [a, aː, ɛ, ɛː, eː, ə, ɪ, iː, ɔ, oː, ʊ, uː, y, yː, œ, øː]. Anders als in betonten Silben entfallen in deutschen Reduktionssilben die vokalischen Unterschiede: nur der Schwa-Laut [ə], oder evtl. die Konsonanten [l̩], [m̩] und [n̩] bilden den Silbengipfel[124]. Diese Arten von Silben, die im Gegensatz zu den Vollsilben nicht betont werden können, sind in sehr vielen deutschen Wörtern vorhanden. Im Spanischen dagegen gibt es nur Vollsilben, bei denen der Vokal in unbetonter Position evtl. zentralisiert werden kann.

Die belegten Positionen vor und nach dem Nukleus (V) werden *Onset* und *Coda* genannt und werden immer von Konsonanten (C) besetzt. Die Coda bildet zusammen mit dem Nukleus den *Reim*. Eine Silbe (σ) besteht mindestens aus dem Nukleus und maximal aus allen Konstituenten zusammen (siehe Abbildung 1).

---

[121] Vgl. Maas 1999, S 128.
[122] Suffigierte Flektions- und Deklinationendungen sind laut Spencer (1997, S. 99f) nicht unbedingt Teil des Reims, also auch nicht der Coda, aber schon Teil der Silbe. Als solche können sie als Silbenanhang oder Appendices betrachtet werden.
[123] Vgl. Vennemann 1991, S. 92.
[124] Siehe Kapitel *Elision des [ə]-Lautes*, S. 175ff.

Abbildung 1

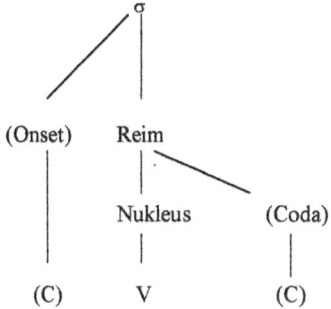

Jeder Konstituent (Onset, Nukleus und Coda) kann aus einem oder mehreren Elementen bestehen: Onset und Coda aus einem oder mehreren Konsonanten, der Nukleus aus einem oder mehreren Vokalen (Diphthonge[125], Triphonge, geminierte Vokale).

Jeder kurze Vokal und jeder Konsonant in der Coda entspricht einer zeitlichen Einheit ("timing slot" oder "timing unit", nach Spencer 1996, S. 76) oder More (nach Auer 1990, S. 32ff). Lange Vokale, Diphthonge, geminierte Vokale entsprechen zwei Einheiten, Triphthonge drei. Die Konsonanten vor dem Silbengipfel zählen nach allgemeiner Meinung hingegen nicht als Moren. So kann man die spanischen Beispiele: a. *buey* (Ochs), b. *mal* ('schlecht) und das deutschen Beispiel: c. *Mal*, folgendermaßen (Abbildung 2) darstellen, wobei X die More angibt:

---

[125] Es gibt viele Argumente für und gegen die Annahme der Diphthonge als monophonematisch, bzw. biphonematisch. Trubetzkoy (4:1967, S. 50ff) behauptet, monophonematische Diphthonge gäbe es nur, wenn sich beide Bestandteile "nicht auf zwei Silben verteilen und die durch eine einheitliche Artikulationsbewegung erzeugt werden, wobei ihre Dauer nicht die normale Dauer der Einzellaute überschreiten darf." Diese Lautverbindung sollte außerdem nach den Regeln der betreffenden Sprachen wie ein Einzelphonem behandelt werden. Ansonsten sind die Diphthonge biphonematisch, d.h. eine Folge von einem nuklearen und einem marginalen Vokal. Im Deutschen gibt es drei Diphthonge: /ae/, /ɔe/ und /ɑo/. Im Spanischen sind es sechs fallende /ɑi/, /ɑu/, /ei/, /eu/, /oi/ und /ou/ und acht steigende /iɑ/, /ie/, /io/, /iu/, /uɑ/, /ue/, /ui/ und /uo/.

Abbildung 2

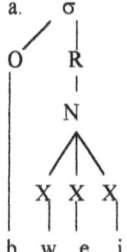 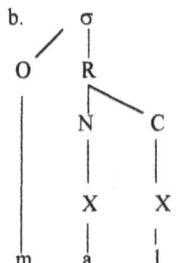 

Durch diese Darstellungsart werden die Ebenen der Quantität (zeitliche Einheit) und der Qualität (lautliche Realisierung, nach Spencer, S. 76: "melody tier") getrennt. So können zwei Arten von Silben unterschieden werden: *leichte Silben*, die keine Gabelung innerhalb des Reims haben, also aus einem kurzen Vokal ohne Coda bestehen. Alle anderen (mit langem Vokal, Diphthong und/oder Coda) sind *schwere Silben*. Laut Wiese[126] wird die Quantität der Coda von dem Nukleus bestimmt. Im Deutschen kann höchstens ein Konsonant (und zusätzlich [t][s][st][ʃ]) nach einem langen Vokal oder Diphthong stehen, also insgesamt drei Moren. Nach einem kurzen Vokal kann fakultativ noch ein weiterer Konsonant stehen, als hätte der Vokal noch "Platz frei" für einen Konsonanten. Aber nicht alle Silben haben die gleiche Anzahl von Moren, denn es gibt Silben, die aus zwei, drei, vier oder fünf Moren bestehen. Für das Spanische ist dieses Modell schwer anzuwenden, weil es keine phonologische Opposition lang/kurz der Vokale gibt, also bedeutet jeder zusätzliche Konsonant in der Coda eine Verlängerung des zeitlichen Verlaufs der Silbe. Der Vokal kann keinen Platz frei halten. Die Anzahl der Laute im Reim schwankt hier zwischen eins und drei.
Trubetzkoy[127], Vennemann[128], Maas[129], Spieckermann[130] und Sievers[131] dagegen behaupten, dass die Quantität des Nukleus von der Coda bestimmt wird. Sie gehen

---

[126] Wiese 1996, S. 37.
[127] Trubetzkoy 4:1967, S. 176ff u. 196f.
[128] Vennemann 1991, S.89f.
[129] Maas 1998, S. 59.
[130] Spieckermann 2000
[131] Sievers 1901.

von einem unmarkierten langen Vokal im Deutschen aus[132]. Dieser kann, je nachdem wie der Anschluss zu dem folgenden Konsonanten ist, ganz ablaufen ("sanfter Schnitt" oder "loser Anschluss"), oder er wird vor seinem Höhepunkt geschnitten ("scharfer Schnitt" oder "fester Anschluss")[133]. Bei dem sanften Schnitt beginnt der Konsonant erst dann, wenn der Vokal in seiner Intensität bereits deutlich geschwächt ist. Bei dem scharfen Schnitt setzt der Konsonant nach dem Kurzvokal dann ein, wenn dieser den Silbengipfel erst überschritten hat und wo also der Luftstrom noch stark und die Klangfülle noch groß ist[134]. Dass der Vokal mit festem Anschluss kürzer als der Vokal mit losem Anschluss ist, ist nur eine Folgeerscheinung. Der feste Anschluss *schneidet* sozusagen das Ende des Vokals ab und daher muss er kürzer als der normale, ungeschnittene Vokal sein. Es gibt aber auch Fälle, in denen der ungeschnittene Vokal kurz ist, z.B. *Holunder* [hoˈlʊn.dɐ], *Forelle* [foˈrɛ.lə], *Alkohol* [alˈko.hoːl] und *Polizei* [poˈlɪˈtsai]. Trubetzkoy[135] erklärt dies damit, dass der Vokal mit dem festen Anschluss nur kurz sein kann, während der mir losem kurz oder lang sein kann. Der Quantitätsunterschied besteht nur in den hauptbetonten Silben, während die Silbenschnittkorrelation in haupt- und nebenbetonten Silben besteht[136]. Phonetische Untersuchungen[137] zur Intensität zwischen geschnittenen und ungeschnittenen Vokalen haben aber festgestellt, dass es keinen signifikanten Unterschied zwischen beiden Vokalen in bezug auf die Intensitätsmaxima gibt. Für weitere Untersuchungen zur phonetischen Fundierung des Silbenschnitts siehe Spieckermann[138].

Für das Spanische kann die Theorie der Silbenschnittkorrelation nicht angewendet werden, denn es gibt keine Opposition zwischen geschnittenen und ungeschnittenen Vokalen. Alle Vokale können in jeder Position ihren Höhepunkt erreichen und sanft ablaufen, bevor der Konsonant einsetzt. Betonte - und in Argentinien auch auslautende Vokale - können gedehnt ausgesprochen werden[139].

---

[132] Nach Trubetzkoy (4:1967, S.176 und 196f), weil der Quantitätsgegensatz im Auslaut und vor Vokalen aufgehoben ist. "Dabei dürfen in den offenen betonten Auslautsilben nur lange Vokalphoneme stehen. Daher müssen hier nicht die kurzen, sondern die langen Silbenträger als merkmallose Korrelationsglieder betrachtet werden."
[133] Diese Termini werden nur in der deutschen Phonologie gebraucht.
[134] Ramers 1988, S. 106.
[135] Trubetzkoy 4:1967, S. 196.
[136] Siehe auch Kapitel *Dauer der Vokale*, S. 152.
[137] Ramers 1988, S. 108.
[138] Spieckermann 2000, S. 27ff.
[139] Siehe Kapitel *Dauer der Vokale*, S. 152.

Die Onsetposition wird im Deutschen und im Spanischen nicht nur öfter, sondern auch vorwiegend von wenig sonoren Lauten besetzt: je geräuschvoller Segmente sind, um so eher leiten sie die Silbe ein, während der Silbenabfall ganz fehlen kann oder vergleichsweise sonor ist. Dadurch entsteht im idealen Fall eine Asymmetrie zugunsten des Onsets[140]. Die wichtigsten Gründe für diese Linksorientierung innerhalb der Silbe können folgendermaßen ennumeriert werden:
- Zunächst der Rhythmus, der durch die regelmäßige Abfolge von CV-Silben entsteht. Der Hörer kann dadurch gut einschätzen, wann eine Silbe endet (Gipfel) und wann die nächste beginnt (Konsonant).
- Die Silbenstruktur wird durchschaubar, da Konsonanten und Vokale leicht zugeordnet werden können. Der Hörer muss nicht zuerst heraushören, zu welcher Silbe sie gehören.
- Sowohl der Hörer wie auch der Sprecher profitieren von dem CV-Muster: Der konsonantische Silbenanlaut ist für den Hörer gut wahrzunehmen, weil akustische Veränderungen zwischen Onset und Nukleus sehr deutlich sind. Dagegen ist ein sonorer Silbenauslaut leichter auszusprechen, weil hier die Artikulationsgenauigkeit und die Lautstärke sinken.

Man könnte hinzufügen, dass der Onset selbst eine eigene Binnenstruktur aufweisen kann, und dass er dadurch zum periferischsten Teil der Silbe wird[141]. Und desweiteren kann durch dieses (unbewusste) Wissen der Silbenstruktur jeder Hörer die Silbenstruktur der ihm bekannten Sprache erfassen[142] und sprachspezifische phonologische Prozesse und Akzentuierung korrekt dekodieren[143].

---

[140] Auer 1990, S. 29f. Dies ist das zweite Merkmal einer *optimalen Silbenstruktur*.
[141] Vgl. Maas 1999, S. 125.
[142] Die Silbentrennung ist sogar für Kinder und Analphabeten viel einfacher als die Trennung in Segmente oder Morpheme (Wiese 1996, S. 33).
[143] Der Silbengipfel ist immer leicht identifizierbar: die Silbe ist dem Sprecher eine sehr reale Einheit. Onset und Coda lassen sich normalerweise aus den Silbifizierungsregeln ableiten.

3.1. Aufbau der Silbe im Spanischen und im Deutschen

Wie schon erwähnt ist sowohl im Spanischen wie im Deutschen ein Nukleus vorhanden, und in beiden Sprachen ist auch das Einleiten des Vokals durch ein Onset erwünscht. Das Spanische wird sehr stark von einer optimalen Silbenstruktur, die aus eben diesen beiden Elementen besteht geprägt und gelenkt. So ist die Silbenstruktur CV - allerdings auch V und CCV - ideal. Und in den Fällen, bei denen diese Silbenstruktur nicht erhalten bleibt, werden Veränderungsregeln angewandt, die zurück zur CV-Silbe führen.

- Laut Delattre[144] sind im Spanischen nur 28% der Silben geschlossen[145], mit der maximalen Silbenstruktur CCVCC[146], die selten vollständig ausgesprochen wird.
- Dadurch, dass die Vokale kurz sind, ist im Spanischen eine offene Silbe auch meistens eine leichte Silbe. Diphthonge und Triphthonge dagegen bilden schwere Silben, da eine Gabelung innerhalb des Reims entsteht. Dennoch handelt es sich um offene Silben, wenn kein Konsonant nach einem Diphthong oder Triphthong steht.
- Nicht nur das Angebot an anlautenden Konsonanten und Konsonantenverbindungen, sondern auch deren Gebrauch ist größer als beim Auslaut.
- Es besteht in der Umgangssprache die Tendenz, geschlossene Silben in gewissen lautlichen Kontexten durch Resilbifizierungsprozesse zu öffnen. Dadurch wird die Coda einer Silbe zum Onset der folgenden, wenn an dieser Position noch kein Konsonant vorhanden ist, z.B. *los ojos* → [lo.'so.xos] (die Augen).
- Durch eine heterosyllabische Vokalfolge ist die Silbengrenze nur schwach gekennzeichnet. Umgangssprachlich wird dann eine onsetlose Silbe vermieden. Dies geschieht indem der Hiatus diphthongiert wird, z.B. *pe-le-ar* → *pe-ljar* (streiten), oder mittels einer Akzentverschiebung, z.B. *pe-rí-o-do* → *pe-rió-do* (Zeitspanne), oder es wird ein Konsonant dazwischen gesetzt, z.B. *za-na-ho-ria* → *za-na-go-ria* (Karotte). Fortisierungsprozesse finden im Spanischen immer im Onset statt und nie in der Coda.

---

[144] Delattre 1966, S. 188. Nach einer Untersuchung von 2000 Silben im Spanischen und im Deutschen.
[145] Nach Quilis (1993, S. 370) sind es etwa 31% (nach einer Untersuchung mit Aufzählungen aus der gesprochenen Sprache).
[146] Beispiele: *al* (VC), *la* (CV), *flaco* (CCV), *abstracto* (VCC), *cal* (CVC), *flan* (CCVC), *constitution* (CVCC), *transplante* (CCVCC).

- Es gibt diachrone Evidenzen, die die Schwäche der Coda und die Stärke des Onsets bezeugen: Der Schwund von Konsonanten in auslautender Position beim Übergang vom Lateinischen zum Spanischen. Alle silbeninitialen Konsonanten dagegen bleiben erhalten[147].

Im Deutschen sind nicht nur der Nukleus obligatorisch und der Onset erwünscht, sondern es zeichnet es sich auch eine starke Präferenz für geschlossene Silben ab:
- Laut Delattre[148] sind 63% der Silben geschlossen, das bedeutet, dass auch mindestens ebensoviele schwer sind.
- Meistens sind die offenen Silben immer noch schwer, weil sie einen langen Vokal als Nukleus haben[149].
- Die maximale Silbenstruktur ist CCCVCCCCC[150]. Nicht nur die Anzahl der möglichen Konsonanten ist in der Coda größer als im Onset, sondern auch die Vielfalt der Kombinationen. Im Deutschen ist der Onset fast immer vorhanden (nur in Reduktionssilben oder durch Hiatus kann der Vokal uneingeleitet einsetzen), aber die Coda scheint viel wichtiger und komplexer zu sein.
- Der Vokalansatz mit Glottisschlag (auch wenn dieser kein Phonem ist) ist ein Hinweis für das Bedürfnis eines Onsets im Deutschen.

Im Deutschen können die Konsonanten zu einer Silbe gehören, oder zu zwei (ambisilbische Konsonanten), oder zu keiner (extrasilbische Konsonanten), wobei letztere nur an der Wortgrenze vorkommen können. Diese extrasilbischen Konsonanten können Teil sowohl einer monomorphematischen wie einer polymorphematischen Form sein[151].

---

[147] Vgl. Hooper 1976, S. 201.
[148] Delattre 1966, S. 168. Nach einer Untersuchung von 2000 Silben im Spanischen und im Deutschen
[149] Ausnahmen wären *Alkohol* [al.ko.ˈhoːl] und *Polizei* [po.lɪ.ˈtsai].
[150] Beispiele: *na* (CV), *an* (VC), *zu* (CCV), *als* (VCC), *des* (CVC), *durch* (CVCC), *Stamm* (CCVC), *Storch* (CCVCC), *Strumpf* (CCCVCCC), *Herbst* (CVCCCC) und mit einer Morphemgrenze in der Coda: *schimpfst* (CVCCCCC), *strampfst* (CCCVCCCCC).
[151] Vgl. Wiese 1996, S. 37ff und S. 261ff.

3.2. Silbifizierung

Nachdem Struktur und die Sonoritätskontur der Silben dargestellt worden sind, soll nun schließlich festgestellt werden, wie die Grenze zwischen zwei Silben festzulegen sind. Dazu sind für das Deutsche und das Spanische folgende Silbifizierungsregeln zu beachten[152]:

1) In beiden Sprachen muss zunächst der Nukleus festgelegt werden.
a) Im Spanischen bilden *ein einzelner Vokal* oder die Folge aus einem hohen (oft ein Halbvokal) und einem anderen Vokal, also ein *Diphthong* oder die ähnliche Folge aus drei Vokalen, also ein *Triphthong*, den Nukleus. Zwei aufeinanderfolgende Vokale bilden zwei Silben, wenn der hohe Vokal betont wird, z.B. [ˈlej] vs. [le.ˈi] (Gesetz vs. ich habe gelesen) oder wenn beide Vokale nicht hoch sind, z.B. *toalla* (Handtuch).
b) Im Deutschen besteht der Nukleus aus einem einzelnen Vokal oder aus den Diphthongen /aɔ/, /ɔi/ und /ae/. Andere Vokalfolgen diese Diphthonge bilden im Deutschen immer zwei verschiedene Silbennuklei.

2) Der Onset wird festgelegt durch die universalen Tendenzen:
Alle Konsonanten können theoretisch den Onset einer Silbe bilden, und sie werden zunächst als solche betrachtet. Im Falle von Konsonantenfolgen ist zu beachten, dass diese im Rahmen der Sonoritätshierarchie den Onset bilden können (Maximal Onset Principle[153]).
a) Im Spanischen werden - durch die Tendenz zum CV-Muster - ein einziger Konsonant und die Affrikate /tʃ/ zwischen zwei Vokalen immer an den zweiten Vokal als Onset gebunden. Die Konsonantenpaare mit einem Liquid als zweitem Element bilden den Onset, während alle anderen möglichen Konsonantenpaare auf die beiden Silben verteilt werden. Als erstes Element (Coda) können die Archiphoneme /B D G M N L R/ oder /s/ erscheinen, als zweites (Onset) kann jeder spanische Konsonant außer [ɲ, r] stehen, aber nicht alle Möglichkeiten werden besetzt[154].
Bei einer Folge von drei oder vier Konsonanten bilden von rechts nach links die Konsonantenpaare mit einem Liquid als zweitem Element den Onset, z.B.:

---

[152] Z.T. nach Auer 1990, S. 35ff und Quilis 1993, S. 368ff.
[153] Vgl. Giegerich 1992, S.134 und "Law of Initials" bei Vennemann 1988, S. 32.
[154] Vgl. Cartagena/Gauger 1989, S. 38ff und 56ff, Quilis 1993, S. 382f und Nuñez Cedeño/Morales-Front 1999, S. 188.

in- flamar, (entzünden). Wenn kein Liquid das letzte Element ist, wird nur der letzte Konsonant (meist ein Plosiv) zum Onset, zum Beispiel: *ins-taurar* (wieder herstellen)[155].

b) Im Deutschen ist die Tendenz, Silben mit Onset zu bilden, auch sehr stark ausgeprägt, und jeder einzelne Konsonant ist dazu fähig. Bei mehrgliedrigen Konsonantenfolgen bildet mindestens einer dieser Konsonanten den Onset der zweiten Silbe. Im absoluten (phonologischen) Wortanlaut können Silben mit Glottisschlag oder auch mit längeren Konsonantenverbindungen eingeleitet werden. Beides ist innerhalb eines Wortes eher selten. Dennoch ist in manchen Fällen die Grenze zwischen zwei Silben schwer zu erkennen, wenn mehrere Konsonanten Coda und Onset bilden, denn sie ist im Deutschen nicht nach phonotaktischen Regeln feststellbar. Zum Beispiel kann sich bei einer einzigen Konsonantenfolge die Grenze verschieben, wie bei [rps]: *Knirps* vs. *Erb-se*. Die Sonoritätsskala wird aber auf jeden Fall respektiert.

3) Alle anderen Konsonanten können im Rahmen der phonotaktischen Regeln die Coda bilden.

a) Im Spanischen kommen meist nur schwache Codas vor, also welche, die aus relativ sonoren und stimmhaften Lauten bestehen. Wenn im Spanischen eine Silbe geschlossen ist, dann meist durch einen einzigen Konsonanten. Zweigliedrige Kombinationen erscheinen gelegentlich im Wortinneren, aber nicht im absoluten Wortauslaut.

b) Im Deutschen sind die auslautenden Konsonantenverbindungen sehr häufig, umfangreich und komplex. Zusätzlich zur Coda findet man die Appendices, oder extrasilbische Elemente die durch Flektion und Deklination entstehen.

---

[155] Diese überschaubaren phonotaktischen Regeln gelten sowohl für zwei Silben innerhalb eines Wortes als auch für zwei angrenzende morphologischen Wörter.

4. Veränderungsprozesse der Silbenstruktur

Im Folgenden werden Prozesse des Deutschen und des Spanischen dargestellt und untersucht, die die Silbenstruktur betreffen oder verändern können. Zunächst wird die Komplexität von Onset und Coda in beiden Sprachen dargestellt, wobei die jeweils unterschiedlichen Ausgangspunkte im Deutschen und im Spanischen zu beachten sind (siehe Tabelle 1, S. 13):

prototypische akzentzählende Sprachen	prototypische silbenzählende Sprachen
die Kombination von Elementen an jeder silbischen Position können von erheblicher Komplexität sein	außer der Kombination von C und V sind keine weiteren Cluster möglich

4.1. Sonoritätshierarchie und Konsonantencluster

Im Deutschen und im Spanischen können Onset und Coda oft aus mehreren Konsonanten bestehen. Die Reihenfolge, in der Konsonanten in jeder Sprache erscheinen, folgt prinzipiell der Sonoritätshierarchie, die allgemein für alle Sprachen gilt: die Sonorität steigt im Onset einer Silbe an, erreicht ihren Höhepunkt im Nukleus, und klingt in der Coda wieder ab.
Das Maß an Sonorität, dem jeder Laut entspricht, ist teils sprachabhängig. Die graduelle Abstufung der Sonorität jedes einzelnen Lautes, die Sonoritätsskala, wird impressionistisch gewonnen, "weitgehend durch einen Rekurs auf die Lautverbindungsmöglichkeiten, die in intuitiv anerkannten Silben angetroffen werden" (Kohler 1995, S. 74). Jede Sprache bildet so eine Sonoritätshierarchie des eigenen Lautinventars, nach der sich die Laute im Onset und in der Coda untereinander verbinden können.
Trotzdem stellt Harris[156] eine universelle Sonoritätsskala fest:

---

[156] Harris 1989, S. 141.

Obstruent = [-sonorant]					Resonant = [+sonorant]		
Konsonant = [+konsonant]						Vokal = [-konsonant]	
Stop = [-kontinuant]		Kontinuant = [+kont]		[-kont/+kont]		[+hoch]	[-hoch]
[-st.haft]	[+st.haft]	[-st.haft]	[+st.haft]	Nasal	Liquid		
pt	bd	fs	vz	mn	l r	iu	eoa
1	2	3	4	5	6 7	8	9
		← weniger sonorant				mehr sonorant →	

Wenn das o.g. universelle Prinzip der Sonorität bei der Silbenbildung eingehalten wird, besteht - gemäß den Zahlenwerten der oben angegebenen Sonoritätsskala - die Sonoritätskontur einer Silbe im Idealfall am Anfangsrand aus einer ansteigenden Zahlengruppe, im Nukleus aus einer hohen Zahl und am Endrand aus einer absteigenden Zahlengruppe, wie z.B. in der deutschen Silbe *blind*: 2-6-8-5-1. Manche Sprachen halten sich aber nicht an diese Regel und brechen sie, denn manchmal sind die universellen Definitionen zu stark und zu einschränkend, um immer respektiert werden zu können[157].

Onset und Coda verhalten sich nicht gleich in bezug auf die Sonoritätshierarchie: Im Onset wird meistens ein starker Sonoritätsanstieg bevorzugt, während in der Coda, wenn überhaupt vorhanden, ein sanfter Abfall der Sonorität bevorzugt wird[158]. Die silbeninitialen Konsonanten sind - nach der universellen Tendenz - am wenigsten einem Vokal ähnlich. Hooper[159] stellt die Präferenzen je nach Position fest:

---

[157] Lass, 1984, S. 164.
[158] Vennemann (1989, S. 37ff und 1982, S. 283f) stellt allgemeine Präferenzgesetze fest, nach denen die Positon des Nukleus phonologisch relevant ist, denn sie ist lexikalisch, morphologisch oder phonologisch bestimmt. Von ihr aus definiert sich der Anfangsrand als das Silbenbasisstück vor dem Nukleus, der Endrand als das Silbenbasisstück nach dem Nukleus.
[159] Hooper 1976, S. 196 und S. 199.

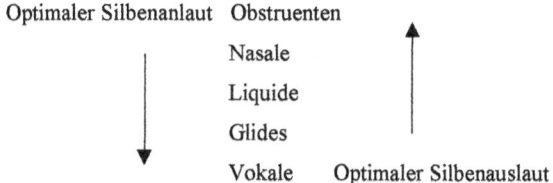

Obwohl in den meisten Sprachen die Sonoritätshierarchie respektiert wird, können nicht alle möglichen Konsonantenkombinationen innerhalb der Hierarchie als Onset oder Coda vorkommen. Jede Sprache bevorzugt andere Kombinationen, die sowohl von der möglichen Silbenstruktur wie auch von dem Sonoritätsgrad der Konsonanten bestimmt werden.

4.1.1. Konsonantencluster im Deutschen

Im Deutschen können am Silbenanfang bis zu drei Konsonanten vorkommen, am Silbenende bis zu vier[160]. Wiese[161] geht jedoch davon aus, dass im Deutschen nur zweigliedrige Folgen im Onset und in der Coda (sowie auch im Nukleus) möglich sind. Die Konsonanten, die zusätzlich nach einer wohlgeformten Silbe am Wortende auftreten können, /t/, /s/ oder /st/[162], sind extrasilbisch. Am Wortanfang sind /s/ und /ʃ/ extrasilbische Elemente, und sie können nur in Verbindung mit einem folgenden Obstruenten auftreten. Die extrasilbischen Konsonanten verlieren bei einer späteren Resilbifizierung ihren extrasilbischen Status.

Wenn die deutschen Silben dem Sonoritätsprinzip folgen, können Wortpaare mit spiegelbildlichem Aufbau entstehen, wie *fromm/Morph*, oder *Kram/Mark*[163], weil

---

[160] Laut Moulton (1956, S. 374) sind fünf Konsonanten hintereinander möglich, z. B. in des *Herbsts* oder du *wärmst's*. Dabei werden diese Cluster durch einer Morphemgrnez getrennt.
[161] Wiese 1996, S. 37ff und S. 261ff.
[162] Wiese (1996, S. 261) erwähnt auch /d/, was für eine deutsche Coda ungewöhnlich wäre, aber nicht /ts/.
[163] Beispiele aus Vater 1992, S. 104.

die Konsonantenverbindungen zum Nukleus hin an Sonorität zunehmen. Andere Folgen, die aus zwei Plosiven bestehen, können nur in der Coda vorkommen, sowie Folgen aus zwei frikativen Lauten nur im Onset.

Alle Konsonanten des deutschen Phoneminventars[164], abgesehen von [ŋ] können allein im Onset erscheinen, aber nur einige von ihnen können miteinander kombiniert werden. In der folgenden Tabelle werden die möglichen Onsetverbindungen nach Wiese[165] wiedergegeben. Die Obstruenten in der linken Spalte stehen für das erste Element der Konsonantenfolge. Die "+" Zeichen geben die möglichen Verbindungen an, während die "-" Zeichen die unmöglichen Folgen angeben. Die "(+)" Zeichen stehen für sehr selten vorkommende Folgen.

---

[164] Die Konsonanten des deutschen Phoneminventars sind /p, t, k, b, d, g, f, v, s, ʃ, x, m, n, l, r, h, pf, tʃ, ks/.
[165] Wiese 1996, S. 262.

	Sonoranten				Obstruenten	2. Element
	l	ʀ	n	m	s	v
1. Element Obstruenten						
p	+	+	(+)	-	+	-
t	-	+	-	-	-	(+)
k	+	+	+	(+)	(+)	+
b	+	+	-	-	-	-
d	-	+	-	-	-	-
g	+	+	+	(+)	-	-
f	+	+	-	-	-	-
v	(+)	+	-	-	-	
ts	-	-	-	-	-	+
pf	+	+	-	-	-	-
ʃ	+	+	+	+	-	+

Tabelle 2: Onset Cluster des Deutschen, ohne extrasilbische Elemente[166]

Aus dieser Tabelle geht hervor, dass die meisten Verbindungen im Onset aus Obstruent + Sonorant bestehen, also nach der universellen Präferenz eine wohlgeformte Sonoritätskontur aufweisen. Das erste Element der Folge ist immer ein Obstruent, das zweite meistens ein Sonorant. Cluster aus zwei homoorganen Laute sind ungewöhnlich. Zu den Verbindungen Obstruent + Obstruent meint Wiese[167], dass /ps/ und /ks/ als Affrikate behandelt werden können. Die restlichen Folgen /tv, kv, tsv, ʃv/ bestehen laut Wiese[168] aus einem Konsonant + einem

---

[166] Nach Wiese 1996, S. 262.
[167] Wiese 1996, S. 262.
[168] Wiese 1996, S. 238ff.

ursprünglichen stimmhaften Approximant [ʊ], der phonetisch als [v, f, ʊ, y̯] realisiert werden kann, z.B. *Quatsch* [kvatʃ], [kfatʃ], [kʊatʃ], [ky̯atʃ]. In der Vielfalt der möglichen phonetischen Realisierungen - im Gegensatz zu /v/ am Wortanfang und in intervokalischer Position - sieht Wiese ein Argument dafür, dass es sich um den Approximant [ʊ] handelt. Auch die Tatsache, dass /tv, kv, tsv, ʃv/ sehr selten von dem Vokal /u/ gefolgt werden, spricht hierfür, da die Folge von zwei gerundeten Vokale nicht wohlgeformt ist[169].

In bezug auf die o.g. "Law of Initials", stellt Vennemann[170] fest, dass das Deutsche nur z.T. der Regel folgt, denn hier können durch das Weglassen eines Schwa-Lautes (Synkopa) neue Cluster entstehen, die wortinitial nicht möglich sind, z.B. in *radele* [ra.də.lə] → *radle* [ra.dlə][171].

Die Konsonantencluster in der Coda sind im Gegensatz zu denen im Onset viel systematischer und lassen das Prinzip der Sonoritätshierarchie sehr klar erkennen[172]. Die folgende Tabelle gibt die möglichen Konsonantenfolgen des Deutschen in der Coda an. Die Konsonanten in der linken Spalte, die von oben nach unten nach ihrer Sonorität geordnet sind, sind das erste Element eines Clusters[173].

---

[169] Brockhaus (1995, S. 201) beschäftigt sich mit den seltenen wortinitialen Clustern [g/kn], [pn] und [sn]. Sie schlägt vor, die beiden Konsonanten jeder dieser Folgen als zwei verschiedene Onsets zu betrachten. Beide Onsets wären durch einen leeren Nukleus getrennt. Der erste Konsonant der Folge ist der Onset einer nukleusleeren Silbe, der zweite Konsonant der Onset der folgenden Silbe. Sie belegt ihre Behauptung mit der etymologischen Evidenz, dass früher beide Konsonanten durch einen Vokal getrennt waren: *Gneis* kommt aus *ganeist*, *Gnade* aus *gināda* und *genade*.
[170] Vennemann 1972, S.11ff und 1988, S. 32f stellt mit der "Low of Initials" fest, dass Onsetcluster, die in wortinternen Silben vorkommen auch am Wortanfang möglich sein sollten.
[171] Vgl. Giegerich 1992, S. 137.
[172] Nicht alle Konsonanten können als einzelne Konsonanten in der Coda stehen. Laut Moulton (1956, S. 374) können die Lenes /b, d, g, v, z, ʒ, h/ nicht die Coda bilden.
[173] Nach Wiese 1996, S. 264.

Sonorant + Obstruent Cluster   2. Element

		ʀ	l	m	n	f	s	ʃ	ç	p	t	k
1. Element	ʀ	-	+	+	+	+	+	+	+	+	+	+
	l	-	-	+	+	+	+	+	+	+	+	+
	m	-	-	-	-	+	+	+	-	+	+	-
	n	-	-	-	-	+	+	+	+	?	+	?
	ŋ	-	-	-	-	-	+	+	-	-	+	+

Obstruent + Obstruent Cluster   2. Element

		ʀ	l	m	n	f	s	ʃ	ç	p	t	k
1. Element	s	-	-	-	-	+	-	-	-	(+)	+	+
	f	-	-	-	-	-	+	-	-	-	+	-
	x	-	-	-	-	-	+	-	-	-	+	-
	ʃ	-	-	-	-	-	+	-	-	-	+	-
	t	-	-	-	-	-	+	+	-	-	-	-
	k	-	-	-	-	-	+	-	-	-	+	-
	p	-	-	-	-	+	+	+	-	-	+	-

Tabelle 3: Codacluster des Deutschen

Anhand dieser Tabellen kann festgestellt werden, dass entweder die labialen /p, f, m/ oder die dorsalen /k, x, ŋ/-Laute in der Coda vorkommen können, aber nicht beide zusammen, während die koronalen /t, s, ʃ, n, l/ sich mit allen Lauten verbinden können.

Aus der zweiten Tabelle geht auch hervor, dass /s/ und /t/ sich mit allen Konsonanten verbinden können. Zusätzlich können beide Laute als extrasilbische Elemente am Wortende hinzugefügt werden, ohne die Sonoritätshierarchie zu verletzen. Die Obstruent + Obstruent-Cluster haben die Fähigkeit, sowohl im Onset wie auch in der Coda erscheinen zu können.

Weitere mögliche Cluster, die nicht in den Tabellen aufgezeichnet sind, bestehen aus Verbindungen mit Affrikaten.

Alle Konsonanten außer /ʃ, t, s/ können die erste oder die zweite Position unmittelbar nach dem Silbennukleus besetzen, wenn der Vokal kurz ist. Bei einem langen Vokal oder einem Diphthong trifft dies allerdings nur auf die erste Position zu. Die Länge des Vokals bestimmt laut Moulton[174] und Wiese[175] die Anzahl der Konsonanten, die am Silbenende erscheinen können. Nach einem kurzen Vokal können bis zu vier[176] Konsonanten (zwei in der Coda und zwei extrasilbische) erscheinen, nach einem langen Vokal ein Konsonant weniger (ein Konsonant in der Coda und zwei extrasilbische)[177].

Im Deutschen gibt es auch Regeln, die vorschreiben, wie sich Coda und Onset, je nach den Konsonanten an diesen beiden Positionen, verbinden können. Praktisch alle auslautenden bis zu zweigliedrigen Verbindungen lassen sich mit allen anlautenden bis zu zweigliedrigen kombinieren. Die Ausnahmen sind:
- Der Frikativ-Laut [x], der nicht nach einem anderen Konsonanten stehen kann.
- Der Frikaltiv-Laut [s] kann im Silbenanlaut nur nach stimmlosem Konsonanten vorkommen, [z] dagegen im Anlaut nach stimmhaftem Konsonanten.
- Die Liquide [l, r] lassen sich mit den meisten anlautenden Konsonanten verbinden und bilden deshalb auch eine sehr große Gruppe möglicher Kombinationen.

In der Regel treffen zwei bis vier Konsonanten aufeinander.

---

[174] Moulton 1956, S. 374.
[175] Wiese 1996, S. 37.
[176] Nach Moultons (1956, S. 374) Auffassung fünf.
[177] Vgl. Gegenargumente "sanfter" und "scharfer Schnitt" im Kapitel über die Silbe.

4.1.2. Konsonantencluster im Spanischen

Im Spanischen sind Konsonantencluster sowohl im Onset wie in der Coda viel einfacher als im Deutschen. Längere Konsonantenfolgen ergeben sich aus dem Zusammentreffen von Coda und Onset zweier folgenden Silben. Im Spanischen am Río de la Plata können alle Konsonanten des Phoneminventars außer /ʃ/ [178] - wenn ein Nukleus /i/ folgt - und /r/ am Wortanfang als einzelne Konsonanten stehen. Die möglichen Cluster im Onset, sowohl am Wortanfang wie im Wortinneren (siehe "Low of Initials", Seite 59), sind sehr eingeschränkt und werden in der folgenden Tabelle mit dem "+" Zeichen angegeben.

		2. Element Sonoranten	
		ɾ	l
1.Element	Obstruenten		
	p	+	+
	t	+	(+)
	k	+	+
	b	+	+
	d	+	-
	g	+	+
	f	+	+

Tabelle 4: Onsetcluster des Spanischen

Weitere Verbindungen wie /ps/ in *psicología* (Psychologie') oder /gn/ in *gnomo* (Gnom) werden hier nicht berücksichtigt, da sie nur in Fremdwörtern vorkommen. Diese Konsonantenfolgen sind im Spanischen nicht möglich, obwohl sie aus dem

---

[178] Die Konsonanten des Phoneminventars für das argentinische Spanisch sind /p, t, k, b, d, g, m, n, ɲ, f, s, ʃ, x, r, ɾ, l, tʃ/. Das Phonem /ʃ/ in der Porteño-Varietät entspricht [ʎ, ʝ, j] in anderen Varietäten, orthographisch <ll> und <y>.

Gesichtspunkt der Sonorität wohlgeformt sind, und werden als [s], bzw. [ɲ] ausgesprochen. Die Folge /tl/ kommt nur in Wörtern indianischer Abstammung vor.

Der Stärkeunterschied zwischen dem ersten und dem zweiten Element eines Konsonantenclusters soll im Spanischen relativ groß sein, was nach der universellen Tendenz unmarkiert ist[179]. Aus diesem Grund können nur Obstruenten das erste Element des Clusters bilden. Das Phonem /f/ ist, im Gegensatz zu anderen Frikativen wie /s[180], x/, im Spanischen sehr stark: es kommt, wie andere starke Obstruenten in Cluster vor, aber extrem selten in der Coda[181].

Das zweite Element eines Clusters ist immer /l/ oder /ɾ/[182]. Der dritte Liquid des Spanischen, /r/ ist aufgrund seiner Artikulationsart - eine mehrfach wiederholte Vibration - stärker als die beiden anderen Liquide. Das Phonem /r/ kommt deshalb nur in silbeninitialer Position vor, aber nie in einem Cluster. Es verhält sich eher wie ein Obstruent, und nicht wie ein Liquid[183].

Die wichtigsten sprachspezifischen Regeln des Spanischen für wortinitiale Cluster können folgendermaßen formalisiert werden[184]:

- das erste Element eines Clusters ist nicht-sonorant

  [+ kons] → [- son] / # ___ [+ kons]

- das erste Element ist weder [t] noch [d], wenn das zweite [l] ist

  [+ kons] → [- cor] / # [+ ant] [+ lat]

---

[179] Harris (1983, S. 22) behauptet, dass Onsetcluster Obstruent + Liquid natürlicher als andere Folgen sind. Allgemein sind Onsetcluster von nur zwei Elementen unmarkierter als längere.
[180] /s/ kann im Spanischen nie ein Cluster einleiten, auch nicht bei Fremdwörtern. Hier findet immer eine /e/-Epenthese (Harris, 1983. S. 29f) statt, z.B. bei *eslavo* (Slave), *esfera* (Kugel), *espirar* (ausatmen). Harris hält das /s/ bei den Fremdwörtern für extrametrisch, d.h. für ein Element, das von den Silbifizierungs- und prosodischen Regeln nicht betroffen wird. Durch das Einfügen eines /e/ wird das /s/ zur Coda und verliert damit seinen besonderen Status Vgl. auch Contreras & Lleó 1982, S. 101.
[181] Vgl. Hooper 1976, S. 217.
[182] Nach Hooper (1976, S. 211) auch /j/ und /w/, weil in der zweiten Position einer Konsonantenfolge im Spanischen Laute erscheinen können, die Liquide oder schwächer sind. also auch Glides. Sie betrachtet diese nicht als Teil eines Diphthongs, sondern als Teil des Konsonantenclusters, z.B. in *piano* (Klavier) ['pja.no].
[183] Vgl. Hooper 1976, S. 211.

Es gibt drei weitere Konsonanten, die im Spanischen nie in einem Cluster vorkommen, nämlich [tʃ, ʃ, gʷ]. Der Grund dafür könnte einerseits die "doppelte Artikulation"[185] bei [tʃ, gʷ] sein, die die Verbindung mit einem weiteren Konsonanten verhindert. Andererseits handelt es sich in dem Falle von [ʃ, gʷ] um Laute, die aus den Glides /j/ und /w/ abstammen. Und da sie in ihrer Sonorität schwächer als Liquide sind, können sie nicht mit ihnen zu Clustern verbunden werden.

An wortfinaler Position können die Phoneme /d, s, x, n, ɾ, l/ erscheinen, in der wortinternen Coda dagegen /b, d, g, f, s, n, ɾ, l/. Die Coda ist im Spanischen extrem schwach. Die Konsonanten, die dort erscheinen, werden um so mehr abgeschwächt, je stärker sie sind. Aus diesem Grund sind Konsonanten wie /ɾ, l/ immer deutlich hörbar, während /b, d, g, s/ am meisten verändert werden. Diese Abschwächung wird hauptsächlich durch eine Verkürzung der Verschlussdauer erreicht[186].

Konsonantencluster in der Coda sind sehr selten. Nur wortintern und oft als Teil eines Präfixes treten /ns/, /bs/, /ls/ und /ɾs/ auf, zum Beispiel in *transportar* (transportieren), *abstracto* (abstrakt), *solsticio* (Sonnenwende) und *perspectiva* (Perspektive). Diese Cluster werden üblicherweise vereinfacht, so dass nur ein Konsonant [s] ausgesprochen wird.

Manche Verbwurzeln enden in einem Konsonantencluster, wie Contreras/Lleó[187] feststellen, z.B. *sangr* + *a* + *r* (bluten), *rasp* + *a* +*r* (reiben). Da jedoch die Regeln, die Cluster in der Coda im Spanischen verhindern, so stark sind, kommen diese Konsonantenfolgen nie alle zusammen in der Coda vor, sondern sie werden durch das Einfügen eines Vokals auf zwei Silben verteilt.
Die entsprechende Regel, die Cluster in der Coda vermeidet, formuliert Cressey[188] folgendermaßen:

---

[184] Nach Cressey 1978, S. 114.
[185] Nach Hooper 1976, S. 213f.
[186] Vgl. Hooper 1976, S. 216.
[187] Contreras/Lleó 1982, S. 100.
[188] Cressey 1978, S. 113.

- keine wortfinalen Cluster
    [ ] → [- kons] / ___ [kons]#

Diese Regel betrifft jedes Segment (Leerzeichen in Klammern), das direkt vor einem Konsonant am Wortende steht. Sie fordert vor einem wortfinalen Konsonant ein Element, das nicht-konsonant ist. Diese Regel gilt absolut, die einzigen Ausnahmen sind Fremdwörter, wie z.B. *fórceps, vals* und *tórax* .

4.1.3. Vorhersage für den Fremdsprachenerwerb

Beim Vergleich der Clusterbildung im Deutschen und im Spanischen wird deutlich, dass die spanischen Konsonantencluster einfacher als die deutschen sind, da sie immer dem Sonoritätsprinzip entsprechen und aus maximal zwei Elementen gebildet werden. Im Spanischen werden beide Merkmale der optimalen Silbenstruktur (CV-Struktur und wohlgeformte Sonoritätskontur) erfüllt, und die sprachspezifischen Regeln des Spanischen unterstützen die CV- Struktur und das Erhalten der Sonoritätskontur. Solche Cluster können auch im Deutschen vorkommen, und es ist daher zu erwarten, dass Spanisch-als-Fremdsprache(SpaF)-Lerner kaum Schwierigkeiten mit der Aussprache von spanischen Konsonantenfolgen haben. Es handelt sich also um Konsonantenkombinationen, die dem Sprachlerner bereits bekannt sind, und die nicht nach sprachspezifischen Regeln gebildet werden. Dies bezieht sich sowohl auf Onsetcluster wie auf Konsonantencluster in der Coda.

Bei den Deutschlernern ist dagegen zu erwarten, dass sie große Schwierigkeiten mit den längeren deutschen Clustern haben, da diese für sie unbekannt sind, und durch sprachspezifische Regeln des Deutschen gebildet werden. Die Sprachschüler werden also nicht nur mit längeren Konsonantenkombinationen konfrontiert, sondern auch mit neuen Clusterbildungsregeln. Das Hinzufügen von extrasilbischen Elementen könnte eine weitere Hürde für die Fremdsprachler bilden, denn dadurch entstehen oft längere Cluster, die nicht immer im Einklang mit dem Sonoritätsprinzip stehen. Besonders schwer werden die Konsonantenverbindungen in der Coda sein, wenn sie aus nicht-sonoren Elementen bestehen. Diese können im Spanischen nicht vorkommen und entsprechen nicht der optimalen Silbenstruktur.

Die Verbindung aus einem Cluster in der Coda und einem Cluster im darauffolgendem Onset könnte auch schwer auszusprechen sein, da in diesem Fall viele Konsonanten aufeinanderfolgen.

4.1.4. Konsonantencluster in DaF

Im theoretischen Teil wurden die möglichen Cluster des Deutschen im Onset und in der Coda erläutert und es wurde festgestellt, dass im Deutschen sehr viele und sehr unterschiedliche Kombinationen von Konsonanten möglich sind. Für die vorliegende Untersuchung wurden zunächst 24 verschiedene Konsonantencluster des Deutschen ausgewählt, die bei den Aufnahmen argentinischer Informanten mehr oder weniger oft vorkommen. Es handelt sich um die Onsetcluster: /ts/ *zu*, /tsv/ *zwei*, /ʃt/+C *Stroh*, /ʃt/ *Stuhl*, /ʃp/ *Spiegel*, /ʃ/+C *Schmalz*, /pf/ *Pferd*, /f/+C *frisch*, C+/r/ *drei*, C+/l/ *klein*, /kv/ *Qual*. Und die Codacluster: C+/ts/ *Harz*, /tst/ *jetzt*, /lt/ *Halt*, /rt/ *Dart*, /mt/ *stimmt*, /nt/ *kennt*, /pt/ *Haupt*, /kt/ *sagt*, /xt/ *Macht*, /nft/ *Zukunft* , /st/ *Rast*, C+/st/ *kehrst*, C+/ʃ/ *Ramsch*, /pf/ *Napf*, C+/s/ *Gans*.

Es werden insgesamt 648 Beispiele von sechs verschiedenen Sprechern ausgewertet. Es wird dabei festgestellt, dass einige von diesen Clustern für Fremdsprachler sehr schwierig auszusprechen sind, andere dagegen den DaF-Lernern keine Schwierigkeiten bereiten[189]. Die Cluster, die den Deutschlernern keine oder nur geringe Ausspracheschwierigkeiten verursachen, werden im Folgenden kurz erläutert:

- Cluster im Onset, die aus Konsonant + Liquid bestehen, etwa in *Flug*, oder *groß*, sind für die Fremdsprachler nicht schwer auszusprechen, denn sie kommen auch im Spanischen vor und entsprechen dem universellen Sonoritätsprinzip zum Aufbau der Silben. Auch wenn die Folge Konsonant + Liquid aus anderen Konsonanten besteht als im Spanischen, etwa in *schlau*, haben die Fremdsprachler keine Ausspracheprobleme.
- Wenn das zweite Element im Onset /v/ ist, wird dieser oft als Glide [w] ausgesprochen, etwa in *Quatsch, schwarz*.
- Im allgemeinen haben die Informanten keine Schwierigkeiten, wenn ein Cluster mit [ʃ] beginnt, wie in *Sprache, Stroh* oder *schwer*. Gelegentlich wird ein /e/

---

[189] Vgl. Zierer 1961, S. 28 , Hirschfeld, 1983, S. 171 und Schön 1984, S. 45.

vor dem Cluster eingefügt, wenn es wortinitial vorkommt. Alle Konsonanten bleiben erhalten.
- Wenn eine Silbe auf [ʃ] endet, ist meistens das erste Element eines solchen Clusters ein Sonorant: *Ramsch, falsch*, und kann problemlos von den DaF-Lernern ausgesprochen werden.
- Die Cluster /ns, ls, ps, rs/, die auch in der spanischen Coda vorkommen können (allerdings nur wortintern), bereiten den Fremdsprachlern keine Schwierigkeiten. Wenn ein weiterer Konsonant folgt, kann das /s/ etwas abgeschwächt werden, zum Beispiel *insgesamt*.
- Wenn /s/ am absoluten Wortauslaut stehen, kann es wie im Spanischen abgeschwächt werden: *Mars, Raps*.
- Im allgemeinen tendieren die Fremdsprachler bei silbenfinalen Clustern, die aus Sonorant + Obstruent bestehen, dazu, das letzte Element abzuschwächen, bzw. zu elidieren, um die Coda möglichst schwach und sonor zu erhalten.
- Wenn zwei oder drei verschiedene Konsonanten durch eine Silbengrenze getrennt werden und sie die universelle Sonoritätskonturpräferenz (starker Anstieg der Sonorität im Onset und schwache Coda) entsprechen, wie etwa in *Freundin, Türkei, Ausflug* oder *kompliziert*, weisen die Fremdsprachler im allgemeinen keine Aussprachschwierigkeiten auf.

Längere und fremde Kombinationen von Konsonanten sind für die Deutschlerner am schwierigsten. Längere Cluster werden oft aus Coda + extrasilbische Elemente, /t/, /ts/ oder /st/, gebildet, und sind für Deutschlerner extrem schwer auszusprechen. Als Aussprachestrategie tendieren alle argentinischen Informanten dazu, sowohl bei längeren wie auch bei kurzen Clustern, an erster Stelle /t/ zu elidieren. In manchen Fällen werden zusätzlich auch andere Konsonanten abgeschwächt bzw. lenisiert. Zum Beispiel wird *zwei* oft als [sʷaɪ] oder [sβaɪ] ausgesprochen, *Deutschland* als [ˈdoɪ.ʃlan], und *ganzen* als [ˈɣan.sen]. In der vorliegenden Untersuchung werden beispielhaft die Cluster mit /s/ und/oder /t/ behandelt, weil diese im deutschen Wortschatz am häufigsten vorkommen und den argentinischen Fremdsprachlern, wie schon erwähnt, auch die meisten Schwierigkeiten bereiten.

Für diese Untersuchung werden Aufnahmen von sechs argentinischen Informanten (drei in Deutschland und drei in Argentinien) und die eines deutschen Muttersprachlers ausgewertet. Es werden hier nur die häufigsten Verbindungen mit /s/ und /t/ untersucht, und zwar:
- /ts/ im Onset: 10 Beispiele pro DaF-Informant (insgesamt 60), und 20 Beispiele bei einem Muttersprachler. Beispiele: *zu, Ziel, nutzen*.

- /tsv/ im Onset: 10 Beispiele pro DaF-Informant (insgesamt 60), und 20 Beispiele bei einem Muttersprachler. Beispiele: *zwei, zwanzig*.
- /st/ am Silbenende: 10 Beispiele pro DaF-Informant (insgesamt 60), und 20 Beispiele bei einem Muttersprachler. Beispiele: *heißt, ist*. Dabei handelt sich hier oft um Flektionsendungen.
- /tst/ am Silbenende: 10 Beispiele pro DaF-Informant (insgesamt 60), und 15 Beispiele bei einem Muttersprachler. Beispiele: *jetzt, letzt, verletzt*.
- /xt/ am Silbenende: 10 Beispiele pro DaF-Informant (insgesamt 60), und 20 des Muttersprachlers. Beispiele: *gemacht, nicht, schlecht*.
- /nt/ am Silbenende: 10 Beispiele pro DaF-Informant (insgesamt 60), und 20 des Muttersprachlers. Beispiele: *Land, und, sind*.
- Konsonant + /st/ am Silbenende: 10 Beispiele pro DaF-Informant (insgesamt 60), und 15 des Muttersprachlers. Beispiele: *kannst, erst, triffst*. Auch hier handelt es sich oft um Flektionsendungen.
- Konsonant + /ts/ am Silbenende: 10 Beispiele pro DaF-Informant (insgesamt 60), und 15 des Muttersprachlers. Beispiele: *kurz, nichts, ganz*.

Alle Konsonantenfolgen werden nur in bezug auf die Elision von /t/ untersucht. Andere Phänomene (wie z.B. Lenisierung von Plosiven) werden hier nicht berücksichtigt.

Zunächst werden die Cluster im Onset untersucht. In der folgenden Tabelle werden die Daten für die Elision von /t/ im Onset in den Konsonantenverbindungen /ts/ und /tsv/ bei den Deutschlernern und dem Muttersprachler gezeigt:

	/ts/	Korpus	/tsv/	Korpus
DaF-Lerner	30 (50%)	60	21 (35%)	60
Muttersprachler	1 (5%)	20	1 (5%)	20

Tabelle 5: Prozentsätze der /t/-Elision im Onset bei DaF-Lernern

Die Fremdsprachler ziehen /s/ dem stärkeren Silbenonset mit /t/ vor. Möglicherweise legen die Deutschlerner mehr Wert auf die Aussprache des silbilanten Teils des Affrikats - weil er länger dauert und besser wahrzunehmen ist - als auf seinen Verschluss. Ein weiterer Faktor für diese Elision könnte die Randposition sein, die /t/ in diesen beiden Beispielen besetzt, denn hier kann der

Laut eher wegfallen als die anderen Elemente, die dem Nukleus näher stehen. Es ist auffällig, dass die DaF-Lerner das /t/ in der zweigliedrigen Folge öfter elidieren als in der dreigliedrigen. Man kann vermuten, dass dies so ist, weil /s/ und /v/ nacheinander in der o.g. Sonoritätsskala stehen. Beides sind Frikative. Das Beibehalten von /t/ ermöglicht erst den nötigen Kontrast für den Onset, denn durch das Erhalten des /t/ ist der Sonoritätsanstieg steiler.

Diese Elision des Clusterinitialen /t/ bei den DaF-Lernern ist unabhängig von dem Kontext, der dem Laut vorausgeht, denn das /t/ wird sowohl nach einer Sprechpause, wie nach einem Vokal oder nach anderen Konsonanten gleich oft elidiert. Die Muttersprachler dagegen elidieren im Vergleich zu den Fremdsprachlern kaum. In den seltenen Fälle, in denen sie doch Cluster reduzieren, wird auch immer nur das /t/ elidiert und die anderen Konsonanten des Clusters bleiben immer erhalten (hier bei den Wörtern *zum* und *zwischen*).

Im Allgemeinen elidieren die Fremdsprachler oft das auslautende /t/. Es wird sogar öfter elidiert als resilbifiziert, wie auch im Unterkapitel *Auslautverhärtung* festgestellt wird. Wenn das auslautende /t/ in einem Konsonantencluster vorkommt, besteht bei den Fremdsprachlern die Tendenz, das auslautende /t/ zu elidieren. Öfter sogar als einzelne auslautende /t/. Die folgende Tabelle zeigt die Daten für die Elision von /t/ bei Konsonantencluster in der Coda:

	/st/	Korpus	/tst/	Korpus	/xt/	Korpus	/nt/	Korpus	C+ /st/	Korpus	C+ /ts/	Korpus
DaF-Lerner	52 (87%)	60	58 (97%)	60	24 (40%)	60	52 (86%)	60	17 (57%)	30	16 (53%)	30
Musterspr.	7 (35%)	20	6 (40%)	15	4 (20%)	20	1 (5%)	20	0 (0%)	15	0 (0%)	15

Tabelle 6: Elision von /t/ in der Coda bei DaF- und Muttersprachlern.

Die Rate der /t/-Elision bei den Fremdsprachlern ist am Silbenende viel höher als im Onset. Zum einen vermutlich, weil für die argentinischen Sprecher die Coda immer abschwächungsfähig ist und zum anderen, weil sie Cluster an dieser Position vermeiden. Dabei wird hauptsächlich das Phonem /t/ elidiert - und nicht die anderen Elemente der Folge - weil es zu stark für diese Position ist. Auch die deutschen Muttersprachler elidieren das /t/ an dieser Position, allerdings in einem geringerem Maße. Auch hier - wie im Onset - wird bei dreigliedrigen Folgen der Konsonant am äußersten Rand der Silbe, außer bei der Folge /tst/, seltener elidiert als bei zweigliedrigen. Anders als im Onset kann man hier nicht behaupten, dass das Erhalten des /t/ den nötigen Kontrast in der Sonoritätskontur gibt, weil die argentinischen Fremdsprachler, durch die universelle CV-Tendenz und durch Interferenz aus ihrer Muttersprache, eine sonore Coda bevorzugen würden. In dem Fall von der Folge /tst/ wird durch die Nähe des ersten /t/ das finale /t/ elidiert, denn homoorgane, gleich starke Laute werden innerhalb eines Clusters vermieden.

Bei den Verbindungen von einem Konsonant + /st/ und /xt/, handelt es sich oft um flektierte Verben. Die Fremdsprachler bemühen sich hier, grammatikalisch korrekt zu sprechen und elidieren dadurch weniger das /t/. Bei /st/ handelt es sich oft um die Form *ist* oder um flektierte Verben, die aufgrund ihres häufigen Vorkommens und durch den Kontext auch ohne genaue Artikulation verstanden werden.

Wenn jedes der sechs Konsonantencluster, die in der Tabelle vorkommen, durch eine Silbengrenze getrennt werden, wie z.B. [x.t] bei *machte*, wird das /t/ kaum noch elidiert, denn es bildet den Onset der zweiten Silbe. An dieser Position ist ein starker Konsonant willkommen.

Wenn sich die Silben miteinander zu Wörtern und Sätzen verbinden, können noch komplexere (heterosyllabische) Konsonantenfolgen entstehen, wie etwa in *(du) schimpfst zwar* [mpfst.tsv]. Diese können für einen (argentinischen) Fremdsprachler äußerst schwer auszusprechen sein. Solche Folgen können hier nicht untersucht werden, da sie extrem selten vorkommen. Aber nach der bisher bei Deutschlernern beobachteten Tendenz würden diese hauptsächlich und so weit wie möglich die Coda abschwächen, d.h. die weniger sonoranten Laute elidieren.

4.1.5. Konsonantencluster in Spanisch als Fremdsprache

Für diese Untersuchung wurden die Aufnahmen von sechs deutschen Informanten (drei in Argentinien und drei in Deutschland) ausgewertet. Da im Spanischen nicht viele Cluster vorkommen, werden Konsonantenverbindungen innerhalb einer Silbe und über die Silbengrenze untersucht. Der Korpus besteht aus:

- 15 Beispiele von zweigliedrigen Konsonantencluster innerhalb einer Silbe pro Sprecher (insgesamt 90 Beispiele) wie z.B. *hablo* ((ich) spreche), *tres* (drei) oder *suegra* (Schwiegermutter).

- 10 Beispiele von heterosillabischen Folgen zweier Konsonanten pro Sprecher (insgesamt 60 Beispiele), wie z.b. in *buscando* (suchend), *empecé* ((ich) fing an), *organización* (Organisation).
- 5 Beispiele pro Sprecher von heterosillabischen Folgen aus drei oder vier Konsonanten (insgesamt 30 Beispiele), wie z.b. *impresionados* (beeindruckt), *expresión* (Ausdruck).

Die Informanten haben keine Schwierigkeiten mit den Konsonantenverbindungen des Spanischen. Wie im theoretischen Teil schon dargestellt, entsprechen die Konsonantenverbindungen des Spanischen immer der Sonoritätshierarchie und sind hauptsächlich im Onset vorzufinden, was - im Vergleich zum Deutschen - eine Vereinfachung für die Spanischlerner ist. Diese tendieren zu einer hyperkorrekten und für Porteño-Verhältnisse sehr fortisierten Aussprache der Konsonanten. So wird z.B. das präkonsonantische /s/ als [s] ausgesprochen und nicht aspiriert[190]. Gelegentlich werden die Okklusiva aspiriert, oder das Cluster /gr/ (im Onset) als [kr] ausgesprochen.

4.1.6. Zusammenfassung und Interpretation

Die deutsche Sprache hält sich in bezug auf Konsonantenverbindungen nicht an dem universellem Sonoritätsprinzip. Nicht nur die Vielfalt, sondern auch der Umfang der möglichen Konsonantenverbindungen sind sehr groß. Hinzu kommen die extrasilbischen Elemente, die die Folgen erweitern und die Sonoritätshierarchie durchbrechen. Schließlich sind die Stärke und die Länge der Konsonantenfolgen in der Coda vergleichbar mit denen im Onset, was auf sprachspezifische Regeln hindeutet.

Das Spanische dagegen stellt sprachspezifische Regeln auf, um den universellen Tendenzen entgegenzukommen, sei es bei der Vermeidung von Clustern in der Coda, beim Folgen des Prinzips der Sonoritätshierarchie, oder bei der strengen Einschränkung von Clustern im Onset.

Da die Konsonantenverbindungen des Spanischen für die deutschen Fremdsprachler im Vergleich zu ihrer Muttersprache eine sehr natürliche Vereinfachung darstellen, treten, wie vorhergesagt, keine Aussprachenschwierigkeiten auf. Die für die Porteño-Varietät leicht fortisierte und

---

[190] Siehe Unterkapitel *Das Phonem /s/ bei SpaF-Lernern*, S. 107.

sehr genaue Aussprache der deutschen Sprechern ist, obwohl auffällig, nicht falsch, sondern gilt als hyperkorrekt und verursacht in keiner Weise Verständigungsprobleme.

Die DaF-Lerner dagegen werden mit neuen und längeren Verbindungen konfrontiert. Wenn diese Cluster der Sonoritätshierarchie entsprechen, weisen argentinische Fremdsprachler im allgemeinen keine Ausspracheprobleme auf. Andere Cluster, die meistens /t/ und/oder /s/ beinhalten, sind für die argentinischen Informanten - im Vergleich zu ihrer Muttersprache - sehr unnatürlich, weil sie sich nicht immer an das Prinzip der Sonoritätshierarchie zum Aufbau der Silben halten, weil die Coda nicht schwach und sonor ist und außerdem, weil extrasilbische Elemente hinzukommen können, die die Konsonantenfolgen verlängern. Wie erwartet haben die Fremdsprachler oft Schwierigkeiten, diese Cluster auszusprechen und ihr Rekurs besteht meist darin, die stärksten und periferischsten Elemente zu elidieren. Dadurch wird die Coda schwach und der Onset "aussprechbar". Im Onset wird /t/ aber seltener elidiert als am Silbenende, da an dieser Position ein starker Anstieg der Sonorität bevorzugt wird. In der Coda wird /t/ von den Fremd- und Muttersprachlern viel öfter elidiert als im Onset. Meistens dann, wenn das betroffene Wort durch den (semantischen, grammatikalischen oder syntaktischen) Kontext weiterhin verständlich bleibt.

Durch die Elision von /t/ seitens der DaF-Lerner wird nicht nur die Sonoritätskontur der deutschen Silben verändert, sondern auch ihre Länge und zeitliche Dauer. Da es sich am Silbenende um Cluster handelt, kann die Silbe durch die Elision eines einzigen Elementes nicht geöffnet werden, was der universellen und der spanischen Tendenz entsprechen würde, aber der Reim wird um ein Element leichter und die Coda wird evtl. sonorer.

4.2. Klitika

Der Ausdruck "clitic" wird in der Sprachwissenschaft gebraucht, um Wörter zu bezeichnen, die nicht alleine vorkommen können, sondern immer an ein anderes Wort gebunden sind. Sie können durch unterschiedliche Phänomene und bei verschiedenen Wortklassen entstehen, und sie werden alle unter dem Sammelbegriff *Klitika* zusammengefaßt. Der gemeinsame Nenner aller Phänomene besteht darin, daß es sich um Wortarten handelt, die eine "starke" und eine "schwache" Form aufweisen, wie etwa Artikel, Präpositionen, Personalpronomina und Hilfsverben, je nach Sprache. Die starke Form, auch Vollform genannt, bildet ein selbständiges Wort und kann betont sein, wie zum Beispiel das deutsche Personalpronomen *es*. Die schwache Form dagegen muss sich an ein anderes Wort anlehnen und ist unakzentuiert, wie zum Beispiel das deutsche *s* in *hat es* mit der Aussprache ['hats]. Diese letzte Gruppe wird als *Klitika* bezeichnet und wird dadurch gekennzeichnet, dass sie einsilbig und unbetont ist, niemals isoliert auftreten kann, und dass sie besonders in phonologischer Abhängigkeit zu dem Wort, an das sie sich anlehnt, steht. Das Element, an das die schwache Form gebunden ist, wird *Partner, Basis* oder *host* genannt, und es ist dadurch charakterisiert, dass es betont ist und alleine für sich mindestens schon ein phonologisches Wort (oder ein Phrase)[191] bildet. Der Prozeß der Bindung wird *Klitisierung* bezeichnet.

Klitika heften sich an die Außenseite des Partners. Wenn die klitische Form dem Partner folgt, dann handelt es sich um eine enklitische Form, wie zum Beispiel bei *hat es* ['hats]. Wenn sie dagegen vor dem Partner steht, handelt es sich um eine proklitische Form, wie zum Beispiel bei *es regnet* ['sre:knət].

Es gibt verschiedene Meinungen über die (Ursprungs-)Ebene - phonologische, lexikalische oder syntaktische -, in der die Klitika einzuordnen sind. Für einige Linguisten[192] ist die Klitisierung ein syntaktischer Vorgang, der nur unter der phonologischen Voraussetzung der Unakzentuiertheit und Einsilbigkeit stattfinden kann. Prinz[193] geht von einer genau entgegengesetzten Position aus, nach der die (deutschen) Klitika keine lexikalisierten Einheiten sind, und erst durch postlexikalische phonologische Reduktion entstehen, und dennoch syntaxsensitiv sind.

---

[191] Young-Scholten 1993, S. 37.
[192] Nach Prinz 1991, S. 45 Zwicky und Selkirk.
[193] Prinz 1991, S. 48.

Klitika könnten leicht mit Affixen und Reduktionformen, die z.B. durch schnelles Sprechen entstehen, verwechselt oder gleichgesetzt werden. Dabei gibt es einen deutlichen Unterschied zwischen diesen beiden Formen und den Klitika. In bezug auf Affixe findet Klitisierung erst nach dem Prozess der Affigierung statt, so dass Klitika an schon affigierte Formen gebunden werden können. Klitika können anders als Affixe nicht zusammen mit dem Partner auf eine andere Position im Satz verschoben werden[194]. Affixe haben oft eine semantische Funktion, denn sie verändern die Bedeutung des Wortstammes, an den sie gebunden sind, wie zum Beispiel bei *Glück + lich*. Oft überführen sie das abgeleitete Wort in eine andere Wortklasse. Bei einem schnellen Sprechtempo können auch postlexikalische Reduktionsformen entstehen[195]. Klitika unterscheiden sich von diesen dadurch, dass sie lexikalisch vorrätig sind und eine hohe syntaktische Kontextsensitivität aufweisen. Die reduzierten Formen dagegen sind grammatisch kontextfrei, sie sind keinen morphologischen Restriktionen unterworfen, und sie entstehen oft durch externe Faktoren wie Unkonzentriertheit, Streß, Sprachtempo, usw.

Es kann zwischen zwei Typen von Klitisierung unterschieden werden: die *einfache* und die *spezielle* Klitisierung.

a) Einfache Klitisierung
Die einfachen Klitika lassen sich aus der Vollform leicht ableiten, denn sie ähneln ihr auf allen Ebenen. Auf der phonetischen Ebene wird festgestellt, dass sie dieselben Konsonanten wie die starke Form enthalten, und eventuell auch einen Schwa-Laut oder einen silbischen Konsonanten als Silbennukleus, wie zum Beispiel die deutsche klitische Form des Pronomen *du* bei *fährst du?* [ˈfeːrsdə][196]. Solche Klitika sind also phonetisch von ihrer Vollform ableitbar, denn die Tilgung der Segmente folgt bei jeder Sprechgeschwindigkeit immer derselben phonologischen Regel[197].
Auf der syntaktischen Ebene bestehen auch Parallelen zwischen der schwachen und der starken Form. Die einfachen Klitika erscheinen auch an derselben syntaktischen

---

[194] Young-Scholten 1993, S. 37.
[195] Während für Prinz (1991, S. 80) ein schnelles Sprachtempo und die Vokalreduktion Anzeichen für reduzierte Formen sind, beschreibt Wiese (1996, S. 248f) die Klitika als vom Sprachtempo abhängig und als eine Folge von Vokalreduktion. Er nennt die Klitika auch "reduced forms".
[196] Beispiel aus Young-Scholten 1993, S. 68.
[197] Prinz 1991, S. 50f.

Position wie die Vollform: Die starke Form kann syntaktisch überall da auftreten, wo die einfachen Klitika stehen, aber nicht umgekehrt [198].

Der Hauptmerkmal einfacher Klitika ist, daß diese unbetonten schwachen Formen phonologisch bedingt an eine andere, akzentuierbare Einheit (Partner), egal welcher Wortart, gebunden sein müssen. Die prosodische Adjunktion scheint der syntaktischen vorgezogen werden zu müssen. Klitika entstehen aber nicht durch Akzenttilgung, sondern im Gegenteil durch Regeln auf der CV-Schicht im postlexikalischen Bereich der Phonologie. Und erst aus dieser geschaffenen Konstellation ergibt sich die Unakzentuiertheit der Klitika[199].

b) Spezielle Klitisierung
Die Gruppe der speziellen Klitika umfaßt eine große Anzahl von heterogenen Elementen. Die markantesten Eigenschaften der speziellen Klitika sind ihre besondere Syntax und ihr erhöhter Grad an morphologischer Selektivität, weil sie sich nicht wie die einfachen Klitika an jedes Element binden können. Spezielle Klitika haben entweder keine Vollform oder aber eine Vollform, mit der sie nicht frei ausgetauscht und aus der sie nicht mehr nach phonologischen Regeln abgeleitet werden können. Oft handelt es sich um diachrone Regeln, die nur noch in der Orthographie erkennbar bleiben[200]. Es werden zwei große Gruppen von speziellen Klitika unterschieden:
    I. syntaktisch distribuierte Klitika
    II. morphologisch selektive Klitika
Bei der ersten Gruppe handelt es sich um gebundene Morpheme, die weder selektiv noch selbständig sind. Ihre Distribution folgt ausschließlich syntaktischen Regeln, denn sie stehen in komplementärer Distribution zu ihrer starken Form: die Vollformen besetzen die syntaktisch unmarkierte Position im Satz, während die Klitika nur in der markierten Position stehen können und auf dieser Weise die normale Reihenfolge der Satzglieder durcheinanderbringen. Diese Klitika entwickeln eigene syntaktische Regeln, die unabhängig von der Vollform und der morphologischen Selektivität sind. Sie werden auch oft "second position clitics" genannt, denn sie besetzen die zweite Position im Satz. Sie lassen sich keiner bestimmten Phrase zuordnen, sondern bilden einen nicht zerlegbaren Konstituenten des Satzes[201]. Syntaktisch distribuierte Klitika stellen meist die Fortsetzung

---
[198] Nübling 1992, S. 23.
[199] Prinz 1991, S. 58f und Berendsen 1986, S.17
[200] Young-Scholten 1993, S. 37.
[201] Dieses Distributionsprinzip ist als "Wackernagels Gesetz" bekannt.

unbetonter Funktionswörter dar, bei denen keine Aufspaltung in eine klitische und eine betonte Form stattgefunden hat. Ein Beispiel für *spezielle Klitisierung* sind die englischen Genitiv- und Possesivformen etwa in *the Queen of England's hat*[202].

Morphologisch selektive Klitika sind eine Fortsetzung einfacher Klitika. Im Normalfall entwickeln sich die schwache und die starke Form so weit voneinander, bis das Klitikon eine Position innehat, in der die Vollform nicht mehr auftreten kann. Der Unterschied zwischen beiden Formen beruht auf der morphologischen Selektivität des Klitikons, das sich, im Gegensatz zu den einfachen Klitika, nur mit bestimmten Wortarten binden läßt. Als Beispiel seien hier die spanischen Pronominalklitika genannt, die unten auch eingehend erläutert werden, die - proklitisch oder enklitisch - nur an ein einziges Verb gebunden werden können.

Klitische Einheiten können niemals isoliert erscheinen. Einfache Klitika müssen phonologisch gebunden werden. Spezielle Klitika dagegen sind immer morphologisch an den Partner geknüpft, aber auch hier erfolgt eine prosodische Bindung zur Basis. Es gibt verschiedene Ansichten darüber, welche die prosodische Domäne ist, in der diese Bindung zwischen Partner und Klitika stattfindet. Nach Nespor/Vogel[203] ist es die *klitische Gruppe*. Diese Domäne besteht aus einem *phonologischen Wort* und unmittelbar benachbarten phonologischen Wörtern, die klitische Einheiten beinhalten. Diese Domäne sei gerechtfertigt, weil bestimmte phonologische Phänomene nur auf diese Domäne zu beziehen sind, und weil sie eine inhärente Eigenschaft der Klitika feststellen, nach der diese bestimmen können in welche Richtung sie klitisieren.
Für diese Untersuchung wird die Domäne *klitische Gruppe* nicht übernommen, weil die Folgen Partner + Klitika immer die Eigenschaften eines phonologischen Wortes haben, auch wenn die Klitika erst postlexikalisch zu dem schon bestehenden phonologischen Wort hinzugefügt werden. Klitika binden sich immer zu ihrem Partner in die nächsthöhere prosodische Domäne: die Silbe, der Fuß oder das phonologische Wort, je nachdem wie komplex sie gebaut sind. Wenn Partner + Klitika eine *klitische Gruppe* bilden würden, wäre zu erwarten, daß diese aus zwei *phonologischen Wörtern* besteht, da üblicherweise jede prosodische Domäne mehrere Einheiten aus der untergeordneten Domäne beinhaltet. Ein weiteres Argument für die Nicht-Übernahme dieser Domäne (übereinstimmend mit Prinz[204]) ist die Beobachtung, dass die Klitisierungsrichtung nicht eine Eigenschaft der klitischen Einheiten ist, sondern in den romanischen Sprachen, in denen meist

---

[202] Nübling 1992, S. 27f.
[203] Nespor/Vogel 1986.
[204] Prinz 1991, S. 74f.

spezielle Klitika vorkommen, vom Partner bestimmt wird. Dies wird später am Beispiel des Spanischen eingehend erläutert werden.
In den akzentzählenden Sprachen dagegen ist die Position der Klitika durch den Fuß vorhersagbar, der aus der Folge einer betonten und einer oder mehrerer unbetonten Silben besteht. In diesen Sprachen besteht eine starke Tendenz, die unbetonten Klitika enklitisch an den Partner zu binden. Dies kann in Zusammenhang mit dem rhythmischen Aufbau des Fußes gesehen werden[205].

Da Klitika und Partner zusammen eine phonologische Einheit bilden, verschiebt sich bei der Klitisierung die Wortgrenze, und innerhalb dieser neuen Einheit können verschiedene phonologische Prozesse stattfinden[206]:
- reduzierte Vokale können elidiert werden, wie in der deutschen Form *gibt's*,
- es können Assimilationen zwischen Konsonanten des Klitikons und des Partners eintreten, zum Beispiel in der schweizerischen Form *simmer* aus *sind wir*,
- die Silbengrenze kann verlegt werden, und
- selten kann auch Metathesis stattfinden, wie zum Beispiel im Altspanischen *dalde* anstelle von *dad le* (gebt ihm)[207].

Im Folgenden wird die Klitisierung im Deutschen und im Spanischen dargestellt. Hier handelt es sich um sehr unterschiedliche Arten von Klitisierung, bei denen auch unterschiedliche phonologische und syntaktische Phänomene stattfinden können.

4.2.1. Klitika im Deutschen

Im Deutschen können aus den Vollformen der Personalpronomina, Artikel und Partikel, selten auch Hilfsverben, Klitika gebildet werden. Sie bestehen aus einem Schwa-Laut, einem silbischen Konsonanten, oder gar keinem silbischen Element. Es handelt sich hier immer um *einfache Klitika*, da sie sich aus der Vollform ableiten lassen und ihr phonetisch und syntaktisch ähneln. Sie sind immer einsilbig und unbetont. Wie bereits erwähnt, wird die Position, an denen Klitika bei akzentzählenden Sprachen erscheinen können, von der prosodischen Domäne *Fuß* bestimmt: unbetonte Silben, auch Klitika, bilden zusammen mit der betonten Silbe, die ihnen vorangeht, die prosodische Einheit. Durch die Klitisierung kann im

---

[205] Prinz 1991, S. 75.
[206] Berendsen (1986, S. 31) beschreibt das Verhalten von Klitika gegenüber der wortinternen phonologischen Regeln als schizophren, da nur manche der Regeln die Klitika betreffen.
[207] Vgl. Nübling 1992, S. 13ff

Deutschen die Dauer der Silben stark reduziert werden, und dadurch die Dauer der Füße relativ konstant gehalten werden. Klitika dienen im Deutschen also besonders der Rhythmusbildung.

Pronominalklitika
Im Bereich der deutschen Personalpronomina sind im formellen Sprachniveau Klitika kaum möglich. Bei einer informellen Sprechweise dagegen kommen Klitika oft vor. Die Sprechgeschwindigkeit spielt dabei keine große Rolle, denn Klitika kommen sowohl bei einem normalen wie bei einem schnellem Sprechtempo vor. Bei hoher Sprechgeschwindigkeit können im Deutschen zusätzlich Reduktionsformen vorkommen[208].
Im Deutschen können Pronomina, die in der Orthographie immer nur in der Vollform wiedergegeben werden, nur im Nominativ und im Akkusativ, aber nicht in anderen Kasus klitisiert werden[209]. Weiterhin sind auch nicht alle Pronomina im Nominativ und im Akkusativ klitisierbar, sondern nur die, die auf [- obstruent] enden[210]. Die einzige Ausnahme bildet das Pronomen *es*, das auf [+ obstruent] endet, weil [s], im Gegensatz zu allen anderen Konsonanten, an praktisch alle Silben als extrasilbisches Element angefügt werden kann. Dabei bleibt meist einer der Konsonanten erhalten (Onset oder Coda, je nachdem wie das Pronomen in der Vollform gebildet wird), während die Vokale immer zu einem Schwa-Laut reduziert werden.
Es gibt phonetische Unterschiede in der Aussprache, je nach Dialekt. In der Tabelle 7 werden die Vollformen der Pronomina und die geläufigen Klitika der norddeutschen Aussprache wiedergegeben[211].

---

[208] Vgl. Young-Scholten 1993, S. 49.
[209] Homonyme Pronomina, wie etwa *ihr* (3. Pers. Sing. Dativ) und *ihr* (2. Pers. Pl. Nominativ) sind nicht gleichermaßen klitisierbar.
[210] Wiese 1996, S. 248.
[211] Nach Wiese 1996, S. 249. Die Personalpronomina im Dativ werden hier nicht berücksichtigt, da sie vom Klitisierungsphänomen nicht betroffen werden.

	Singular		Plural	
	Vollform	Klitika	Vollform	Klitika
1. Person				
Nominativ	ich		wir	[vɐ]
Akkusativ	mich		uns	
2.Person				
Nominativ	du	[də]	ihr	[ɐ]
Akkusativ	dich		euch	
3. Person				
Nominativ m.	er	[ɐ]	sie	[zə]
f.	sie	[zə]		
n.	es	[(ə)s]		
Akkusativ m.	ihn	[n̩]	sie	[zə]
f.	sie	[zə]		
n.	es	[(ə)s]		

Tabelle 7: Pronominalklitika im Deutschen.

Aus der Tabelle geht hervor, dass viele Lücken bei der Auflistung der Klitika im Deutschen entstehen. Einerseits kommen keine Klitika im Dativ und Genitiv vor, und daher können es nicht nur phonologische Regeln sein, nach denen Klitika gebildet werden. Zum anderen haben nicht alle Vollformen im Akkusativ und im Nominativ eine klitische Form. Dies ist nicht durch syntaktische, sondern nur durch phonologische Regeln erklärbar[212].

---

[212] Für eine eingehende Erläuterung der Lücken im Paradigma, siehe Young-Scholten 1993, S. 49ff.

Verschmelzung von Präposition und Artikel
Im Deutschen sind Verschmelzungen von Präposition + Artikel sehr geläufig. Manche von ihnen werden entweder als korrekt oder sogar notwendig angenommen und können auf jeder Stilebene vorkommen, da sie lexikalisiert sind, wie z.B. *ins* oder *zum*. Andere Verschmelzungen aber hängen hauptsächlich vom Sprachtempo und der Akzentstruktur ab, wie z.B. *auf'm*. Dabei kann bei diesen Verschmelzungen der Artikel als Klitikon oder Affix fungieren. Es soll also hier ein Unterschied zwischen den Verbindungen von Präposition + Klitika und Präposition + Affixe festgestellt werden.
Wie bereits erwähnt unterscheiden sich Affixe und Klitika besonders darin, dass Affixe eine semantische Funktion haben, evtl. dem Partner eine neue Bedeutung geben und mit dem Partner verschoben werden können, während Klitika sich an verschiedene Wortarten binden können und ein Allomorph ihrer Vollform sind. Demnach bestehen folgende Verbindungen aus Präposition und Klitika[213]:
    (a) auf'm, aus'm, mit'm, seit'm, nach'm, an'm, von'm
    (b) durch'n, um'n, auf'n, für'n, an'n,
    (c) an'r, in'r, von'r, mit'r, seit'r
    (d) in'e, von'e, an'e

In diesen Fällen ist die Reduktion des Artikels morphologisch bedingt, denn sie steht in direktem Zusammenhang mit Kasus und Numerus. Bei (a) werden bestimmte maskuline und neutrum Artikel im Dativ klitisiert, bei (b) auch der bestimmte Artikel im maskulin Akkusativ, bei (c) der bestimmte feminin Artikel im Dativ und schließlich bei (d) der unbestimmte feminin Artikel im Akkusativ. Die Artikel im Nominativ[214] und im Genitiv können nicht klitisiert werden, ebensowenig die Pluralartikel. Die klitisierten Artikeln können in einem normalen Sprechtempo nur nach einer Präposition stehen, aber bei einem schnelleren Tempo können sie an verschiedene Wortklassen hinzugefügt werden. Die reduzierten Formen haben dieselben semantischen Eigenschaften wie die Vollformen, sie sind phonologisch von ihnen ableitbar und folgen derselben syntaktischen Distribution. Die reduzierten Formen entstehen also postsyntaktisch und postlexikalisch. Da diese Folgen von Präposition + reduziertem Artikel immer mit Apostroph geschrieben werden, kann man ableiten, daß der Artikel eine unabhängige lexikalische Einheit bildet. Es sind nur zweisilbige Verschmelzungen möglich, und daher finden manche Verschmelzungen, die dieses Prinzip verletzen würden, zum

---

[213] Aus Prinz 1991, S. 108.
[214] Artikel im Nominativ können nicht klitisiert werden, weil die reduzierten Artikelformen nur nach einer Präposition klitisieren, und der Nominativ nie von einer Präposition vergeben wird.

Beispiel bei bereits zweisilbigen Präpositionen, gar nicht statt. Alle diese Kriterien sprechen für den Klitika-Status der reduzierten Artikel.

Als affigierte Artikel dagegen werden folgende betrachtet[215]:
a) am, im, beim, vom, zum, zur
b) ans, aufs, durchs, fürs, hinters, gegens, ins, übers, ans, unters, vors
c) außerm, hinterm, überm, unterm, vorm, übern, hintern, untern, vorn

Die Verschmelzungen in a) sind einsilbig, zeigen den Dativ an, und sie sind auf jeder Stilebene grammatisch korrekt. Die Verschmelzungen in b), die das Akkusativkennzeichen [s] tragen, sind nur auf einer informellen Ebene akzeptiert. Die Verschmelzungen in c) sind lexikalisiert[216] und zeigen den Dativ bzw. Akkusativ an. Diese Artikel werden als Affixe betrachtet, da sich die reduzierte Artikelform nur mit einer Präpositionen verbinden kann. Diese Verschmelzungen erweisen sich als lexikalische Einheiten, da sie immer als ein einziges Wort geschrieben werden und nicht immer mit der Vollform (semantisch) austauschbar sind, wie z.B. in: ich bin *am* Schreiben vs. *ich bin *an dem* Schreiben.

Das Hilfsverb ist

Im Deutschen kann auch das Hilfsverb *ist*[217] als [s] klitisiert werden, wie zum Beispiel in *Sie ist nett* [ziːs.nɛt]. Das klitisierte Hilfsverb läßt sich, genau wie die Vollform, mit verschiedenen Wortklassen, kombinieren, aber durch die syntaktische Distribution der Vollform wird auch die klitische Form fast ausschließlich an (nicht bereits klitisierte) Pronomina gebunden. Beide Formen sind syntaktisch und semantisch gleichwertig[218].

4.2.2. Klitika im Spanischen

Im Spanischen können Pronomina klitisiert werden. Dabei handelt es sich aber anders als im Deutschen um eine spezielle Klitisierung, denn diese Formen sind nicht mehr von der Vollform ableitbar und besetzen syntaktisch andere Positionen

---

[215] Nach Prinz 1991, S. 102.
[216] Vgl. Prinz 1991, S. 67 und 103.
[217] Nur in der 3. Person Singular flektiert.
[218] Prinz 1991, S. 119f.

als diese. Es handelt sich bei diesen Klitika um unbetonte Silben, die nicht reduziert werden.

Pronominalklitika

Die Klitika (Kl) des Spanischen sind die Pronomina. Sie bestehen immer aus einer unbetonten Silbe, und werden, anders als im Deutschen nicht reduziert. Sie geben das direkte oder indirekte Objekt an. Die Vollform dieser Klitika ist also das Objekt des Satzes. Sie können proklitisch vorkommen, wie zum Beispiel in:

    Le   di   el   paquete   a María.
    Kl(Dat.)   gab (ich)   das   Paket   (zu) Maria.
    Ich gab Maria das Paket.

oder enklitisch, wie z.B. in:

    dámelo
    dá - me - lo
    gib mir (Kl.Dat.)   es (Kl.Akk.)
    Gib es mir!

Diese Pronomina werden im Spanischen immer (ausschließlich) an einem Verb klitisiert, aber syntaktisch sind sie von ihm unabhängig. Es handelt sich hier um *spezielle Klitika* (morphologisch selektive), da sie sich von der Vollform syntaktisch und phonologisch entfernt haben. Die häufigsten Pronomina sind *lo, los, la, las* (3. Person Singular und Plural mask. und fem.), die für das direkte Objekt stehen. Und *le, les* (3. Person Singular und Plural, mask. und fem.), die für das indirekt Objekt stehen. Bei allen anderen Pronomina (*me, te, se, nos*[219]) kann kein Unterschied zwischen direktem und indirektem Objekt festgestellt werden, es sei denn durch den Kontext. Alle klitisierten Pronomina sind lexikalisiert und sowohl syntaktisch wie auch morphologisch unabhängig. Sie haben sich also in jeder Hinsicht von der Vollform so weit entwickelt, dass sie nur in komplementärer Distribution mit ihr vorkommen können. Sie sind von dem Partner phonologisch abhängig, da sie selber unbetont sind und sich dem Akzentmuster des Partners fügen. Da sie den Akzent des Partners nicht verschieben können, entstehen Akzentmuster, die für das Spanische ungewöhnlich sind, wie z.B. in

---

[219] Auf Deutsch: mich/mir, dich/dir, sich, uns/uns.

dándo (gebend) → *dándonoslos* (es uns gebend) ['dan.do.nos.los]. Im Spanischen ist die Akzentuierung in den drei letzten Silben üblich. Durch das Hinzufügen der Klitika kann der Akzent nicht verschoben werden, obwohl dadurch die viertletzte Silbe betont wird.

Spanische Klitika können enklitisch oder proklitisch vorkommen. Die Positionen, die Klitika in einem Satz einnehmen können, werden von dem Partner angegeben[220]: Bei einem finiten Verb steht das spanische Pronomen proklitisch, wie z.B. in:

<ul><li>me lo da (er/sie/es gibt es/ihn mir)</li></ul>

Bei einem infiniten Verb oder Imperativ dagegen kommen die Pronomina immer enklitisch[221]:

dámelo (Gib ihn/es mir!)
Quiere dármelo (Er/sie will es/ihn mir geben)

Im Spanischen ist eine Verdoppelung der Pronomina möglich. In Sätzen, bei denen ein betontes Objekt (Pronomen) vorkommt, muß obligatorisch das klitische Pronomen kongruierend hinzutreten, wie in[222]:

A mí me parece (Mir scheint).
(zu) mir Kl(Dat.) scheint

Dasselbe Phänomen kann bei nominalen Objekten, die dem Verb vorausgehen, beobachtet werden:

Estos libros los compré yo (Diese Bücher, die habe ich gekauft).
Diese Bücher Kl(Akk.) habe gekauft ich

---

[220] Vgl. Nübling 1992, S. 33.
[221] In diesem Zusammenhang sollte das Tobler-Mussafia-Law erwähnt werden, das laut Saltarelli (1989, S. 347f) und Fontana (1996) von den Linguisten Mussafia und Tobler vor mehr als hundert Jahren formuliert wurde, um hauptsächlich Enklisis im Lateinischen und den alten romanischen Sprachen zu erklären. Fontana (1996, S. 48ff) meint, daß im Altspanischen nur Enklisis möglich war, und erst im Sprachwandel zum modernen Spanischen die Proklisis möglich wurde.
[222] Beispiele aus Nübling 1992, S. 33.

Klitika haben im umgangssprachlichen Spanisch die Eigenschaft, sich im Satz von hinten nach vorne hocharbeiten zu können. Dies ist der Fall, wenn eine Verbalphrase und Klitika zusammen vorkommen, und die Verben mit hoher Frequenz gebraucht werden, z.B. in[223]:

>   Quisiera   poder   estar   haciéndo_melo_   ahora.
>   (ich) wünsche können sein   machend+Kl(Dat.)+Kl(Akk)   jetzt

> *Quisiera poder está_rmelo_ haciendo ahora*
> *Quisiera podé_rmelo_ estar haciendo ahora.*
> (Ich wünsche ich könnte es mir jetzt gleich machen)

Phonologisch betrachtet hat dieses Phänomen einen Einfluß auf die Anzahl der unbetonten Silben zwischen den betonten, aber nicht auf die spanische Rhythmusbildung.

Klitika in der Porteño-Varietät

Eine Besonderheit der Porteño-Varietät besteht in der Verdoppelung von Klitika und Nominalphrasen[224]. Im Spanischen kann der Dativ (indirektes Objekt) im Satz doppelt vorkommen, als Klitikon und als Nominalphrase. In der Porteño-Varietät kann auch der Akkusativ (direktes Objekt) doppelt vorkommen, wenn es sich um spezifische und animierte Objekte handelt. Beispiele:

>   *La*   ví   a   *la mujer*   [+spezif. + animiert + defin]
>   Kl(Akk.) (ich) habe gesehen (Präposit.)   die Frau
>   (Dt. ich habe die Frau gesehen)

vs.

>   *(*La)*   ví   a   *una mujer* [-spezif. + animiert - defin]
>   Kl(Akk.) (ich) habe gesehen (Präposit.)   eine Frau
>   (Dt. ich habe eine Frau gesehen)

---

[223] Beispiele aus Roldán 1974, S. 131.
[224] Siehe Suñer 1989 und Borer 1983.

4.2.3. Vorhersage für den Fremdsprachenerwerb

Um den Prozess der Klitisierung in der Fremdsprache zu lernen, müssen die Sprachschüler zunächst verschiedene phonologische und syntaktische Faktoren verstehen und verinnerlichen, denn er verläuft im Deutschen und im Spanischen sehr unterschiedlich ab. Speziell bei den deutschen Klitika müssen die argentinischen Fremdsprachler die Möglichkeiten der deutschen Silbenstruktur lernen, weil durch die Klitisierung oft komplexe Codas entstehen können, die evtl. (im Falle von [s]) das Prinzip der Sonoritätshierarchie verletzen. Dies ist den spanischsprachigen Deutschlernern fremd. Es ist zu erwarten, dass sie keine Klitika gebrauchen, sonder die Vollform bevrozugen, wenn die Coda zu komplex für sie wird, da beide Formen austauschbar sind. Da die deutsche Klitisierung für die Sprachlerner unbekannt ist, kann man erwarten, dass sie unbetonte Klitika mit phonetischen Reduktionsformen - in Analogie zu spanische Reduktionsformen - gleichsetzen. Fremdsprachler müssen auch den Fuß als prosodische Domäne erst erfassen können, also den Unterschied zwischen einer Einheit *Partner + Klitikon* (z.B. hat er ['hatɐ]), die aus nur einem Fuß besteht, und der Folge z.B. *Verb + Vollform des Pronomens*, (z.B. hat.er), die aus zwei Füßen bestehen kann, erkennen. Um dies zu erreichen, müssen die Sprecher den akzentzählenden Rhythmustyp des Deutschen schon kennen und können[225], denn der Unterschied zwischen betonten und unbetonten Silben und deren Gruppierung im Fuß als Einheit sind wesentlich für die Rhythmusbildung im Deutschen. Die argentinischen Sprecher werden vermutlich auch damit Schwierigkeiten haben, weil diese beiden Faktoren, die den deutschen Rhythmus ausmachen, für sie fremd sind.

Ausserdem erkennen sie durch Interferenz aus der Rhythmusbildung der Muttersprache keine Notwendigkeit in der starken Unterscheidung betonter und unbetonter Silben und die daraus resultierende prosodische Einheit. Durch das Anwenden der Vollform, die ja im Fremdsprachenunterricht vorgezogen wird, vermeiden sie Reduktion von Vokalen, komplexe Codas und mögliche fehlerhafte Verbindungen zwischen Partner und Klitika.

---

[225] Vgl. Young-Scholten 1993, S. 81f.

Die deutschen Informanten dagegen werden weniger Schwierigkeiten mit den spanischen Pronominalklitika haben, da diese lexikalisiert sind und sich sehr von der Vollform entfernen. Die Fremdsprachler werden sie vermutlich gar nicht als Klitika wahrnehmen - weil sie sehr von den deutschen Klitika abweichen -, sondern als Pronomina, die eine besondere syntaktische Distribution haben können. Anders als die deutschen Klitika bestehen die spanischen aus einer unbetonten Silbe mit Onset und (nicht reduziertem) Nukleus, was dem spanischen Rhythmusmuster entspricht. Die deutschen Informanten werden wohl keine Probleme mit dieser Aussprache der CV-Silbe haben, sondern eher, durch Interferenz aus der Muttersprache, mit der syntaktischen Distribution und der dadurch entstehenden unterschiedlichen Abwechslung von betonten und unbetonten Silben.

4.2.4. Klitika in Deutsch als Fremdsprache

Für diese Untersuchung wurde bei den Aufnahmen von sechs argentinischen Informanten (drei in Deutschland und drei in Argentinien) nach klitisierungsfähigen Wörtern und Kontexten gesucht. Insgesamt wurden 60 Beispiele für Präposition + Artikel (10 pro Informant) und 10 Beispiele für Pronomina (10 pro Informant) verwendet. Aufgrund ungenügender Vorkommensfälle wird die flektierte Form *ist* bei dieser Untersuchung nicht berücksichtigt.

Bei den Folgen von Präposition + Artikel wurden nicht nur klitisierungsfähige Artikel gewählt, sondern auch solche, die in der Verschmelzung mit der Präposition lexikalisiert sind. Dadurch kann studiert werden, ob Fremdsprachler einen Unterschied zwischen den affigierten und den klitisierten Formen machen. Bei 35 der 60 untersuchten Folgen von Präposition + Artikel handelt es sich um die lexikalisierten und in einem formellen Sprachstil akzeptierten Verschmelzungen *zum, am, im, vom*. Diese Formen werden korrekt ausgesprochen, da sie keine phonetische Schwierigkeit darstellen[226], denn die Coda, die bei der Verschmelzung

---

[226] Aber es entstehen eventuell Schwierigkeiten mit der Konsonantenfolge [ts] bei *zum*.

entsteht, bereitet den Fremdsprachlern keine Schwierigkeiten. Sie werden als lexikalisierte Formen wahrgenommen, die den spanischen Verbindungen *del* (de + el) (von ihm) oder *al* (a + el) (zu ihm) entsprechen.

Bei den restlichen untersuchten Folgen *in einem, mit einem, mit einer, mit dem, auf dem, für einen* wird immer die Vollform des Artikels benutzt. Es findet also wie erwartet keine Klitisierung statt. Dadurch können die DaF-Lerner ungewöhnliche Konsonantenfolgen vermeiden, die sonst bei einer Klitisierung entstehen können. Dies entspricht aber nicht der deutschen Rhythmusbildung, da der Abstand zwischen den betonten Silben nicht mehr kontrolliert werden kann. Die einzige Reduktion, die gelegentlich stattfindet, betrifft *einen*, das *ein* ausgesprochen wird[227].

In bezug auf die Pronomina wird bei den argentinischen Informanten festgestellt, dass weder eine Reduktion der Vokale noch Klitisierung stattfinden. Zum Beispiel werden *haben wir* als [ha.ben.biɾ] und *weil es* als [bai.les] ausgesprochen. Dies mag zum einen am Sprachtempo liegen, denn die Informanten sprechen relativ langsam, zum andern an der Tatsache, daß bei der Klitisierung der Pronomina im Deutschen hauptsächlich der Vokal reduziert wird. Dieser Prozess entspricht nicht der Tendenz im Spanischen. Desweiteren entstehen durch die Klitisierung komplexe Codas, die von den argentinischen Informanten möglichst vermieden werden. Nur eine Informantin, die in Argentinien lebt, gebrauchte zweimal die klitische Form [s] für *es*, einmal proklitisch und einmal enklitisch bei *habe es* [haps] und *es war* [sbaʁ].

4.2.5. Klitika in Spanisch als Fremdsprache

Es wurden die Aufnahmen von acht deutschen Informanten (vier in Argentinien und vier in Deutschland) in bezug auf Pronominalklitika untersucht. Es wurden pro Informant 12 Klitika ausgewählt. Bei den insgesamt 96 Beispielen handelt es sich

---

[227] Es handelt sich hier eher um einen grammatischen Fehler - Kasus- oder Genusverwechselung - als um eine phonetische Reduktion.

um 83 proklitische[228] und 13 enklitische Formen. Als Vergleichsmaterial wurden 30 Beispiele von Pronominalklitika bei drei Muttersprachlern untersucht. Kein Sprecher hat Aussprachesschwierigkeiten, da Klitika im Spanischen die kanonische Silbenstruktur CV haben, die auch von den deutschen Sprechern, als Folge der universellen Tendenz, CV-Silben zu bilden, bevorzugt wird. Dabei entstehen auch keine Schwierigkeiten mit der Betonung nach der Klitisierung, denn den deutschen Informanten sind anfangsbetonte Wörter geläufig. Aus der Untersuchung geht auch hervor, dass die meisten Informanten in diesem Sprachniveau keine grammatikalischen oder syntaktischen Schwierigkeiten mit den Pronominalklitika haben, denn diese werden immer an der richtigen Position im bezug zu dem Verb plaziert. Ebenso können die Spanischlerner die Verdoppelung des Objekts nach betonten Pronomina fehlerlos durchführen. Allerdings kamen bei den untersuchten Fällen nur fünf Beispiele von Objektverdoppelung, bei allen handelt es sich um den Ausdruck

    a mí   *me*   *gusta*
    (zu) mir   Kl (Akk)   gefällt

Diese Phrase wird seitens der Muttersprachler oft reduzuiert auf

    me   *gusta*
    KL (Akk)   gefällt

In bezug auf Pronominalklitika in einer Verbalphrase wird festgestellt, daß nur eine Fremdsprachlerin eine solche benutzt. Dabei setzt sie die klitische Form proklitisch vor dem ersten Verb: *me puedo imaginar* (Ich kann mir vorstellen), ansonsten wäre die Reihenfolge *puedo imaginarme* (Ich kann mir vorstellen) möglich. Obwohl diese Informantin das Hocharbeiten des Klitikons korrekt durchgeführt hat, ist dies einzige Beispiel kein Beweis dafür, dass die Spanisichlerner den Prozess verstehen und nachmachen können. Die Tatsache, dass bei 96 Beispielen nur eine solche Verbalphrase vorkommt spricht eher dafür, dass die Sprecher diese vermieden. Bei

---

[228] In 32 der proklitischen Formen handelt es sich um den Ausdruck *me gusta* (mir gefällt/ich mag).

den Muttersprachlern kommen bei 90 untersuchten Fällen 5 Verbalphrasen vor. Diese Sprecher setzen in drei Fällen die Klitika vor der Verbalphrase *lo podía creer* ((ich/er/sie/es) konnte es glauben), die zweimal vorkommt und *la quiero hacer* ((ich) möchte sie machen). In zwei Fällen wird das Pronomen enklitisch am letzen Verb der Phrase gebunden, in *puedo hacerlo* ((ich) kann es machen) und *podemos encontrarnos* ((wir) können uns treffen).

4.2.6. Zusammenfassung und Interpretation

Wie erwartet bevorzugen die argentinischen Sprecher im allgemeinen die deutschen Vollformen von Artikel und Pronomina, besonders bei den nichtlexikalisierten Einheiten.

Die argentinischen Informanten übernehmen problemlos die lexikalisierten Verschmelzungen von Präposition + Artikel und haben keine Ausspracheschwierigkeiten, das es sich um relativ einfache CVC-Silben handelt, wobei der Nukleus nicht reduziert wird. Bei den Verschmelzungen von Präposition + Klitika dagegen muss der Vokal reduziert werden und es können auch komplexe Codas entstehen, was die argentinischen Sprecher gerne vermeiden.

Und obwohl das Vorziehen der Vollform nicht als falsch bezeichnet werden kann, entspricht es nicht der Tendenz und der Rhythmusbildung des Deutschen. Denn durch die Nicht-Klitisierung wird die Dauer und evtl. die Anzahl der unbetonten Silben erhöht und dadurch auch die Dauer der Füße verlängert. Es kann also angenommen werden, dass die spanischsprachigen Informanten die prosodische Einheit *Fuß* noch den Rhythmustyp des Deutschen wahrgenommen haben.

Die SpaF-Lerner dagegen sprechen die spanischen Klitika richtig aus, denn durch ihre einfache CV-Silbenstruktur stellen sie keine Ausspracheschwierigkeit für deutsche Sprecher dar. Die Informanten gebrauchen die Pronominalklitika auch syntaktisch korrekt und da sie eher ein grammatikalisches als ein phonologisches Phänomen darstellen, kann angenommen werden, dass sie von den SpaF-Lernern im Fremdsprachenunterricht als eine Besonderheit der Grammatik aufgenommen werden.

Im Folgenden werden die Prozesse beschrieben, die einen Einfluss auf übliche Silbenstruktur akzentzählender und silbenzählender Sprachen haben (siehe Tabelle 1, S. 13):

prototypische akzentzählende Sprachen	prototypische silbenzählende Sprachen
verschiedene, komplexe Silbenstruktur	überwiegend Konsonant-Vokal (CV)-Silbenstruktur

4.3. /s/-Allophone im Spanischen

Ein interessantes Phänomen der Porteño-Varietät ist das Phonem /s/ in der Coda und die Vielfalt seiner möglichen phonetischen Realisierungen. Das Phonem /s/ kommt im Spanischen sehr oft in der Coda vor[229]. Es handelt sich um einen Konsonanten, der schwach genug ist, um in der Coda vorzukommen. Dieses Phonem kann in der Porteño-Varietät als [s],[h],[h̆] oder [x] ausgesprochen oder auch total elidiert werden[230]. Bei den aspirierten Ausspracheformen handelt es sich um eine Abschwächung der Coda allgemein - entsprechend der Tendenz zu CV-Silben - und nicht um eine Abschwächung des Phonems /s/ an sich.
Die Abschwächung kann zu einer Änderung der Silbenstruktur führen. Am deutlichsten in diesem Fall durch die totale Elision des auslautenden /s/: die Silbe wird geöffnet, und sie wird leicht. Durch die Vorstufe der Elision, einen Hauchlaut, wird die Silbe nicht geöffnet, aber die Coda ist extrem schwach. Schließlich wird die Silbenstruktur auch dadurch geändert, dass das auslautende /s/ vor einem Vokal (wie alle anderen Konsonanten) immer resilbifiziert wird, d. h. es wird zum Onset der folgenden Silbe und dort [s] oder [h] ausgesprochen[231].

---

[229] Laut Guirao und Borzone de Manrique (1972, S. 146) wird das Phonem /s/ in 43% aller Codas im Spanischen gebraucht.
[230] Im Folgenden als ø angegeben.
[231] Siehe Harris 1983, S. 47.

Nicht alle Linguisten meinen, es handle sich hier um Allophone von /s/. Honsa[232] z.B. meint, dass es in der Porteño-Varietät ein Phonem /h/ gibt, das nur am Silbenende vorkommen kann, außer am Ende einer Aussage ("the end of a breath group"), wo an seiner Stelle eine Elision stattfindet. Er meint, dass sich die Vokale vor einer Elision am Ende einer Aussage verändern, um Verwechslungen, z.B. zwischen Singular und Plural, zu vermeiden. Er behauptet, dass die geschlossenen /e, o/ Vokale und das vordere /a/ die Singularform, dagegen die offenen Vokale /e, o/ und das hintere /a/ die Pluralform darstellen (/i, u/ kommen im Spanischen kaum an dieser Position vor, aber sie wären von der Änderung auch betroffen). Die Sprache, so Honsa - nur einige Dialekte, wie z. B. in Buenos Aires oder in der Karibik - vergrößere dadurch ihr (erweiterbares) Vokalsystem tatsächlich um drei Vokale. Dasselbe meint Vásquez[233] bezüglich des Spanischen in Uruguay, welches mit der Porteño-Varietät vergleichbar ist. Er behauptet, dass es eine Transition zwischen dem alveolaren [s] über [x] und [h] bis zur totalen Elision gibt, also eine Verschiebung des Artikulationsortes. Und je weniger das [s]-Allophon ausgesprochen wird, desto mehr spielen Qualität und Quantität der Vokale eine (morphologische) Rolle, bis sie irgendwann in der Zukunft die Funktion der Pluralmarkierung übernehmen.

Diese Behauptungen sind jedoch nicht haltbar, erstens, weil es im Spanischen kein Phonem /h/ gibt, sondern, wie oben erwähnt, verschiedene Möglichkeiten für die Aussprache des Phonems /s/, u.a. auch [h][234]. Zweitens würde, wie Foster[235] und Vásquez[236] argumentieren, ein Sprecher, der gelegentlich [h], [s] oder die Abwesenheit des Phonems für die Pluralmarkierung benutzt, zwischen verschiedenen phonologischen Systemen innerhalb eines Satzes (und nur des Plurals wegen) wechseln. In der Tat wird die Pluralform meistens durch irgendeine Realisierung von dem Phonem /s/ und nicht durch seine Elision zum Ausdruck gebracht. Bei der Elision von /s/ ist eine Veränderung der Vokalqualität und -

---

[232] Honsa 1965, S. 278.
[233] Vásquez 1953, S. 90ff.
[234] Wenn es das Phonem /h/ gäbe, müßten ['libɾoh] und ['libɾos] (*libros*, Bücher) ein Minimalpaar sein (Cressey 1978, S. 44).
[235] Foster 1975, S. 66.
[236] Vásquez 1953, S. 92.

quantität nicht auszuschließen. Dieser Vokal erhält dadurch aber weder eine neue morphologische noch eine neue phonologische Funktion, da die Elision nur dann stattfindet, wenn die Pluralform durch den Kontext klar genug ausgedrückt wird. Außerdem hat das Phonem /s/ verschiedene morphologische Funktionen - nicht nur die Pluralmarkierung -, bei denen die phonetischen Realisierungen mehr oder weniger vergleichbar sind und von denen man nicht behaupten kann, dass sie zu neuen Phonemen werden.

Terrell[237] meint, dass die Auswahl der Allophone (sibilant, glottal, frikativ und die Elision) eine Folge universaler Assimilationsprozesse ist und keineswegs eine Besonderheit der Porteño-Varietät. Wann welches /s/-Allophon eingesetzt wird ist nicht willkürlich, sondern hängt von drei Faktoren ab: dem sozialen Faktor, dem phonologischen Kontext und den morphologischen Funktionen.

a) Der soziale Faktor
Wie Lavandera[238], Honsa[239], Beym[240] und Foster[241] zeigen, gibt es Unterschiede in der Aussprache dieses Phonems, je nachdem, welcher sozialen Gruppe die Sprecher angehören. Die gebildete soziale Gruppe tendiert dazu, /s/ vor einem Konsonanten als [h] und vor einem Vokal [s] auszusprechen, während die sozial schwächere Gruppe mehr zu einer totalen Elision oder der Aussprache [h] und [x] tendiert. In einem formellen Lesestil findet keine Elision statt, aber [s] in allen Positionen gilt als hyperkorrekt und "übertrieben". Dass die jüngere Generation häufiger als die ältere die Elision benutzt, sieht Terrell[242] als ein Zeichen eines neuen Trends.

---

[237] Terrell 1978, S. 43.
[238] Zitiert bei Terrell 1978, S. 66 und Foster 1975, S. 70.
[239] Honsa 1965, S. 278.
[240] Beym 1963, S. 202.
[241] Foster 1975, S. 68.
[242] Terrell 1978, S. 48

b) Der phonologische Kontext

Der Kontext, in dem das Phonem /s/ erscheint, spielt eine große Rolle für die Art es zu realisieren. Nach Terrell[243] wird das Phonem /s/ in 92% der Fälle innerhalb eines Wortes in irgendeiner Form beinhalten ([s, h])[244], 80% davon wurden aspiriert. Am Wortende wird das /s/ in 86% der Fälle auch in irgendeiner Form behalten: vor (betontem oder unbetontem) Vokal[245] und Pause hauptsächlich als [s], vor Konsonant hauptsächlich als [h][246]:

	[s]	[h]	ø
Im Wortinneren vor Konsonant	12%	80%	8%
Am Wortende vor Konsonant	11%	69%	20%
Am Wortende vor Vokal	88%	7%	5%
Am Wortende vor Pause	78%	11%	11%

Tabelle 8: /s/-Varianten je nach Position und phonologischem Kontext[247]

Beym[248] und Foster[249] geben eine genaue Beschreibung, in welchem Kontext welches /s/-Allophon mit hoher Wahrscheinlichkeit erscheint. Es gibt nicht nur ein mögliches Allophon, aber es gibt Präferenzen, je nach phonologischem Kontext.

♦ /s/ wird vor einem stimmhaften Konsonanten zu [h̆].

---

[243] Terrell 1978, S. 57
[244] Terrell (1978, S. 42) unterscheidet zwischen:
- *ø* totale Abwesenheit des Phonems
- *s* jedes Allophon, das sibilant bleibt über mehr als 50% seiner Dauer
- *h* jedes Allphon, das in weniger als 50% seiner Dauer sibilant bleibt.

[245] Das auslautende /s/ am Ende eines Wortes wird in der Regel mit dem Vokal des folgenden Wortes resilbifiziert, und daher auch meistens als [s] ausgesprochen. In einzelnen Fällen aber kann es passieren, dass die Regel der "Coda-Schwächung" vor der Regel der "Resilbifizierung "in Kraft tritt, so dass das auslautenden /s/ aspiriert oder elidiert wird.
[246] Die Ergebnisse von Terell basieren auf eine empirische Untersuchung zu dem ausalutendem /s/ in der Porteño-Varietät, mit einem Korpus von 14703 Fällen bei 24 Sprechern.
[247] Tabelle 8 nach Terell (1978, S. 46) frei übersetzt.
[248] Beym (1963, S. 204) hat für seine Untersuchung Muttersprachler aus Buenos Aires genommen, die keine andere Sprache, bis auf ein paar Wörter, sprechen konnten.
[249] Foster 1975, S. 67.

♦ /s/ wird vor einem stimmlosen Konsonanten zu [h] und [s] in dieser Präferenzfolge, außer bei:
- /s/ vor [tʃ] wird zu [s] oder [h] in dieser Reihenfolge.
- /s/ vor [s] wird zu [ø].
- /s/ vor [k] wird zu [h], [s] und [x] in dieser Präferenzfolge.
- /s/ vor [ʃ] wird zu [h] und [ø] in dieser Reihenfolge.
♦ /s/ vor Vokal und vor Pause wird [s] und [h] in dieser Präferenzfolge.

Die erste Präferenz kann man als umgangssprachlichen Standard bezeichnen, während die zweite und dritte Präferenz als Substandard betrachtet werden[250]. Aus Terrells Ergebnissen (siehe Tabelle 8) lässt sich jedoch erkennen, dass die zweite und die dritte Präferenz in der Tat doch manchmal realisiert werden.

c) Die morphologischen Funktionen
Das Phonem /s/ in der Coda am Wortende tritt auf:
- als Teil eines Wortes (ohne grammatikalische Funktion) z.B. *después* (nachher)
- am Verbstamm, zur Markierung der 2. Pers. Sing und 1. Pers. Pl., bzw. an Nominal- und anderen Stämmen zur Markierung des Plurals.

In der Häufigkeit von /s/-Elisionen bei verschiedenen morphologischen Funktionen gibt es keine großen Unterschiede[251]:

Funktion	vor Konsonant	vor Pause
lexikalisch	19%	8%
Verbalflektion	26%	7%
Pluralmarkierung	19%	13%

Tabelle 9: Elision von /s/, je nach morphologischer Funktion[252]

---

[250] Die o.g. Präferenzen der /s/-Allophone sind aus Beym (1963, S. 201ff) und Foster (1975, S. 67) zusammengefasst.
[251] Terrell 1978, S. 52.

Terrell[253] untersucht in diesen Zusammenhang den Unterschied zwischen einsilbigen und mehrsilbigen Wörtern und kommt zu dem Schluss, dass Einsilber viel weniger von der Elision betroffen sind als Mehrsilber. Eine Ausnahme im Porteño bildet die 3. Pers. Sing. Präs. *es* vom Infinitiv *ser* (sein). In diesem Fall wird das /s/ oft elidiert. Terrell[254] vermutet, dass dies eine Folge häufigen Gebrauchs, auch in Redewendungen, sein kann.

Terrell[255] untersucht auch das auslautende /s/ in den verschiedenen Konjugationsformen und meint, dass die Aussprache auch eher vom phonologischen Kontext abhängig ist als von der morphologischen Form. Die einzige Ausnahme wäre das /s/ in der Endung /mos/ (Konjugationsendung für 1. Pers. Pl., z.B. in *comemos*, wir essen), das etwas öfter elidiert wird.

In bezug auf die Nominalphrasen behauptet Terrell[256], dass bei der Pluralbildung das erste /s/, die "wichtige Pluralmarkierung", z.B. beim Adjektiv, Artikel, usw. viel eher erhalten bleibt als das zweite /s/ ("redundante Pluralmarkierung"), z.B. beim Substantiv, z.B. in *los ojos* (die Augen).

Bei den Pronomina spielen beide Faktoren eine Rolle: die Position der Pluralmarkierung und die Länge der Wörter. Bei den Pronomina wie *ellos, ellas, nosotros, ustedes* (sie (maskulin Plural), sie (feminin Plural), wir, ihr) wird das /s/ am Wortende sehr oft elidiert, ohne dass es zu Verwechslungen mit der Singularform kommt (wie bei *ellos* und *ellas*).

---

[252] Tabelle 9 nach Terrell (1978, S. 52) frei übersetzt.
[253] Terrell 1978, S. 52f.
[254] Terrell 1978, S. 53f, Fußnote.
[255] Terrell 1978, S. 52.
[256] Terrell 1978, S. 54.

ellos, ellas (sie)	30%
nosotros (wir)	28%
vos (du)	21%
nos (uns)	12%
los, las, les (Pronomen in Akkusativ und Dativ)	13%

Tabelle 10: Elision von /s/ bei Pronomina[257]

Terrell[258] kommt zu dem Schluss, dass die Elision von /s/ in der Coda in Buenos Aires erst am Anfang ihrer Entwicklung ist - im Vergleich zu der Karibik zum Beispiel und hauptsächlich durch den phonologischen Kontext bedingt ist und nicht so sehr durch seine morphologische oder grammatikalische Funktion.

4.3.1. Vorhersage für den Fremdsprachenerwerb

Die Deutschlerner bevorzugen, in Analogie zur Tendenz im Spanischen, im allgemeinen schwache Codas. Dennoch wird diese Abschwächungstendenz in Deutsch-als-Fremdsprache nicht sehr stark ausgeprägt sein, da es den Sprachlernern bewusst ist, dass im Deutschen die Coda nicht so schwach wie im Spanischen ist, sondern genauso stark und komplex wie der Onset sein kann. Aber die Interferenz aus der Muttersprache und zusätzlich die universelle Tendenz zur Bildung von codalosen Silben könnte sie dazu führen, die deutsche Coda und speziell auch das auslautende /s/ abzuschwächen.

SpaF-Lerner werden durch die Interferenz aus ihrer Muttersprache die spanischen Codas nicht abschwächen, obwohl dies nicht nur der Tendenz der Porteño-Varietät, sondern auch der universellen Tendenz entsprechen würde. Um dies zu erreichen, müssten aber angelernte sprachspezifische Regeln der Muttersprache rückgängig gemacht werden. Wie auch aus dem theoretischen Teil hervorgeht, folgt die Abschwächung von /s/ im Spanischen bestimmten Distributionsprinzipien, die für die Fremdsprachler nicht immer leicht zu erkennen sind.

---

[257] Tabelle 10 nach Terrell (1978, S. 55) frei übersetzt.
[258] Terrell 1978, S. 57.

4.3.2. Das Phonem /s/ bei Mutter- und Fremdsprachlern

Für diese Untersuchung wurde ein Korpus von 40 Wörtern pro Sprecher mit silbenauslautendem /s/ an verschiedenen Positionen hergestellt und phonetisch (auditiv) transkribiert. Die Informanten sind drei argentinische Muttersprachler, sieben argentinische Deutschlerner (vier Aufnahmen aus Argentinien und drei aus Deutschland) und sieben deutsche Spanischlerner (vier, die in Argentinien leben und drei, die in Deutschland Spanisch lernen). Da alle Informanten zu derselben Altersstufe gehören und ein vergleichbares Bildungsniveau haben, kann hier der *soziale Faktor* unwesentlichen Einfluss auf die unterschiedliche Aussprache des Phonems /s/ haben. Die Ergebnisse aus der Untersuchung mit der Gruppe der Muttersprachler sind mit den o.g. Ergebnissen von Terrell, Foster und Beym vergleichbar:

Muttersprachler

a) Phonologischer Kontext
Die argentinischen Muttersprachler gebrauchen [s, h] oder manchmal auch die Elision für das Phonem /s/ in der Coda im Spanischen. Zunächst werden die Aussprachevarianten in bezug auf die Position im Wort und den phonetischen Kontext untersucht. Die Ergebnisse werden in der folgenden Tabelle gezeigt.

	s	h	ø	Korpus
Im Wortinneren vor Konsonant	1 (3%)	**29 (91%)**	2 (6%)	32
Am Wortende vor Konsonant	10 (21%)	**32 (68%)**	5 (11%)	47
Am Wortende vor Vokal[259]	**27 (100%)**	0	0	27
Am Wortende vor Pause	**10 (71%)**	2 (14%)	2 (14%)	14

Tabelle 11: /s/ Allophone, je nach Position und phonologischem Kontext bei Spanisch-Muttersprachlern

---

[259] Anders als bei den Ergebnissen von Terell, haben die Informanten in dieser Untersuchung das auslautende /s/ immer resilbifiziert und als [s] ausgesprochen.

Aus der Tabelle geht hervor, dass das /s/ innerhalb eines Wortes vor einem Konsonanten meistens [h] ausgesprochen wird. In diesem Kontext kommen bei den argentinischen Muttersprachlern Elision und die Aussprache [s] kaum vor. Befindet sich das Phonem /s/ im Kontext einer Konsonantenhäufung, z.B. in der Coda, bleibt es - meist in seiner aspirierten Realisierung [h] - ebenfalls hörbar, während die benachbarten Laute elidiert werden können, z.B.[trah.mi.'ti.an] *transmitian* (übertragen). Auch wenn /s/ am Wortende vorkommt und das folgende Wort mit einem Konsonant beginnt, wie etwa *los tuyos* (die deinen) wird oft die Aussprache [h] gebraucht. Die Elisionsrate ist in diesem Kontext leicht höher als innerhalb eines Wortes. Wenn beide Wörter mit Absicht deutlich voneinander getrennt ausgesprochen werden sollen, wird /s/ als [s] ausgesprochen.
Am Wortende vor Vokal und vor Pause wird /s/ am ehesten als [s] ausgesprochen. Im Kontext vor einem Vokal wird der Konsonant oft resilbifiziert, wenn keine Sprechpause stattfindet, und im Onset ist ja ohnehin nur die Aussprache [s] möglich, d.h. /s/ ist dann Teil der folgenden Silbe und nicht mehr Coda.

Es wird auch festgestellt, dass der Akzent und seine Position im Wort keinen Einfluss auf die Aussprache des Phonems /s/ bei den argentinischen Muttersprachlern hat, denn bei verschiedenen Akzentmustern bleibt die Tendenz zur Aussprache von /s/ konstant.
Es wird aber auch deutlich, dass die Sprecher bei ein und demselben Wort das Phonem /s/ nicht immer gleich aussprechen. Im Laufe der Aufnahme wurde ein Wort mehrmals wiederholt, aber die Aussprache von dem auslautenden /s/ war nicht immer gleich, z.B. spricht ein Informant *importantes* (wichtige) als [im.poɾ.'tan. te] und [im.poɾ.'tan. teh] vor Pause. Bei demselben Wort vor Vokal wird /s/ natürlich als [s] ausgesprochen.

Die Daten für argentinische Muttersprachler aus der Tabelle 11 stimmen nicht genau mit denen von Terell in der Tabelle 8 überein. Aber die Tendenz für die

Aussprache von /s/ in den verschiedenen phonetischen Kontexte ist durchaus vergleichbar.

b) Phonetischer Kontext

In bezug auf den phonetischen Kontext und in Anlehnung an die Beobachtungen von Beym und Foster (siehe oben), wird hier die Aussprache von /s/ vor verschiedenen Lauten bei den Muttersprachlern untersucht. Es werden drei Gruppen von Lauten unterschieden: stimmlose Plosive, stimmhafte Laute und Vokale.

	s	h	ø	Korpus
vor stimmlosen [p t k]	9 (19%)	**39 (75%)**	3 (6%)	52
vor stimmhaften [l m n ɲ b d g]	3 (11%)	**21 (78%)**	3 (11%)	27
vor Vokal	**27 (100%)**	0	0	27

Tabelle 12: /s/ Allophone, je nach phonetischem Kontext

Diese Ergebnisse sind durchaus kompatibel mit den o.g. Präferenzen nach Beym und Foster, denn auch hier wird nach stimmhaften und stimmlosen Obstruenten, sowie nach Sonoranten das auslautende /s/ am ehesten aspiriert, während es vor Vokal immer als Sibilant ausgesprochen wird. Aufgrund ungenügender Vorkommensfälle wird der weitere Kontext nach Foster und Beym "vor Konsonant [f r s t ʃ]" nicht berücksichtigt.

c) Morphologische Funktion

Hier wird untersucht wie hoch die Elisionsrate von /s/, je nach morphologischer Funktion, ist. Es werden, in Anlehnung an die Untersuchung von Terrell (Tabelle 9), die Funktionen von /s/ als lexikalische Form, Verbalflektion und Pluralmarkierung untersucht. Dabei wird bei den argentinischen Muttersprachlern folgende Tendenz festgestellt:

	lexikalisch	Verbalflektion	Pluralmarkierung	Korpus
Am Wortende vor Konsonant	0	1 (1,5%)	5 (8%)	62
Am Wortende vor Pause	1 (5,5%)	0	0	18

Tabelle 13: Elision von /s/, je nach morphologischer Funktion

Die Daten in der Tabelle 13 weichen von Terrells (Tabelle 9) Ergebnissen ab, denn hier wird das /s/ mit einer morphologischen Funktion kaum elidiert. Die Prozentsätze bezüglich der Elision von /s/ vor Konsonant sind hier sehr ähnlich zwischen den verschiedenen morphologischen Funktionen und insgesamt viel niedriger als bei Terrell. Die Daten für die Elision von /o/ vor Pause sind unterschiedlich, je nach morphologischer Funktion: /s/ wird als Flektions- und Pluralmerkmal nicht elidiert. Das /s/ mit lexikalischer Funktion wird gelegentlich elidiert. Vermutlich liegt dieser Prozentsatz in der Spalte "lexikalisch" vor Pause nicht an der Funktion von /s/, sondern an einem der Sprecher, der manchmal sehr schnell gesprochen und dabei bestimmte Redewendungen gebraucht hat, die umgangssprachlich sehr verkürzt vorkommen können: ['tonse] für *entonces* (dann).

4.3.3. Das Phonem /s/ bei SpaF-Lernern

Im Deutschen kommt das auslautende Phonem /s/ nicht so oft wie im Spanischen vor, aber es hat auch verschiedene morphologische Funktionen: lexikalisch (ohne grammatikalische Funktion) z.B. in *Haus*, in manchen flektierten Verbformen, z.B. *ich weiß, iss!*, Deklinationsendungen (Kasusmarkierung), u.a. Artikel und Nomen, z. B. in *des Lehrers*, und schließlich Pluralmarkierung in seltenen Fällen, wie z.B. in *Uhus*. Das Phonem /s/ tritt im Deutschen sehr oft in Verbindung mit anderen Konsonanten auf, vor allem vor /t/. In der deutschen Aussprache wird das /s/ in der Coda immer deutlich als [s] ausgesprochen. Der phonetische Kontext kann zu Assimilationen führen, aber das /s/ wird nicht wie im Spanischen geschwächt oder elidiert.

Die deutschen Informanten haben in ihren Interviews auf Spanisch im Gegensatz zu den Muttersprachlern immer ein deutliches [s] ausgesprochen. Für diese Untersuchung wurden bei sieben Sprechern je 40 Beispiele (insgesamt 280) mit auslautendem /s/ analysiert, wie zum Beispiel *castellano* (kastillisch), *es muy* ((er/sie/es) ist sehr), *es una* ((sie) ist eine), etc.. In der folgenden Tabelle werden die Ergebnisse, je nach Artikulationsart, Position und phonetischen Kontext, in dem sich das /s/ befindet, dargestellt.

	s	h	ø	Korpus
Im Wortinneren vor Konsonant	89 (100%)	0	0	89
Am Wortende vor Konsonant	92 (100%)	0	0	92
Am Wortende vor Vokal	58 (100%)	0	0	58
Am Wortende vor Pause	41 (100%)	0	0	41

Tabelle 14: /s/ Allophone, je nach Position und phonologischem Kontext in Spanisch als Fremdsprache

Es ist eindeutig, dass die Spanischlerner immer das auslautende /s/ als [s] aussprechen, unabhängig von dem phonetischen Kontext und von der Position im Wort. Und das heißt, dass sie auch keinen Unterschied machen, je nach morphologischer Funktion.

Dass die SpaF-Lerner den Konsonanten im Spanischen immer deutlich aussprechen, ist nicht falsch, aber es entspricht nicht der Porteño-Umgangssprache. Zum einen klingt diese Aussprache der Fremdsprachler sehr auffällig, und zum anderen bleiben die entsprechenden Silben immer geschlossen.

4.3.4. Das Phonem /s/ bei DaF-Lernern

Bei den argentinischen Informanten gibt es in bezug auf das Phonem /s/ in der Coda keine Unterschiede zwischen denen, die in Deutschland, und denen, die in Argentinien Deutsch lernen. Es wurden je 40 Beispiele von auslautendem /s/ an verschiedenen Positionen bei 7 Informanten (insgesamt 280 Beispiele) untersucht, wie z.B. *dass das, weiß ich*, etc. Es wurden auch die Fälle untersucht, bei denen sich das /s/ innerhalb eines Silbenauslautenden Clusters befindet, wie z.B. in *Kunst*, um zu beobachten, wie Informanten das /s/ in einem fremden phonologischen Kontext aussprechen. Es kamen folgende Ergebnisse heraus:

	s	h	ø	Korpus
Im Wortinneren vor Konsonant	75 (95%)	2 (2,5%)	2 (2,5%)	79
innerhalb eines Clusters	53 (100%)	0	0	53
Am Wortende vor Konsonant	63 (91%)	5 (7%)	1 (2%)	69
Am Wortende vor Vokal	60 (100%)[260]	0	0	60
Am Wortende vor Pause	19 (100%)	0	0	19

Tabelle 15: /s/ Allophone, je nach Position und phonologischem Kontext in Deutsch als Fremdsprache

Aus der Tabelle geht hervor, dass die DaF-Lerner nur im Kontext vor Konsonant (nicht innerhalb eines Clusters) und das auch in einem sehr geringem Maße das auslautende /s/ im Deutschen abschwächen. Es handelt sich in diesen Fällen um verschiedene Wortklassen und auch der phonetische Kontext ist in jedem Fall unterschiedlich[261], so dass diese beiden Faktoren hier keinen Einfluss auf die Abschwächung von /s/ haben können. Es gibt es nur einen gemeinsamen Nenner für die Fälle von Elision und behauchter Aussprache: das Phonem /s/ befindet sich hier stets in einer unbetonten Silbe. Im allgemeinen bevorzugen die DaF-Lerner die deutsche Aussprache eines auslautenden /s/. Bei einer Konsonantenhäufung bleibt das /s/, wie in der eigenen Muttersprache, eher erhalten als die anderen Konsonanten und mit der Aussprache [s], z.B. ['foɾs.vi.sen.ʃafᵗ] *Forstwissenschaft* oder [sels.'moɾᵈ] *Selbstmord*. Das Erhalten des auslautenden /s/ entspricht der deutschen Tendenz, die Coda - oder auch ein extrasilbisches /s/ - so weit wie möglich zu erhalten, und deren Konsonanten nicht abzuschwächen.

---

[260] Davon fand in 10 Fällen eine Resilbifizierung statt.
[261] Die behauchte Variante findet hier vor [t, h, ʃ, v, m] statt, die Elision von /s/ vor [l, t, v].

4.3.5. Zusammenfassung und Interpretation

Die Ergebnisse zu der Untersuchung von argentinischen Muttersprachlern haben keine großen Abweichungen zu den bisherigen Studien gezeigt. Damit wird noch einmal bestätigt, dass die Coda im Spanischen, vor allem wenn /s/ an dieser Position vorkommt, extrem schwach ist.

Die deutschen Informanten sprechen, wie erwartet, alle Phoneme /s/ im Spanischen sehr deutlich aus. Durch diese Aussprache bleiben die entsprechenden Silben meistens geschlossen, was weder der universellen noch der Porteño-Tendenz entspricht. Diese Aussprache ist nicht falsch, aber sie entspricht nicht dem umgangssprachlichen Standard.

Die argentinischen Deutschlerner sprechen, anders als erwartet, das /s/ sehr deutlich aus, auch wenn sie evtl. andere Konsonanten elidieren, so dass die Silbe immer geschlossen bleibt. Die Informanten kennen aus ihrer Muttersprache diese Coda, die manchmal extrem schwach und manchmal deutlich [s] sein kann. Wenn sie mit der deutschen Phonologie konfrontiert werden, nehmen sie das /s/ als stabil wahr. Sie können dann ohne Schwierigkeiten die Aussprache [s] als Norm bevorzugen.

4.4. Auslautende Konsonanten

4.4.1. Auslautverhärtung im Deutschen

Die Auslautverhärtung ist ein sehr intensiv studiertes Phänomen des Deutschen. Dabei handelt es sich um einen universellen Prozess, der nur in einigen Sprachen als solcher erhalten bleibt und sonst meistens unterdrückt wird[262]. Im Deutschen hingegen wird dieser Prozess durch sprachspezifische Regeln unterstützt und führt von der markierten, stimmhaften Form zu der unmarkierten, stimmlosen Form auslautender Konsonanten[263].
In diesem Kapitel werden nur die wichtigsten Aspekte erwähnt werden, sofern sie einen Einfluss auf die Silbenstruktur haben.

Dieses Phänomen betrifft, wie schon unter *Resilbifizierung von Konsonanten im Deutschen* (S. 91) erwähnt, nur die Konsonanten [b], [d], [g], [v], [z], [ʒ] an silbenfinaler Position. Wiese, Kenstowicz[264], Rubach[265] und Brockhaus[266] stimmen überein, dass die stimmhafte Form in der ursprünglichen Silbifizierung des Lexikons noch vorhanden ist und die Auslautverhärtungsregel erst nach dem Hinzufügen von zusätzlichen morphologischen Formen und nach einer zweiten (Re-)Silbifizierungsrunde in Kraft tritt. Es handelt sich um einen phonologischen Prozess, der erst stattfinden kann, wenn die Suffixe hinzugefügt wurden, d.h. wenn alle Wortbildungsprozesse durchgeführt worden sind. Sind die morphologischen Prozesse abgeschlossen, bevor dieser phonologische Prozess stattfindet, handelt es sich um einen postlexikalischen Prozess[267]. Das folgende ist ein Beispiel aus Wiese[268]:

---

[262] Kenstowicz 1995, S. 495 und Major 1987, S. 208.
[263] Wiese 1996, S. 204.
[264] Kenstowicz 1995, S. 494.
[265] Rubach 1990, S. 80.
[266] Brockhaus 1995, S. 57ff.
[267] Ein weiterer Hinweis auf den postlexikalischen Status der deutschen Auslautverhärtung ist die Tatsache, dass sie vor oder nach der Klitisierung auftreten kann, die ja selber auch erst postlexikalisch eintreten kann. Wenn die Auslautverhärtung erst nach der Klitisierung eintritt, bleibt z.B. bei *hab ich* [ha.biç] /b/ stimmhaft (Vgl. Wiese 1996, S. 205).
[268] Wiese 1996, S. 201.

	Lob	vs.	Lob+es	
a.	/lo:b/		/lo:b/	zugrundeliegende Form
				(Lexikon)
b.	----		/lo:b + əs/	Hinzufügen von Suffixen

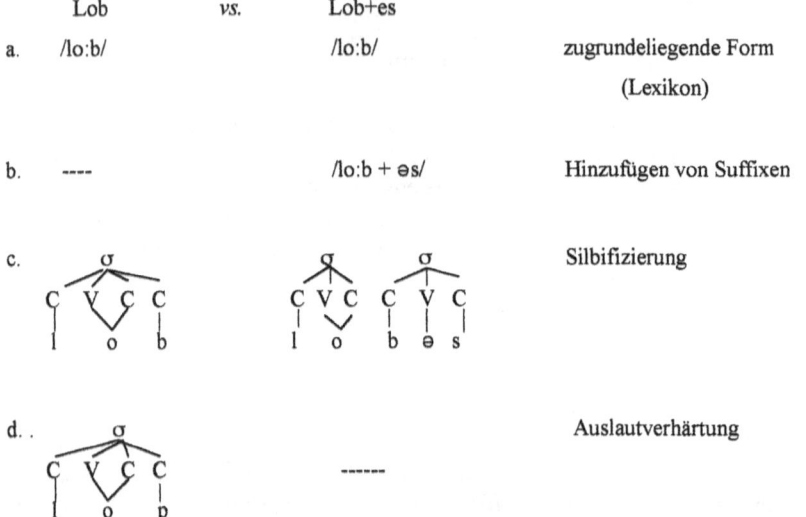

c. ... Silbifizierung

d. ... Auslautverhärtung

Da die Auslautverhärtungsregel nur die Konsonanten in der Coda betrifft, wird /b/ bei *Lob* stimmlos, aber nicht bei *Lobes*.

Die Auslautverhärtung betrifft nicht nur die silbenfinalen Konsonanten, sondern alle stimmhaften Laute in der Coda. Sondern wie z.B. in *Jagd* beide Elemente der Coda fortisiert und nicht nur das allerletzte, weil ein extrasilbisches Element (in diesem Fall /d/) erst nach einer ersten Runde von Silbifizierung und Auslautverhärtung (die hier nur das /g/ betreffen) an die Silbe gekoppelt und einer erneuten Auslautverhärtung unterzogen wird.

Wenn es sich um ambisilbische Konsonanten handelt, findet keine Auslautverhärtung statt[269], obwohl sie eine der Silben schließen und nach der Auslautverhärtungsregel fortisiert werden sollten.

---

[269] Ein Kurzvokal wird immer von einem stimmlosen Konsonant gefolgt. Nur in wenigen Ausnahmen kommt ein stimmhafter, ambisilbischer Okklusiv nach einem Kurzvokal vor, wie etwa in *Kladde*, *Ebbe* und *Flügge*. In diesen Fällen handelt es sich um Wörter, die einen dialektalen oder fremdsprachlichen Ursprung haben (Vgl. Brockhaus 1995, S. 16 und Kohler 1995, S. 184).

4.4.2. Der Auslaut im Spanischen

Wie bereits erwähnt bevorzugt die spanische Sprache die Bildung von codalose Silben. Um dies zu erreichen, werden die vorhandenen Codas meist abgeschwächt, resilbifiziert oder elidiert. Die Konsonanten, die am Wortende erscheinen können, sind Glides, Liquide, Nasale und /s, x, ð/, wobei /ð/ der "stärkste" erlaubte Konsonant an dieser Position ist[270]. Innerhalb eines Wortes können in der Coda auch Plosive vorkommen, wie /p, k, b, d/, z.B. in *septiembre* (September), *octubre* (Oktober), *absoluto* (absolut), *advertir* (warnen), die aber immer stark abgeschwächt ausgesprochen werden. Dieser Prozess kann laut Hooper[271] je nach Dialekt auf zwei verschiedene Weisen erfolgen: entweder wird die Dauer des Verschlusses des stimmlosen Obstruenten sehr stark reduziert, oder er wird durch einen stimmhaften, einen frikativen oder einen Glide-Laut ersetzt[272].

4.4.3. Vorhersage für den Fremdsprachenerwerb

Es ist zu erwarten, dass die deutschen Informanten dazu tendieren, die Konsonanten in der Coda stimmlos auszusprechen, da bei ihnen der universelle Prozess der Auslautverhärtung noch vollständig vorhanden ist. Sie werden dazu nicht oft Gelegenheit haben, da im Spanischen nur selten zwei stimmhaften Konsonanten in der Coda vorkommen - nämlich /b, d/ - , die bei SpaF-Lerner als fortisierungsfähig gelten.

Die argentinischen Informanten, werden im Deutschen mit starken Codas konfrontiert und sie werden vermutlich versuchen, diese möglichst abzuschwächen: entweder werden diese Konsonanten stimmhaft ausgesprochen oder sie werden evtl. elidiert, weil die Sprecher den Prozess der Verhärtung auslautender Konsonanten völlig unterdrücken und die Interferenz aus der Muttersprache schwache Codas, besonders bei Konsonantenclustern oder vor Vokal, verursacht.

---

[270] Hooper 1976, S. 215.
[271] Hooper 1976, S. 216. Vgl. auch Quilis 1993, S. 204.
[272] Beispiele: *septiembre* (September) →[se^ptjembre] →[setjembre] oder *actor* (Schauspieler) →[agtor] →[awtor]. Die Stufen zwischen Stop und Glide sind: Stimmhaftigkeit, Frikativierung, Vokalisierung.

4.4.4. Auslautende Konsonanten bei argentinischen DaF-Lernern

Es wurden die Aufnahmen von drei Sprechern aus Argentinien und drei in Deutschland lebenden Sprechern in bezug auf Konsonanten, die von der Auslautverhärtungsregel betroffen sind (orthographisch <d, b, g>), ausgewertet. Dabei wurden pro Informant je 10 Fälle von silbenfinalem <d>, wie z.B. *und, Land*, 10 von silbenschließendem <b>, wie in *ob, gibt* und 6 von silbenfinalen <g>, wie z.B. *weg, sagt* untersucht. Es werden nur die Konsonanten am Wortende in Betracht gezogen. Zu dieser Gruppe zählen auch alle Konsonanten, die in einem Konsonantencluster in der Coda vorkommen, wie z.B. *-lbst* bei *selbst*, oder *-gt* bei *sagt*. Die Phonemfolgen /iç/ und /ŋ/, orthographisch <ig> und <ng>, werden bei dieser Untersuchung nicht berücksichtigt[273].

Parallel zu der lautlichen Repräsentation von <d, b, g> bei DaF-Lernern, wird hier die lautliche Repräsentation von <t, k>[274] bei denselben Fremdsprachlern untersucht. Im Deutschen haben beide Graphemgruppen in der auslautenden Position die gleiche Aussprache: <d, t> [t], <b, p> [p], <g, k> [k], aber die Fremdsprachler machen einen Unterschied, je nach orthographischer Gruppe. In der Tabelle 16 wird zwischen stimmhafter und stimmloser Aussprache und Elision der fünf wortfinalen Konsonanten bei DaF-Lernern unterschieden. Zusätzlich wird untersucht, ob die phonetische Umgebung einen Einfluss auf die Auslautverhärtung haben kann. In der Tabelle wird unterschieden zwischen dem Kontext "vor Konsonant oder Pause", d.h., der wortfinale Konsonant wird von einer Pause oder einem Onset gefolgt (heterosilbisch), und "Cluster", d.h., der untersuchte Konsonant befindet sich in einem Cluster (tautosilbisch). In den wenigen Fällen (16 insgesamt), in denen der wortfinale Konsonant von einem Vokal (im folgenden Wort) gefolgt wird, kann man bei <b> feststellen, dass der Konsonant immer stimmhaft ausgesprochen wird, während <d> in diesem phonetischen Kontext elidiert wird. <g> kommt in dieser Untersuchung vor Vokal nicht vor. Es findet also in dem Kontext "vor Vokal" keine Resilbifizierung, aber auch keine Auslautverhärtung statt. Die Tatsache, dass <d> an worfinaler Position vor Vokal elidiert wird, entspricht der Tendenz des argentinischen Spanischen, intervokalische Konsonanten zu tilgen.

---

[273] In dem Fall von wortfinalem <ig> bevorzugen die Fremdsprachler eine Aussprache [ig] (12 von 20 Beispiele). Die Aussprache [iç] findet in 6 von 20 Beispielen statt. Bei wortfinalem <ng> wird die Aussprache [ŋ] bevorzugt (15 von 25 Beispielen), ansonsten wird der velare Laut stimmlos ausgesprochen oder elidiert.

[274] Es kommen nicht genug Fälle von auslautendem <p> vor, von <k> allerdings auch nur circa fünf pro Informant. Die untersuchten Beispiele mit <t> lauten etwa *hat* oder *Institut*, die mit <k> *Hektik* oder *perfekt*.

Die Ergebnisse in der folgenden Tabelle betreffen die Sprechergruppen in Deutschland und in Argentinien.

	stimmhaft		stimmlos		Elision		Korpus	
	vor Kons/ Pause	Cluster	vor Kons/ Pause	Cluster	vor Kons/ Pause	Cluster	Kons/ Pause	Cluster
<b>	6 (46%)	29 (71%)	4 (30%)	12 (29%)	3 (23%)	-	13	41
<d>	3 (5%)	-	16 (30%)	-	35(65%) 275	-	54	-
<t>	1 (2%)	-	35 (66%)	-	17 (32%)	-	53	-
<g>	7 (41%)	8(44%)	10 (59%)	10 (56%)	0	-	17	18
<k>	1 (4%)	-	24 (96%)	-	0	-	25	-

Tabelle 16: Aussprache von wortfinalen Konsonanten bei DaF-Lernern.

Wie aus der Tabelle hervorgeht, werden die fünf Konsonanten unterschiedlich ausgesprochen. Bei jedem Konsonant ist in der Tabelle der höchste Prozentsatz von Auslautverhärtung fettgedruckt. Die Phoneme /t/ und /k/, die im Spanischen - wenn auch an dieser Position unbekannt - eindeutig stimmlos ausgesprochen werden, werden in der Realisierung durch die Informanten auch zum großen Teil stimmlos ausgesprochen. /t/ wird gelegentlich auch elidiert, weil es sich oft am Ende eines Konsonantenclusters befindet, was für die DaF-Lerner sehr schwierig auszusprechen ist. Sie bevorzugen die Elision des letzten Konsonanten in der Folge[276].

Das auslautende /d/ wird oft, genauso wie im Spanischen, elidiert, auch in den Fällen, in denen Coda und Onset gleich sind und zu einem einzigen Onset verschmelzen, z.B. in *und dann*. In den Fällen, in denen die Fremdsprachler diesen Konsonanten in der Coda behalten, wird dieser meistens stimmlos ausgesprochen,

---

[275] Von den 35 Fällen von wortfinalem /d/ vor einem Konsonant, handelt es sich in 14 Beispiele um ein Onset /d/. In diesen Fällen wird nur ein einziger Konsonant /d/, als Onset, ausgesprochen.
[276] Siehe Kapitel *Sonoritätshierarchie und Konsonantencluster*, S. 61ff.

der deutschen Tendenz entsprechend. Dieser Konsonant kommt selten in einem Cluster vor.
Bei /g/ besteht die Tendenz, den Konsonanten in der Coda zu bewahren, wobei eine stimmlose Aussprache (sowohl vor einem anderen Konsonanten im folgenden Wort, wie innerhalb eines Clusters) häufiger gebraucht wird als eine stimmhafte. Dagegen wird bei /b/ ganz eindeutig eine stimmhafte Aussprache bevorzugt, vor einem anderen Konsonanten, vor einer Pause und innerhalb eines Clusters, wie z.B. in *Urlaub* oder in *gibt*.

Aus diesen Daten kann man entnehmen, dass der phonetische Kontext vor allem insofern einen Einfluss auf den Prozess der Auslautverhärtung bei DaF-Lernern hat, dass Konsonanten innerhalb einer Konsonantenfolge vor Ausfall geschützt sind, weil als erste die Endrandkonsonanten elidiert oder resilbifiziert werden. Die Konsonanten aus dem Cluster, die dann noch erhalten bleiben (in diesem Fall /g/ und /b/), werden von den Fremdsprachlern meist stimmhaft ausgesprochen. Zum Beispiel sprechen DaF-Lerner Wörter wie *lebt er* oder *sagt sie* als ['leb.ter] bzw. ['sag.si:] aus.

Das Akzentmuster und die Position der betreffenden Wörter im Satz scheinen keinen Einfluss auf den Auslautverhärtungsprozess zu haben. In bezug auf die grammatikalischen Wortklassen, wird festgestellt, dass die Konjunktion *und*, welche die am häufigsten vorkommende Konjunktion ist und meistens von einem Artikel, einer Präposition, einem Pronomen oder einer Partikel gefolgt wird, sehr selten eine Auslautverhärtung erfährt (8,5% von allen vorkommenden Konjunktionen). Konsonanten am Ende eines Verbs werden in 38% der Fälle verhärtet. Bei den anderen Wortklassen, die seltener vorkommen, wie Verb + Substantiv, Substantiv + Verb, Verbalphrasen, Adjektiv + Konjunktion, etc., findet eine Auslautverhärtung in durchschnittlich 20% der Fälle statt.
Die Elision von wortfinalen Konsonanten verändert die Silbenstruktur dadurch, dass diese geöffnet oder zumindest um eine More leichter wird (falls weitere Konsonanten die Coda bilden). Durch den Kontrast stimmhaft/stimmlos in der Coda wird nicht die Silbenstruktur an sich geändert, aber wohl ihre

Sonoritätskontur: stimmlose Konsonanten bedeuten einen steileren Abstieg der Sonorität als stimmhafte.

Als Vergleich zu den Daten für Fremdsprachler wird in der Tabelle 17 die Aussprachetendenz deutscher Muttersprachler in bezug auf die auslautenden Konsonanten gezeigt. Dabei werden nur die Konsonanten, die von der Auslautverhärtungsregel betroffen werden - orthographisch <b, d, g> - betrachtet.

	Stimmhaft	Stimmlos	Elision	Resilbifiz.	Korpus
<b>	1 (6,6%)	13 (86,6%)	-	1 (6,6%)	15
<d>	-	12 (80%)	3 (20%)	-	15
<g>	2 (13,3%)	13 (86,6%)	-	-	15

Tabelle 17: Aussprache von wortfinalen Konsonanten bei deutschen Muttersprachlern.

Schon anhand des geringen Korpus kann festgestellt werden, dass deutsche Muttersprachler die stimmlose Aussprache dieser Konsonanten bevorzugen. Die Fälle von Elision bei <d> betrafen, wie bei der DaF-Gruppe, die Wortfolge *und dann*, bzw. *und das*. Bei der Resilbifizierung in /b/ handelt es sich um die Wortfolge *hab ich*, die als [ha.biç] ausgesprochen wurde. Die stimmhafte Aussprache findet immer zwischen Vokalen statt, etwa bei *Tag und*.

4.4.5. Auslautende Konsonanten bei deutschen Spanischlernern

So wie die argentinischen Sprecher die deutschen Konsonanten in der Coda stimmhaft aussprechen, versuchen die deutschen Informanten die spanischen auslautenden Konsonanten stimmlos auszusprechen.
Für diese Untersuchung wurden die Aufnahmen von sechs Informanten ausgewertet (drei Aufnahmen aus Deutschland und drei aus Argentinien) und 15 Fälle von auslautenden Obstruenten pro Sprecher untersucht. Diese Konsonanten sind selten im spanischen Wortschatz zu finden. Am ehesten kommt /k/ vor, am

seltensten /p/[277]. Tabelle 18 und Tabelle 19 zeigen die Aussprachetendenz bei den zwei häufigeren Vorkommensfällen: /d/ am Wortende und /k/ innerhalb eines Wortes:

	Deutsche in Argent.	Deutsche in Deutschl.	Muttersprachler
stimmhaft	8 (44,5%)	4 (26,5%)	0
stimmlos	2 (11%)	10 (67%)	0
Elision	8 (44,5%)	1 (6,5%)	16 (100%)
Korpus	18	15	16

Tabelle 18: Aussprache des wortfinalen /d/ bei Spanischlernern und Muttersprachlern.

Der Tabelle ist zu entnehmen, dass der Unterschied zwischen beiden DaF-Gruppen in bezug auf das wortfinale /d/ sehr groß ist. Die Informanten in Argentinien, die mit der argentinischen Umgangssprache vertrauter sind, weisen eine Aussprache auf, die der Porteño-Varietät nahe kommt, denn sie elidieren in fast der Hälfte der Fälle den Konsonanten. Ansonsten wird er meistens stimmhaft ausgesprochen. Die Sprecher in Deutschland dagegen bevorzugen die stimmlose Aussprache der Konsonanten und elidieren ihn fast nie.

	Deutsche in Arg.	Deutsche in Deutschl.	Muttersprachler
stimmhaft	0	0	11 (73,3%)
stimmlos	19 (86%)	26 (100%)	4 (26,6%)
Elision	3 (14%)	0	0
Korpus	22	26	15

Tabelle 19: Aussprache des wortinternen /k/ bei Spanischlernern und Muttersprachlern.

---

[277] Von den 90 untersuchten Fällen auslautender Konsonanten betreffen 48 den /k/-Laut (wortintern, Grapheme <c, x>), 34 den /d/-Laut (wortfinal, Graphem <d>) und 8 die Laute /p b/ (wortintern und -final, Grapheme <p, b>). Wörter mit einer nicht eindeutigen Silbentrennung, wie z.B. *accidente* (Unfall)

Wie Tabelle 19 zeigt, neigen alle Spanischlerner dazu, das auslautende /k/, das nur wortintern vorkommt, stimmlos auszusprechen. Die Muttersprachler bevorzugen dagegen die stimmhafte Aussprache [ɣ] des Konsonanten, wie z.B. in *estructura* (Struktur) [eh.tɾuɣ.'tu.ɾa] oder in *técnica* (Technik) ['teɣ.ni.ka].
Bei einer sehr genauen und langsamen Aussprache kann ein Muttersprachler der Porteño-Varietät an dieser Stelle auch einen stimmlosen Konsonanten aussprechen, aber umgangssprachlich wird dieser Laut abgeschwächt. Der Grund dafür ist einerseits, dass sich der Konsonant in der Coda befindet, d.h. abschwächungsfähig ist, und andererseits, dass der Konsonant von weiteren Konsonanten im Onset gefolgt wird und spanische Muttersprachler es wie gesagt bevorzugen, Konsonantenfolgen zu vermeiden.

Bezüglich der Artikulation auslautender Konsonanten durch die argentinischen Deutschlerner, hat auch bei den zwei hier untersuchten Konsonanten der Kontrast stimmlos/stimmhaft keinen direkten Einfluss auf den Aufbau der Silbe, sondern auf ihre Sonoritätskontur.

4.4.6. Zusammenfassung und Interpretation

Wie erwartet, sprechen deutsche Spanischlerner auslautende Konsonanten meist stimmlos aus. Es handelt sich dabei nicht um eine Interferenz aus der Muttersprache, sondern um einen universellen Prozess, der im Deutschen noch vollkommen vorhanden ist, im Spanischen aber unterdrückt wird. Die stimmlose Aussprache seitens der Fremdsprachlern hat einen steileren Abstieg der Sonorität zur Folge - was nicht der Rhythmusbildung des Spanischen entspricht - und klingt, für argentinische Verhältnisse, übertrieben und hyperkorrekt.

Die argentinischen Deutschlerner können sich, wie erwartet, dem deutschen Auslautverhärtungsprozess nur in sehr geringem Maße anpassen. Er kann nur bei /g/ festgestellt werden, während bei /d/ und /b/ Elision bzw. stimmhafte Aussprache bevorzugt werden. Dies entspricht der spanischen Präferenz, offene Silben oder evtl. nur schwache, stimmhafte Codas zu bilden. Denn dadurch wird die kanonische CV-Silbenstruktur, die für die Rhythmusbildung des Spanischen

---

[ak.si.'ðen.te] vs. [a.ksi.'ðen.te], *taxista* (Taxifahrer) [tak.'sis.ta] vs. [ta.'ksis.ta] oder *ficción* (Fiktion) [fik.'sjon] vs. [fi.'ksjon] wurden nicht berücksichtigt.

erforderlich ist, gewährleistet. Dies entspricht aber nicht der Erhaltung (und Verhärtung) der Coda im Deutschen.

4.5. Resilbifizierung

Gemäß der universellen Tendenz, onsetlose Silben zu vermeiden, stehen Konsonanten vorzugsweise im Onset. Dadurch wird, dem "Sonority Dispersion Principle"[278] entsprechend, der Sonoritätsanstieg vom Onset zum Nukleus maximiert und der Sonoritätsabfall vom Nukleus zur Coda minimiert. Der optimale Silbenkontakt ist dann gegeben, wenn eine Silbe im Höhepunkt der Sonorität endet und die folgende Silbe bei einer niedrigen Sonoritätsstufe beginnt. Z.B. wird die Silbifizierung von *atra* [a.tra] vor [at.ra] bevorzugt und von *arta* [ar.ta] vor [a.rta] bevorzugt[279].

Die ursprüngliche Silbifizierung findet auf einer tiefen Stufe der phonologischen Repräsentation statt (auf lexikalischem Niveau). Die geschieht nach folgenden Regeln (in dieser Reihenfolge):
a) *die Nuklei werden identifiziert*
b) *CV - Regel (Pre-vokalische Konsonanten werden zum Onset)*
c) *CCV - Regel (Konsonantenfolgen werden nach phonotaktischen Regeln zum Onset)*
d) *Coda - Regel (Konsonanten, die nicht zum Onset gehören können, werden zur Coda)*

Im Laufe der morphologischen Umformung kommt die bereits silbifizierte Einheit - durch Derivations- und Flektionsregeln, sowie Kompositionsverfahren - erst im postlexikalischen Bereich in syntagmatischen Kontakt mit anderen Einheiten. Die Möglichkeiten der Silbifizierung verändern sich auf jeder dieser Ebenen und es bleibt offen, ob die Silbifizierungsregel nach jeder morphologischen oder syntaktischen Operation erneut durchlaufen wird (und sich die Silbengrenzen entsprechend verschieben) oder ob die einmal festgelegte Silbifizierung gegen gewisse morphologische oder syntaktische Veränderungen immun ist[280]. Wenn eine Überarbeitung der Silbenstruktur (Resilbifizierung) möglich ist, werden nicht wieder alle vier o.g. Regeln angewandt, sondern nur die:

CV - Regel (Pre-vokalische Konsonanten werden zum Onset)

---

[278] Kenstowicz 1995, S. 280 und 283.
[279] Vgl. Kenstowicz 1995, S. 284.
[280] Vgl. Auer 1990, S. 39f.

Obwohl die phonologischen und morphologischen Regeln, die die Silbifizierung beeinflussen, in abwechselnden Zyklen in Kraft treten, verhält sich in diesem Zusammenhang jede Sprache anders: Das Deutsche lässt eine Resilbifizierung nur in der Domäne des phonologischen Wortes zu, auch wenn dadurch manchmal Morphemgrenzen überschritten werden. Das Spanische dagegen bevorzugt eine möglichst konstante CV-Silbenform gegenüber einer transparenten Morphemtrennung, sogar zwischen Wörtern verschiedener grammatikalischer Klassen. Die Resilbifizierung findet im Spanischen im Bereich der phonologischen Phrase statt: eine Verschiebung der Silbengrenzen im Vergleich zu den Wortgrenzen, die der Prosodie zugute kommt. Nach Kenstowicz[281] handelt es sich um eine morphologische und prosodische "Unordnung", weil die Laute, die ein Morphem bilden, nach der Resilbifizierung durch eine Wortgrenze getrennt werden.

Im allgemeinen ist der Nukleus einer Silbe sehr stabil, die Silbenperipherie kann dagegen eher von der Resilbifizierung betroffen werden und dadurch einem anderen Nukleus zugeordnet werden. Die Resilbifizierung ist variabel und insbesondere vom Sprechtempo abhängig[282]. Die Silbenperipherie besteht meistens aus einem (oder mehreren) Konsonanten, seltener aus einem Glide. Wenn ein Konsonant zur folgenden Silbe resilbifiziert wurde, übernimmt er Eigenschaften des Onsets und verhält sich nicht mehr wie ein Konsonant in der Coda.

4.5.1. Resilbifizierung im Spanischen

Im Spanischen besteht die Tendenz, Silben mit möglichst wenigen Konsonant- und Vokalhäufungen zu bilden, im Idealfall CV-Silben. Um das zu erreichen, können Konsonanten resilbifiziert werden, d.h. aus der Coda einer Silbe zum Onset der folgende Silbe im folgenden Wort wandern.

Dieses Phänomen kann mit folgenden Beispielen veranschaulicht werden[283]:
    1. *chef argentino* [tʃe.faɾ.xen.'ti.no] (argentinischer Chef)
    2. *chef latino* [tʃef.la.'ti.no] (latino Chef)
    3. *subordinado* [su.boɾ.di.'na.do] (untergeordnet)

---
[281] Kenstowicz 1995, S. 280.
[282] Vgl. Auer 1990, S. 40.
[283] Die Beispiele sind aus Núñez Cedeño/Morales-Front (1999, S. 178) entnommen.

4. *sublingual* [sub.lin.'gwal] (sublingual)

Die Beispiele 1. und 3. zeigen, dass die Wort- bzw. Morphemgrenzen bei der (Re-)Silbifizierung ignoriert werden dürfen, während bei den Beispielen 2. und 4. die Morphemgrenze respektiert wird[284]. Dieser Unterschied entsteht dadurch, dass die ursprüngliche Silbifizierung in allen Beispielen im Rahmen des phonologischen Wortes durchgeführt wird, zu dem Präfixe wie *sub-* nicht gehören[285]. Bei der späteren Resilbifizierung, die auf der Ebene der phonologischen Phrase stattfindet, wird nur den onsetlosen Silben (1. und 3.) ein Onset zugeordnet, aber es sind keine weiteren Veränderungen im Onset möglich.

Die (Re-)Silbifizierungsregeln treten nach einer bestimmten Hierarchie in Kraft: Das Prinzip, nach dem jedem Vokal ein Onset gegeben werden soll, ist im Spanischen stark genug, um andere Prinzipien, wie z.B. die Erhaltung der Wortgrenzen, zu brechen. Und dieses Prinzip, die Erhaltung der Wortgrenzen wiederum, ist im Spanischen stärker als das Prinzip den Onset zu maximieren, d.h. möglichst viele Konsonanten im Onset zu gruppieren. Diese Hierarchie kann man folgendermaßen veranschaulichen, wobei ">>" als "ist wichtiger/stärker als" zu lesen ist[286]:

CV-Regel >> *Erhaltung der Wortgrenze* >> *Maximierung des Onsets*

Dadurch, dass die CV-Regel stärker als die Erhaltung der Wortgrenze ist, findet in Beispiel 1. eine Resilbifizierung statt. Bei Beispiel 2. dagegen ist die Erhaltung der Wortgrenze stärker als die Maximierung des Onsets.

Es gibt im Spanischen auch Fälle, bei denen der resilbifizierte Konsonant noch Eigenschaften der Coda behält und dadurch doch noch die Morphem- und Wortgrenze markiert[287]. Das ist der Fall, wenn ein Segment zunächst als zum Reim gehörend silbifiziert und danach abgeschwächt wird (etwa durch Aspiration, Velarisierung, etc.). Wenn dieser Laut später von der Resilbifizierungsregel

---

[284] [fl] und [bl] sind Konsonantenfolgen, die im spanischen Onset erlaubt sind. Vgl. auch Harris (1983) S. 43.
[285] Vgl. auch Hualde (1991, S. 489) *deshielo* (Auftauen) [des.je.lo] vs. *desierto* (Wüste) [de.sjeɾ.to] .Wenn der Silbifizierungsprozess statt findet, ist das Präfix noch nicht im Lexikon vorhanden. *des-* und *hielo* bilden verschiedene Silbifizierungsdomänen.
[286] Nach Núñez Cedeño/Morales-Front 1999, S. 178f.
[287] Vgl. Hualde 1991, S. 55 und Harris 1983, S. 46.

betroffen wird, und bei der lautlichen Repräsentation als Onset erscheint[288] trägt er die Merkmale, die er in der Coda erhalten hat, zum Beispiel in:

Ramón entró (Ramón kam rein)
a. [ra.'mon.en.'tɾo]   Silbifizierung
b. [ra.'moŋ.en.'tɾo]   Velarisierung
c. [ra.'mo.ŋen.'tɾo]   Resilbifizierung

In a. handelt es sich um die ursprüngliche Silbifizierung, bei der die Grenze zwischen den phonologischen Wörtern erkennbar ist. Wenn die Artikulationsart einzelner Laute (b.) vor einer Überarbeitung der Silbenstruktur (c.) stattfindet, behält der resilbifizierte Laut die Artikulationsart der Coda.

Während das bisher gesagte auf alle Varietäten des Spanischen zutrifft, ist die Resilbifizierung von /j/ zu [ʃ] ein typisches Phänomen des Porteño, wie zum Beispiel bei *ley* vs. *leyes* : ['lej] vs. ['le.ʃes] (Gesetz vs. Gesetze). Harris[289] erklärt dieses Phänomen dadurch, dass es in der Porteño-Varietät keine anlautende Glides [j] geben kann. Der Glide wird deshalb an silbeninitialer Position zu [ʃ] fortisiert. Es ist nicht selbstverständlich, dass ein auslautender Glide zum Onset wird. Da in dieser Varietät jedoch die Möglichkeit besteht, den Glide zum Konsonanten zu verwandeln und dadurch dem folgenden Vokal einen Onset zu geben, findet die Resilbifizierung statt. In der Porteño-Varietät können aber doch silbeninitiale [j] vorkommen, als Teil eines Diphthongs etwa in *hierba*, *hielo* und *hiedra* (Gras, Eis und Efeu). Das Resilbifizierungs-Phänomen bezieht sich also nur auf die Aussprache des Graphems <y>, die an silbeninitialer Position mit der Aussprache des Graphems <ll> zusammenfällt ([ʃ]). An silbenfinaler Position ist die Aussprache der Grapheme <y> und <i> [j].

---

[288] Harris (1983, S. 43ff) gibt viele Beispiele von Resilbifizierung im Spanischen, in denen ein Konsonant mit besonderen Merkmalen der Coda - wie zum Beispiel Aspiration, Velarisierung und laterale und nasale Depalatalisierung - zum Onset werden kann. Dabei handelt es sich meistens nicht um umgangssprachlicher Resilbifizierung, sondern um eine Resilbifizierung, die z.B. durch das Hinzufügen von Plural- oder Genusendungen entsteht und in der Orthographie wiedergegeben wird, Z.B. in den Wortpaaren: don vs. doña (Anspracheform für Herr und Frau), doncel vs. doncella (Knecht vs. Magd), el vs. ella (er vs. sie).
[289] Harris 1983, S. 57ff.

4.5.2. Resilbifizierung im Deutschen

Im allgemeinen werden im Deutschen die Grenzen zwischen phonologischen Wörtern[290] deutlich signalisiert und bleiben, im Gegensatz zum Spanischen, auch immer erhalten. Dennoch gibt es bestimmte Prozesse, durch die die Silbenstruktur innerhalb eines Wortes optimiert werden kann. Im Deutschen ist, ebenso wie im Spanischen, die universelle Tendenz, onsetlose Silben zu vermeiden, sehr stark ausgeprägt. In diesem Zusammenhang sollte das Verhalten stimmhafter Konsonanten an der Morphemgrenze erwähnt werden, der später auch unter "Auslautverhärtung" behandelt werden wird. Wenn der Konsonant in der Coda erscheint, wird er von dem Auslautverhärtungsprozess betroffen. Aber wenn die folgende Silbe onsetlos ist und der Konsonant zu dem folgenden Vokal resilbifiziert wird, wie z.B. *Kind* [t] vs. *kind-isch* [d] oder *Tag* [k] vs. *Tag-e* [g], findet keine Verhärtung statt. Auch hier, wie schon unter *Resilbifizierung im Spanischen* dargestellt, wird nur resilbifiziert, wenn die folgende Silbe onsetlos ist, wie z.B. in *Händ-e* [d], aber nicht in *hand-lich* [t], weil die ursprüngliche Silbifizierung im Rahmen des phonologischen Wortes durchgeführt wird. Bei einer späteren Resilbifizierung wird nur den onsetlosen Silben ein Onset zugeordnet, aber es sind keine weiteren Veränderungen im Onset möglich[291].

4.5.3. Vorhersage für den Fremdsprachenerwerb

Der Prozess der Resilbifizierung dient gleichermaßen der universellen Tendenz zur Bildung von CV-Silben wie auch der idealen Silbenstruktur für die Rhythmusbildung des Spanischen, denn die Resilbifizierung verleiht dem Nukleus ein Onset und gleichzeitig wird die vorausgehende Silbe geöffnet. Es ist also zu erwarten, dass die argentinischen Deutschlerner versuchen - durch die o.g. Tendenzen stark geprägt -, auch im Deutschen jedem Vokal möglichst einen Onset zu geben und dadurch Silben zu öffnen, d.h. zu resilbifizieren, auch über die

---

[290] Die prosodische Domäne *phonologisches Wort* ist dem *Fuß* übergeordnet und der *phonologischen Phrase* untergeordnet. Innerhalb dieser Domäne, die oft mit dem morphonolgischen Wort zusammenfällt, finden bestimmte phonologische Prozesse statt, wie z.B. im Deutschen die Resilbifizierung, oder die Assimilation von benachbarten Lauten. Auch das Akzentmuster des Deutschen basiert auf dem *phonologischen Wort* (vgl. Wiese 1996, S. 65ff).
[291] Vgl. Kenstowicz 1995, S. 281ff.

Wortgrenze hinweg, wie es im Spanischen üblich ist. Die begrenzten Möglichkeiten einer Resilbifizierung im Deutschen müssen die Sprachlerner erst erfahren.

Deutsche Spanischlerner werden vermutlich wortintern resilbifizieren, wie sie es aus der Muttersprache kennen und der universellen Tendenz entsprechend. An der Wortgrenze werden sie dies eher nicht tun, da im Deutschen die Erhaltung der Wortgrenze wichtiger als die Vermeidung einer onsetlosen Silbe ist. Es ist auch zu erwarten, dass Spanischlerner, in Analogie zum Deutschen, onsetlose Silben mit einem Glottalstop einleiten.

4.5.4. Resilbifizierung in Spanisch als Fremdsprache

Für diese Untersuchung wurden die Aufnahmen von sechs deutschen Informanten (drei in Argentinien und drei in Deutschland) ausgewertet. Bei jedem Sprecher wurden 20 Beispiele untersucht, die einen potentiellen Kontext für Resilbifizierung lieferten (Konsonant in der Coda und folgende Silbe onsetlos über die Wortgrenze und ohne Sprechpause), wie z.B. in *es un* (ist ein), *por otro* (für einen anderen), *primer año* (erstes Jahr). Wie die folgende Tabelle zeigt, resilbifizieren die Informanten recht oft, wenn sie (relativ) schnell und spontan sprechen. Dies ist natürlich der Fall bei den Sprechern, die gute Sprachkenntnisse haben, während die etwas schwächeren Sprachschüler selten schnell sprechen. Als Vergleich wurden 40 Beispiele bei einem Muttersprachler untersucht.
Bei der Untersuchung wird unterschieden zwischen:
a. überlegtes Sprechen, bei dem die Informanten langsam sprechen, sich (vermutlich) "Zeit zum Überlegen" lassen z.B. über Wortwahl, Grammatik, Aussprache oder auch Inhalt der Aussage
b. normales, flüssiges Sprechen, bei dem die Informanten (vermutlich) ihre Gedanken möglichst schnell und gut ausdrücken wollen, ohne über die (Aus)Sprache nachzudenken.

Obwohl die Informanten in Deutschland einen leicht höheren Prozentsatz von Resilbifizierung erreichen als die Informanten in Argentinien, können die Ergebnisse für beide Gruppen zusammen folgendermaßen dargestellt werden:

	SpaF-Lerner		Muttersprachler	
	Korpus		Korpus	
überlegtes Sprechen	30 (29%)	102	17 (100%)	17
flüssiges Sprechen	15 (83%)	18	33 (100%)	33

Tabelle 20: Prozentsatz der Fälle, in denen die SpaF-Lerner und die Muttersprachler resilbifizieren.

Diese Ergebnisse zeigen, dass bei den Fremdsprachlern hauptsächlich das flüssige Sprechen die Resilbifizierung fördert, während die Muttersprachler bei jeder Sprachgeschwindigkeit resilbifizieren. Der gute Resilbifizierungsdurchschnitt der SpaF-Lerner bei überlegtem Sprechen ergibt sich aus zwei ergänzenden Faktoren: einerseits der universellen Tendenz zur Bildung von CV-Silben, und andererseits der Tatsache, dass im Spanischen oft onsetlose Silben erscheinen. Das Spanische bietet also häufig einen Kontext "C.V", der durch die universelle Tendenz zu "CV" umgewandelt werden kann. Es handelt sich also nicht um einen sprachspezifischen Prozess, sondern um eine universelle Tendenz. Der Resilbifizierungsprozess, den die Fremdsprachler in diesem Fall im Spanischen durchführen, läuft sehr natürlich ab und klingt nicht gezwungen. Bei einem überlegten Sprechen scheint aber die Erhaltung der Wortgrenze schwerwiegender zu sein, was der deutschen sprachspezifischen Tendenz entspricht.

Ein weiterer Faktor für die Resilbifizierung bei der Folge Konsonant - Vokal scheint der Typ von Konsonant an sich zu sein: von allen vorkommenden [n] wurden 49% resilbifiziert, z.B. in *un año* (ein Jahr), hauptsächlich bei überlegtem Sprechen. Von allen [r] wurden 28% resilbifiziert, z.B. in *por eso* (deshalb), genau so oft bei überlegtem wie bei flüssigem Sprechen und von allen [s] nur 22%, z.B. in *los aspectos* (die Aspekte), meistens bei der langsameren Sprechart. Das resilbifizierte [n] stammt oft, aber nicht ausschließlich, aus der Präposition *en* (in), die im Spanischen sehr oft vorkommen kann. Andere Konsonanten, wie z.B. [l], kommen viel zu selten vor, um hier erläutert zu werden.

Es wird hier auch untersucht, welchen Einfluss die grammatikalischen Wortklassen und das Akzentmuster auf die Resilbifizierung in SpaF haben.

Es wird zunächst festgestellt, dass die Fremdsprachler, unabhängig von der Wortklasse, am meisten resilbifizieren, wenn die erste von beiden Silben unbetont und die zweite betont ist (58% von allen vorkommenden Folgen unbetont-betont), wie z.B. in *el único* (der Einzige) und seltener wenn beide Silben an der Wortgrenze unbetont sind (38% von den vorkommenden unbetonten Silbenfolgen), wie in *en el* (in dem). Wenn die erste Silbe betont ist und die zweite unbetont wird in 24% der Fälle resilbifiziert, wie z.B. in *escribír el* (den ... schreiben) und es findet bei den Fremdsprachlern keine Resilbifizierung statt, wenn beide Silben betont sind. Hier sollte aber noch erwähnt werden, dass die unbetonten Folgen am häufigsten in diesem resilbifizierungsfähigen Kontext vorkommen. Sie machen circa 75% von allen hier untersuchten Fällen aus. Wenn zwischen beiden Sprecharten (flüssig und überlegt) unterschieden wird, kann man feststellen, dass die Fremdsprachler bei normalem, flüssigem Sprechen fast ausschließlich die unbetonten Silbenfolgen resilbifizieren, während bei überlegtem Sprechen sowohl unbetonte, als auch unbetont-betont-Folgen resilbifiziert werden (siehe Tabelle 21). In bezug auf die Wortklasse wird festgestellt, dass hauptsächlich die Folgen von Präposition + Artikel (79% von allen vorkommenden Folgen dieser Wortklassen) und Artikel + Substantiv (69% von allen vorkommenden) resilbifiziert werden. Diese beiden Folgen bestehen meistens aus zwei unbetonten Silben an der Wortgrenze, seltener aus einer unbetonten und einer zweiten betonten Silbe.

In der folgenden Tabelle werden Akzentmuster und grammatikalische Wortklassenfolge der resilbizierten Fälle bei Spanischlernern angezeigt. Es wird wieder zwischen der flüssigen und der überlegten Sprechart unterschieden.

Silbenfolge		Präposit + Artikel	Artikel + Substant.	Verb + Präposit.	Verb + Artikel	Präposit.+ Substant.	Andere [292]	Korpus
flüssiges Sprechen	unbetont	4	4	-	2	1	-	11
	1.Silb.betont	-	-	1	2	-	1	4
	2.Silb.betont	-	-	-	-	-	-	0
überlegtes Sprechen	unbetont	6	4	2	1	4	3	20
	1.Silb.betont	-	-	1	1	-	1	3
	2.Silb.betont	3	3	-	-	-	1	7
Korpus		14	11	4	6	5	6	

Tabelle 21: Aufteilung der resilbifizierten Fälle bei Spanischlernern nach Akzentmuster, Wortklassen und Sprechart.

Sowohl bei den Mutter - wie bei den Fremdsprachlern findet eine Resilbifizierung zwischen bestimmten Wortklassen statt, die zusammen eine phonologische Phrase bilden. Am häufigsten kommen bei dem Muttersprachler Folgen von Verb + Artikel oder Präposition und von Präposition + Artikel vor. Es handelt sich also bei diesen Wortfolgen meistens um einsilbige unbetonte Wörter.

4.5.5. Resilbifizierung in Deutsch als Fremdsprache

Für diese Untersuchung wurden die Aufnahmen von sechs Deutschlernern (drei in Argentinien und drei in Deutschland) benutzt. Es wurden pro Sprecher 20 Beispiele untersucht, die für die spanischen Muttersprachler einen potentiellen resilbifizierungfähigen Kontext darstellen, nicht aber für das Deutsche, d.h. ein Konsonant in der Coda und eine folgende onsetlose Silbe über die Wortgrenze und ohne Sprechpause, wie z.B. *war ich, gut aufgebaut, will auch,* etc.. Als Vergleich zu diesen Daten wurde die Aufnahme (25 Beispiele) eines deutschen Muttersprachlers hinzugezogen und untersucht.

---

[292] Es handelt sich hier um einzelne Folgen von Verb + Substantiv, Adverb + Konjunktion, Adverb +

Als "resilbifiziert" zählen die Fälle, wo beide Wörter verschmelzen und als ein einziges ausgesprochen werden, und dies auditiv wahrzunehmen ist. Also Fälle, bei denen keinerlei Grenze (z.B. in Form einer minimalen Pause oder Glottal Stop) zwischen den beiden Silben zu merken ist. Die Ergebnisse für beide Deutschlernergruppen sind unterschiedlich, und sie werden in der folgende Tabelle auch getrennt dargestellt:

	DaF in Arg. Korpus		DaF in Deutschl Korpus		Muttersprachler Korpus	
überlegtes Sprechen	6 (12%)	50	12(30%)	40	0	12
flüssiges Sprechen	2 (20%)	10	8 (40%)	20	1 (7%)	13

Tabelle 22: Prozentsatz der Fälle, in denen resilbifiziert wird.

Die größten Unterschiede zwischen beiden Fremdsprachlergruppen in bezug auf die Resilbifizierung, ergeben sich zum einen daraus, dass sich die Informanten in Argentinien oft langsam und vor allem sehr vorsichtig in der Fremdsprache artikulieren. Dadurch werden einerseits Interferenzen aus der Muttersprache vermieden, und andererseits wird mehr auf die angelernte Fremdaussprache (Hochlautung) geachtet. Zum anderen resilbifizieren die Informanten in Deutschland öfter als die Gruppe in Argentinien, weil sie vertrauter mit der Fremdsprache sind, und spontaner (und schneller) sprechen können. Dabei werden aber mehr Laute resilbifiziert.

Die meisten Fälle von resilbifiziertem Konsonant bei den Fremdsprachlern in CV-Folgen war der Konsonant /s/, etwa in *es ist*. Der einzige Fall von Resilbifizierung durch den Muttersprachler fand bei *das ist* in einem sehr schnellen (aufgeregtem) Sprachtempo statt.
In bezug auf das Akzentmuster kann bei den Fremdsprachlern beobachtet werden, dass die Folgen von zwei unbetonten Silben an der Wortgrenze, so wie Folgen, bei denen die erste Silbe betont ist, und Folgen, bei denen die zweite Silbe betont ist, gleich oft resilbifiziert werden. Dagegen werden Folgen von zwei betonten Silben, die sehr selten vorkommen, kaum resilbifiziert.
Im Deutschen ist das Spektrum von Wortklassen, die eine phonologische Phrase und ebenfalls einen potentiellen Kontext für Resilbifizierung bilden, viel breiter als

Präposition, Adverb + Substantiv, Substantiv + Substantiv und Adjektiv + Substantiv.

im Spanischen. Bei dieser Untersuchung wurden bei 32 Resilbifizierungen 13 verschiedene Wortklassenkombinationen festgestellt. Die meisten von ihnen haben ein Verb, eine Präposition, einen Artikel oder ein Pronomen als Bestandteil. Und obwohl bei manchen von diesen Wortklassenkombinationen etwas öfter als bei anderen resilbifiziert wird (etwa Pronomen +Verb in z.B. *er ist*, Verb+Pronomen in *kommt er*, Verb + Präposition in *gemacht in*), kann nicht behauptet werden, dass bei einer bestimmten Kombination von grammatikalischen Wortklassen die Fremdsprachler öfter resilbifizieren als bei anderen.

Die Resilbifizierung über die Wortgrenze in DaF wird hauptsächlich durch die universelle Tendenz, CV-Silben zu bilden, und durch Interferenzen aus der Muttersprache gefördert. Die Resilbifizierung ist keinesfalls eine sprachspezifische Tendenz des Deutschen, denn hier bekommen bei der ursprünglichen Silbifizierung die meisten Silben schon einen Onset und die Resilbifizierung ist im Deutschen normalerweise nur auf der Ebene des phonologischen Wortes möglich.

4.5.6. Zusammenfassung und Interpretation

Die argentinischen Deutschlerner resilbifizieren, wie erwartet, auch im Deutschen über die Wortgrenze. Dieser Prozess ist bei den Lernern ist Deutschland ausgeprägter als in der anderen Gruppe, vermutlich weil sie spontaner und schneller sprechen können als die Lerner in Argentinien. Beide Gruppen haben gemeinsam, dass sie besonders das /s/ resilbifizieren, dass die Resilbifizierungsrate bei flüssigem Sprechen höher liegt als bei überlegtem, und dass bei den resilbifizierten Fällen mindestens eine beider Silben unbetont ist. Die Ursachen für diesen Resilbifizierungsprozess liegen einerseits an der universellen Tendenz, CV-Silben zu bilden, und andererseits an die sprachspezifischen Regeln des Spanischen, die eine Interferenz verursachen. Dieser Prozess ist gegen die Tendenz des Deutschen, Wortgrenzen zu erhalten und gegen dem Rhythmustyp des Deutschen, bei dem (komplexe) Codas erhalten bleiben sollten.

Die deutschen Spanischlerner resilbifizieren dagegen im Spanischen viel öfter als erwartet, entgegen der Tendenz in ihrer Muttersprache, aber im Einklang mit der universellen Tendenz für CV-Silben und der Tendenz des Spanischen, auch über Wortgrenzen zu silbifizieren. Dies ist besonders der Fall bei den Folgen unbetonter sowie unbetonter + betonter Silbe, wie bei den Muttersprachlern. Am meisten resilbifizieren die deutschen Lerner bei flüssigem Sprechen. Bei überlegtem

Sprechen dagegen wird seltener resilbifiziert, so dass die Wortgrenze übertrieben (hyperkorrekt) markiert wird.

Durch den Resilbifizierungsprozess erreichen die Spanischlerner eine Vereinheitlichung der Silbenstruktur, die der Rhythmusbildung des Spanischen entspricht.

4.6. Der [ʔ]-Laut im Deutschen

Im Anschluss an die Resilbifizierung wird hier ein weiteres Phänomen zur Vermeidung onsetloser Silben im Deutschen behandelt. Der [ʔ]-Laut markiert im Deutschen die Grenze vor einer betonten, vokalisch anlautenden Silbe und verleiht ihr als Onset eine stabile Form. Im absolutem Anlaut und nach vorausgehendem, silbenschließendem Konsonant stellt er die CV-Silbenstruktur sicher. An intervokalischer Position ist er fakultativ, da die Silbenstruktur auch ohne ihn klar genug ist[293].

Dieser Laut kann durch den totalen Verschluss und einer folgenden plötzlichen Öffnung der Stimmbänder als glottaler Verschlusslaut realisiert werden. Er kann aber auch etwas schwächer realisiert werden, nämlich als Glottalisierung, aufgrund einer unregelmäßigen Aktivität der Stimmbänder (ohne Okklusion). Diese schwächere Form ist im Deutschen am Wort- und Morphemanfang zwischen stimmhaften Lauten, also auch zwischen Vokalen, üblich[294].

Der [ʔ]-Laut und das Phonem /h/ scheinen sehr viele gemeinsame Aspekte zu haben: Einige Linguisten meinen, beide seien phonetisch keine Konsonanten, weil sie nicht durch eine Verengung im Mundraum entstehen. Bei der Artikulation von [ʔ] und von [h] werden außer der glottalen Aktivität keine weiteren Artikulationsorgane benutzt, so dass Kiefer und Zunge frei sind, sich schon in die Position für die Aussprache des folgenden Vokals zu bewegen. Wiese[295] beschreibt sie als Konsonanten ohne besondere Artikulationsgeste[296] und will so ihr besonderes phonotaktisches Verhalten erklären. Durand[297] gibt [ʔ] und [h] den Status von Glides. Für ihn sind beide Laute [- konsonant, + sonorant], obwohl er einerseits den [ʔ]-Laut als Stop, also als Verschluss der Glottis klassifiziert, und andererseits die Stops als [- sonorant] beschreibt. Weil aber alle Glides als [+ sonorant] beschrieben werden, fallen [ʔ] und [h] bei Durand auch unter diese Klassifizierung. Lass[298] dagegen ordnet [ʔ] und [h] als Stop bzw. als Frikativ ein, weil in seiner Klassifizierung der Laute, wie er selbst konstatiert, keine Glides

---

[293] Vgl. Maas 1999, S. 224.
[294] Kohler 1994, S. 42.
[295] Wiese 1996, S. 23.
[296] Nach Durand (1990, S. 45) kann man sie als [-coronal, -anterior, -high, -back, +low] beschreiben.
[297] Durand 1990, S. 102f und 42.
[298] Lass 1984, S. 83.

möglich sind. Von seiner Beschreibung kann man ableiten, dass die [ʔ] und [h]-Laute [+ obstruent, + konsonant] sind.

[ʔ] und [h] können im Deutschen im Gegensatz zu anderen Konsonanten nicht ambisilbisch sein und auch keine Cluster mit anderen Konsonanten bilden. Sie können beide nur am Silbenanfang erscheinen, aber nicht vor [ə].

Der [ʔ]-Laut erscheint im Deutschen am Anfang einer betonten Silbe im absolutem Anlaut oder nach silbenschließendem Konsonant, wie in *anerkennen* [ʔan.'ʔɛɐ.kɛ.nən][299]. In intervokalischer Position ist der Glottal Stop fakultativ, da die Silbengrenze auch ohne ihn erkennbar bleibt. Meistens aber wird er im Deutschen an dieser Position realisiert. An dieser Stelle ist es sinnvoll, eine kurze Definition der prosodischen Einheit *Fuß* zu geben. Der Fuß ist die nächst größere phonologische Einheit nach der Silbe. Er kann aus einer oder mehreren Silben bestehen[300]. Ein Fuß besteht im Deutschen aus der betonten Silbe und allen folgenden unbetonten Silben vor dem nächsten Akzent[301]. Diese phonologische Einheit spielt eine große Rolle in der prosodischen Struktur des Deutschen und ist für einige Wortbildungsprozesse verantwortlich, u.a. auch die Distribution des nicht phonemischen [ʔ]-Lautes und des Phonems /h/: Das Phonem /h/ signalisiert immer einen Fußbeginn, weil es nie vor einer Reduktionssilbe vorkommt[302], das ist die Position, an der nie ein Fuß beginnt, weil eine schwache [ə]-Silbe nicht betont werden kann[303]. Ebenso verhält sich auch der Laut [ʔ][304].

---

[299] Vgl. Maas 1999, S. 224.
[300] Wiese 1996, S. 56f.
[301] Es gibt auch Ausnahmen, in denen die einzige Silbe eines Fußes unbetont ist. Diese heißen "pre-tonic" (Wiese 1996, S. 61) und bilden einen Fuß für sich. Beispiele: die erste Silbe bei *Idee* und *Antenne*. In anderen Sprachen können nach Spencers (1997, S. 176) allgemeinen Fußdefinition die unbetonten Silben vor und nach der betonten Silbe stehen.
[302] Man kann noch hinzufügen, dass im Deutschen selten onsetlose Reduktionssilben vorkommen wie z.B. in *Ruhe*. Im Gegensatz dazu stehen onsetlose Silben oft am Wortanfang und sind betont. Wenn also der [ʔ]-Laut als Onset einer sonst onsetlosen Silbe dienen kann, so kommt er im Deutschen fast automatisch vor einem betonten Vokal vor.
[303] Auch wenn eine Silbe im Wortinneren mit dem Phonem /h/ als Onset immer schwächer betont ist als die davor stehende Silbe und sie sogar so stark reduziert werden kann, dass das [h] elidiert wird, (z.B. [baːn.hoːf] vs. [baːnof]).
[304] Durch das Einfügen des [ʔ]-Lautes wird eine onsetlose Silbe vermieden. Wenn ein Konsonant in der Coda zu der folgenden Silbe resilbifiziert wird, ist der [ʔ]-Laut nicht mehr nötig (Wiese 1996, S. 59).

Nach Kohler[305] dagegen signalisiert der [ʔ]-Laut eine morphologische Grenze. Dabei kann theoretisch bei jeder Morphemgrenze auch ein Fuß beginnen, aber nicht vor jedem Fußbeginn befindet sich eine Morphemgrenze. Für die Beschreibung des Deutschen ist es sinnvoller und einfacher, von der Einheit Fuß auszugehen. Die phonologische Regel für das Vorkommen von [ʔ] lautet: an fußinitialer Position vor einem Vokal kommt der [ʔ]-Laut vor[306]:

ʔ-insertion:
Insert [ʔ] in: $_F[\underline{\qquad}$ [-consonantal]

4.6.1. Vorhersage für den Fremdsprachenunterricht

Die DaF-Lerner werden weniger Schwierigkeiten mit der Aussprache des [ʔ]-Lautes haben, der ausnahmsweise auch im Spanischen auftreten kann[307], als mit seiner Distribution. Sie wissen auf diesem Sprachniveau schon, dass im Deutschen anlautende Vokale mit dem Glottal Stop eingesetzt werden können. Die Fremdsprachler werden diesen Laut bewusst nach einer Pause einsetzen, denn hier ist das Bedürfnis, dem Nukleus ein Onset zu verleihen, groß. Da an dieser Position keine Prozesse wie Resilbifizierung oder Verschmelzung zweier Vokale stattfinden können, wird das Einfügen des [ʔ]-Lautes als Chance für ein Onset eingesetzt. An anderen Positionen werden die Deutschlerner vermutlich über andere Wege versuchen, wie zum Beispiel durch Resilbifizierung, dem Vokal ein Onset zu geben, aber nicht durch das Einfügen des [ʔ]-Lautes.

SpaF-Lerner werden durch Interferenz aus der Muttersprache gelegentlich den [ʔ]-Laut vor einem betonten Vokal einsetzen. Aber es ist ihnen bewusst, dass dieser Laut nicht zum spanischen Lautinventar gehört, und sie werden daher versuchen, die anlautenen Vokale auch schwach einzusetzen.

---

[305] Kohler 1995, S. 42ff.
[306] Aus Wiese 1996, S. 59.
[307] Siehe Quilis 1993, S. 68.

4.6.2. Empirischer Teil

Für die empirische Analyse bei den Fremdsprachlern ist eine Untersuchung nicht nur nach dem Vorkommen des glottalen Lautes in fußinitialer Position sinnvoll; sie sollte auch andere Kontexte und Parameter einbeziehen, z.B. die Positionen vor unbetonten Vokal[308], nach einer Sprechpause, am Anfang eines Morphems, aber auch die mögliche Abhängigkeit von der Position innerhalb eines Wortes, von der Art des Folgevokals und von der Sprechgeschwindigkeit. Denn, wie schon erwähnt, es wird vermutet, dass die Fremdsprachler Distribution des Lautes nicht überblicken. Nur so kann festgestellt werden, vor welchen Vokalen und nach welchen Parametern die Fremdsprachler tatsächlich glottalisieren.

4.6.2.1. Der [ʔ]-Laut bei DaF-Lernern

Für die empirische Untersuchung argentinischer Deutschlerner wurden die Aufnahmen von insgesamt sechs Informanten analysiert: drei in Deutschland und drei in Argentinien. Das Korpus besteht aus insgesamt 618 Fällen von anlautendem Vokal im fortlaufenden Text, davon 600 am Wortanfang (100 pro Sprecher). Bei den restlichen 18 Fällen handelt es sich um anlautende Vokale innerhalb eines Wortes. Alle Informanten haben den Glottal Stop als eine sehr schwache Glottalisierung realisiert.
Die Ergebnisse von beiden argentinischen Gruppen (Argentinier in Deutschland=AD, Argentinier in Argentinien=AA) weisen große Unterschiede auf, die gegebenenfalls in der folgenden Auswertung differenziert angegeben werden.
Als Verglichsmaterial werden die empirischen Untersuchungen von Kohler[309] und Krech[310] zur Glottalisierung bei Muttersprachlern vorgestellt[311].

---

[308] Kohler 1995, S. 168, nennt Kontexte, in dennen der Glottal Stop erscheinen kann: an der Morphemgrenze, zwischen zwei Vokalen, wenn der erste von ihnen unbetont ist, nach einer Sprechpause vor betontem oder unbetontem Vokal.
[309] Kohler 1994.
[310] Krech 1968.
[311] Diese beiden Arbeiten divergieren stark voneinander, da sie sich in ihrer Methode, Sprechergruppe und Ausgangspunkten unterscheiden. Die Untersuchung von Krech (1968) ist Teil der Ermittlungen der deutschen Hochsprache für die Vorbereitung des "Wörterbuchs der deutschen Aussprache". Die Informanten sind hauptsächlich Schauspieler und Rundfunksprecher, die frei von regionalen Färbungen ihren Beruf ausüben. Die Auswertung ist hier "ein objektiv-subjektives Verfahren, das es ermöglicht, mit apparate-technischen Hilfsmitteln eine größere Eindeutigkeit auditiv gewonnener Ergebnisse zu erlangen" (Krech 1968, S. 18f). Bei dieser Untersuchung werden nur die eindeutig festen Vokaleinsätze als Glottalisierung gezählt, also nicht gepresste, geknarrte oder undichte Einsätze (Krech 1968, S. 25). Im

a) Gesamtkorpus:
Von allen 306 untersuchten Fällen der Gruppe argentinischer Informanten in Argentinien fand in 37% eine Glottalisierung statt. Bei der Gruppe in Deutschland dagegen war dies bei 25% der 313 untersuchten Fälle. Durchschnittlich findet also in knapp einem Drittel aller untersuchten Beispiele eine Glottalisierung statt.

b) Glottalisierung an fußinitialer Position und vor unbetontem Vokal:
Es wird zunächst festgestellt, dass es sich in 581 der untersuchten Fällen (aus dem gesamten Korpus von 618 Fällen) um anlautende betonte, also fußinitiale, Vokale handelt. Eine Glottalisierung fand durchschnittlich vor 32% dieser akzentuierten Vokale statt. Als Vergleich dazu findet bei deutschen Muttersprachlern nach Krech[312] eine Glottalisierung in etwa 55%[313] aller betonten, vokalisch anlautenden Silben statt.

Anders betrachtet fanden 97% aller realisierten Glottalisierungen seitens der Fremdsprachlern an fußinitialer Position statt. Also glottalisieren die Informanten in 3% der Fälle auch unbetonte Vokale (z.B. bei *alleine*). Dies ist nach Kohler[314] und Krech[315] auch bei den deutschen Muttersprachlern möglich.

Zusammenfassend heisst das, dass die argentinischen Deutschlerner nur ein Drittel der fußinitialen Vokale glottalisieren. Von allen Glottalisierungen, die sie realisieren, findet die große Mehrheit vor einem betonten Vokal statt.

Gegensatz dazu werden bei der Untersuchung von Kohler (1994) alle Arten von glottaler Aktivität - Glottal Stop und Glottalisierung - berücksichtigt. Die Informanten sprechen bei dieser Untersuchung auch dialektfrei, aber es werden Texte in umgangssprachlicher Weise vorgelesen (Kohler 1994, S. 39). Die Auswertung erfolgt nicht auditiv, sondern phonetisch (Computer).
[312] Krech 1968, S. 35.
[313] Es handelt sich hier ausschließlich um den "echten" Glottal Stop, der in 58% der hauptbetonten Silben und 53% der nebenbetonten Silben vorkommt. In den hauptbetonten Silben kommen laut Krech (1968, S. 35) zusätzlich in 13% der Fälle "pathologische Einsätze" oder geknarrte Glottischschläge vor. In den nebenbetonten Silben sind es 10% der Fälle.
[314] Nach Kohler (1994, S. 42) glottalisieren die deutschen Muttersprachler durchschnittlich 70% der unbetonten anlautenden Vokale (siehe auch Fußnote 308).
[315] Nach Krech (1968, S. 35) glottalisieren die deutschen Muttersprachler 36,5% unbetonter anlautender Vokale.

c) Glottalisierung im Wortinneren:

Es kommen achtzehn Fälle mit anlautendem Vokal im Wortinneren vor[316]. Bei fünfzehn davon handelt es sich um einen betonten, anlautenden Vokal. Nur bei sechs von ihnen (40%) findet eine Glottalisierung statt (eine bei AA und fünf bei AD). Bei den drei unbetonten Fällen findet keine Glottalisierung statt. Als Vergleich kann man an dieser Stelle die Statistik von Kohler[317] über deutsche Muttersprachler erwähnen, nach der an wortinterner Position vor einem betonten Vokal in 77% der Fälle Glottalisierung[318] stattfindet.

d) Glottalisierung am Wortanfang:
nach einer Sprechpause

Bei den Informanten in Deutschland wird in 19% von 71 untersuchten Fällen von Vokal im absoluten Wortanfang nach einer Pause eine Glottalisierung realisiert. Die Sprecher in Argentinien dagegen glottalisieren mehr als die Hälfte (53%) von den 93 untersuchten Vokalen am Wortanfang nach einer Pause.
Nach den statischen Daten von Kohler[319], für den im Deutschen die Glottalisierung nach einer Pause viel gewöhnlicher als ihre Elision ist, findet bei den deutschen Muttersprachlern in 85% der Fälle *im Kontext am Wortanfang nach Pause und vor betontem Vokal* eine Glottalisierung statt, nach Krech[320] geschieht dies in 60% der Fälle.

ohne Sprechpause:

Insgesamt werden 434 Beispiele im Kontext *an der Wortgrenze vor Vokal und ohne Sprechpause* untersucht. In diesem Kontext kann der Übergang zwischen beiden Wörtern aus einer Folge von zwei Vokalen oder aus einem auslautendem Konsonanten und einem anlautendem Vokal bestehen. Durchschnittlich findet eine Glottalisierung in 29% der Fälle bei beiden Gruppen statt..
- Bei den untersuchten Folgen zweier Vokale im Kontext *zwischen zwei Wörtern und ohne Pause* fand bei den argentinischen Deutschlernern in 26% der Fälle

---

[316] Diese Wörter, die sich bei den Interviews gelegentlich wiederholen, sind: Betont und ohne Morphemgrenze: *Theater*; Betont nach einer Morphemgrenze:, *Beobachtung, Diplomarbeit, einundachtzig, gearbeitet, geendet, gegenüber, geöffnet, Südafrika, verändert;* Unbetont nach einer Morphemgrenze: *anerkannt, fünfeinhalb, , hintereinander.*
[317] Kohler 1994, S. 42.
[318] Kohler (1994) unterscheidet in seiner Untersuchung zwischen dem "normalen" glottalen Verschluß, einem langen glottalen Verschluß und der Glottalisierung. Da in der vorliegenden Untersuchung nur zwischen Glottalisierung - in allen ihren Stufen und Intensitäten - und ihre Nicht-Realisierung unterschieden wird, werden die Ergebnisse von Kohler auch auf dieser Weise interpretiert.
[319] Kohler 1994, S. 42.
[320] Krech 1968, S. 49.

und immer vor betontem Vokal, eine Glottalisierung statt, so z.B. bei der Wortfolge *eine andere*. Im Vergleich dazu und nach Kohlers[321] Statistik zu den deutschen Muttersprachlern findet in diesem Kontext (zwischen Vokale, vor betonten Vokal) in 95% der Fälle eine Glottalisierung statt. Laut Krech[322] nur in 28,8% der Fälle, wobei sie nicht angibt, ob es sich um betonte Vokale handelt.

♦ Bei den untersuchten Folgen Konsonant-Vokal im Kontext *zwischen zwei Wörtern und ohne Pause* fand bei den argentinischen Informanten in 28% der Fälle, immer vor betontem Vokal, eine Glottalisierung statt, wie z.B. bei der Wortfolge *er unmöglich*. Auch in diesem Kontext ist der Unterschied zu den deutschen Muttersprachlern groß, denn bei diesen findet laut Kohler[323] in 96% der Fälle eine Glottalisierung statt. Krech[324] dagegen spricht von einer Spanne zwischen 22,75 und 46,8%, je nach Konsonant. Sie selber behauptet aber, dass der vorausgehende Laut kaum einen Einfluss auf die Glottalisierung hat.

e) Glottalisierung je nach Vokalart:
Laut Kohler[325] kommen die meisten Glottalisierungen im Deutschen vor dem Vokal /a/, am seltensten vor den Vokalen /i/, /u/ und /y/ vor. In Anlehnung an diese Feststellung wird hier untersucht, ob die argentinischen Fremdsprachler auch je nach Vokalart unterschiedlich oft glottalisieren, also ob eine Beziehung zwischen der Frequenz der Glottalisierungen und Vokalart besteht. Die Ergebnisse zeigen, dass es zunächst einen Unterschied gibt, je nach Kontext *nach Sprechpause* oder *ohne Pause*. Daher werden die Daten getrennt je nach Kontext und Vokalart dargestellt, wobei hier Quantität und Qualität der Vokale nicht berücksichtigt werden, weil die Fremdsprachler den Unterschied nicht immer erfassen[326]. In den folgenden Tabellen werden kurze und lange, gespannte und ungespannte Vokale durch ein einziges Zeichen transkribiert, z.B. /i/ für /i:/ und /I/. Da jeder Vokal unterschiedlich oft vorkommt, wird hier untersucht, wie oft, z.B. im Teilkorpus [a], glottalisiert wird. Der angegebene Prozentsatz zeigt also an, wieviele von jedem jeweils vorkommenden Vokal glottalisiert werden. Dadurch kann festgestellt werden, bei welchen Vokalen die Glottaliserungsfrequenz höher und bei welchen sie tiefer liegt.

---

[321] Kohler 1994, S. 42.
[322] Krech 1968, S. 59.
[323] Kohler 1994, S. 42.
[324] Krech 1968, S. 52 und 58.
[325] Kohler 1995, S. 168.
[326] Siehe Kapitel *Dauer der Vokale*, S. 152.

nach einer Sprechpause
Für diese Untersuchung der Glottalisierungsfrequenz je nach Vokalart, werden nur die betonten Vokale nach einer Pause herangezogen, da das Vorkommen einer Glottalisierung vor unbetonten Vokal nach einer Sprechpause extrem selten ist (bei den Wörtern *Agraringenieur* und *exotisch)*. Die Vokale /o/, /y/ und /ø/ kommen viel zu selten vor, um hier berücksichtigt werden zu können.
Wie in der Tabelle der Spalte *Korpus* zu entnehmen ist, kommt jeder Vokal unterschiedlich oft vor. Daher wird, wie schon erwähnt, der Prozentsatz aus dem Korpus jedes einzelnen Vokals errechnet. Erst die Prozentsätze können miteinander verglichen werden.

Vokal	Deutschlerner in Deutschland	Korpus	Deutschlerner in Argentinien	Korpus
a	6 (28%)	21	19 (67%)	28
e	1 (9%)	11	9 (52%)	17
i	2 (11%)	18	7 (53%)	13
u	5 (24%)	21	14 (43%)	32

Tabelle 23: Häufigkeit der Glottalisierung bei jedem einzelnen der Vokalen nach einer Sprechpause im Teilkorpus AD und AA.

Die Ergebnisse sind für beide Gruppen sehr unterschiedlich. Nicht nur die Höhe der Prozentsätze, sondern auch, abgesehen von [a], die Präferenzen für die Artikulation von [ʔ] vor den Vokalen [e], [i] und [u] sind bei beiden Fremdsprachlergruppen sehr unterschiedlich. Beide Gruppen bevorzugen eine Glottalisierung vor [a], denn bei den Sprechern in Deutschland wird fast jedes dritte [a] glottalisiert, bei den Sprechern in Argentinien dagegen ist dies in zwei Dritteln aller vorkommenden [a] der Fall. Bei beiden Lernergruppen ist die Frequenz der Glottalisierungen vor [e] und [i] praktisch gleich hoch. Nur während die Informanten in Argentinien jedes zweite [e] und [i] glottalisieren, wird bei den Sprechern in Deutschland nur jedes zehnte [e] bzw. [i] glottalisiert.

In bezug auf [u] wird festgestellt, dass die Sprechergruppe in Deutschland nur jeden vierten dieser Vokale glottalisiert, während es bei den Informanten in Argentinien knapp jeder zweite ist. So ist die Präferenzfolge bei den Deutschlernern in Argentinien [a, i, e, u], bei denen in Deutschland [a, u, i, e]. Keine dieser beiden Präferenzfolgen entspricht der von Kohler genannten (s.o.).

ohne Sprechpause
Betrachtet man jeden einzelnen der Vokale im Kontext *ohne vorausgehende Pause* und die Häufigkeit mit der er glottalisiert wird, kann man feststellen, dass es auch hier große Unterschiede zwischen beiden Gruppen gibt[327].

Vokal	Deutschlerner in Deutschland	Korpus	Deutschlerner in Argentinien	Korpus
a	32 (40,5%)	79	18 (28,5%)	63
e	4 (20%)	20	30 (49%)	61
i	15 (19,5%)	77	10 (20%)	50
u	11 (24%)	46	3 (12,5%)	24

Tabelle 24: Häufigkeit der Glottalisierungen bei jedem einzelnen der Vokale ohne Sprechpause, im Teilkorpus AA und AD

Wie die Tabelle zeigt, realisieren die Sprecher in Deutschland in diesem Kontext relativ oft eine Glottalisierung vor [a] und nur halb so oft vor [e], [i] und [u]. Die Deutschlerner in Argentinien dagegen glottalisieren jedes zweite betonte [e] ohne Pause. Ansonsten findet erst bei etwa jedem dritten [a] und jedem fünften [i] und jedem achten [u] eine Glottalisierung statt. In diesem Fall ist die Präferenzfolge für die Informanten in Argentinien [e, a, i, u], für die in

---

[327] Obwohl die Daten für die einzelnen Sprecher stark schwanken, entsprechen sie immer der Tendenz ihrer jeweiligen Gruppe (AA oder AD).

Deutschland [a, u, e, i]. Auch hier entspricht keine von beiden der von Kohler angegebenen Präferenzfolge für deutsche Muttersprachler.

f) Glottalisierungen je nach Sprechtempo und je nach Konsonantenart:
Obwohl die sprachlich leicht schwächeren Informanten nur bei einem langsamen und überlegten Sprechen die Vokale glottalisieren, kann man nicht davon ausgehen, dass das Sprechtempo einen Einfluss auf die Frequenz der Glottalisierungen bei Deutschlernern hat.
Ebenso scheint der vorausgehende Konsonant keinen Einfluss auf die Glottalisierung zu haben, da diese nach allen möglichen Konsonanten - an der Wortgrenze oder wortintern - gleich oft realisiert wird.

Diese Untersuchung zeigt, dass die argentinischen Deutschlerner weder phonetische noch Distributionsschwierigkeiten mit dem [ʔ]-Laut haben, aber ihn jedoch viel seltener gebrauchen als die deutschen Muttersprachler. Dass fast ausschließlich an fußinitialer Position glottalisiert wird, ergibt sich aus dem deutschen Akzentmuster, da die meisten Wörter, die bei den Interviews vorkommen (meistens Ein- oder Zweisilbler), anfangsbetont sind.
Es wird festgestellt, dass die Fremdsprachler in allen untersuchten Kontexten, also *wortintern* und *wortinitial mit- und ohne Pause (zwischen Vokalen und zwischen Konsonant-Vokal)* gleich oft den Vokal glottalisieren. Durchschnittlich geschieht dies in 33% der Fälle. Der Kontext, der dem Vokal vorausgeht, spielt keine Rolle in der Frequenz der Glottalisierungen.
Im Durchschnitt finden die meisten Glottalisierungen vor einem [a]-Laut statt. Die Daten für die weiteren vier untersuchten Vokale schwanken sehr. Die Daten für die Deutschlerner in Deutschland und in Argentinien sind nicht homogen.

Kohlers Behauptung, dass der Glottal Stop an der Morphemgrenze auftritt, kann weder bestätigt noch widerlegt werden, da es sich bei allen untersuchten Beispielen, bis auf eine einzige Ausnahme (*Theater*), um Vokale an der Morphemgrenze handelt.

4.6.2.2. Der [ʔ]-Laut bei SpaF-Lernern

Deutsche Spanischlerner müssen lernen, den weichen, vokalischen Silbeneinsatz bewusst zu gebrauchen. Ihre Aussprache findet - durch Interferenzen aus der Muttersprache - oft im hinteren Teil des Mundraums oder im Rachen statt, was nicht der spanischen Norm entspricht.

Für die empirische Untersuchung an Deutschen in Argentinien und Deutschen, die Spanisch in Deutschland lernen, wurden die Aufnahmen von insgesamt sechs Informanten analysiert. Das Korpus bestand aus insgesamt 606 Fällen von anlautendem Vokal im fortlaufenden Text, davon 600 am Wortanfang (100 pro Informant), und aus nur sechs Fällen mit anlautendem Vokal im Wortinneren. Der Glottal Stop wurde in manchen Fällen als eine schwache Glottalisierung artikuliert, manchmal als ein totaler Verschluss, je nach Sprecher. In der Auswertung wird die Bezeichnung *Glottalisierung* für jede Art von glottaler Aktivität vor einem Vokal benutzt.

Obwohl die Informanten, die Spanisch in Argentinien lernen, etwas öfter die Glottalisierung benutzt haben, als die Informanten in Deutschland, kann man die Ergebnisse für beide Gruppen zusammen folgendermaßen darstellen:

a) Gesamt Korpus:
In über 19% der 606 untersuchten Fälle fand eine Glottalisierung statt.

b) Glottalisierung an fußinitialer Position und bei unbetonten Vokalen:
Bei der Untersuchung der Glottalisierung in fußinitialer Position wurde festgestellt, dass es sich in 319 Fällen (aus dem gesamten Korpus von 606 Fällen) um einen anlautenden, betonten Vokal, also einen Vokal an fußinitialer Position[328], handelt. Eine Glottalisierung fand vor über 27% dieser fußinitialen Vokale statt.
Von allen realisierten Glottalisierungen fanden über 76 % in fußinitialer Position statt, die restlichen 24% in unbetonter Position (z.B. bei *amigo* [²a'mi.go] (Freund)).

---

[328] Weil das Akzentmuster im Spanischen eher kodachron ist, sind oft die hinteren und nicht wie im Deutschen die ersten Silben im Wort betont.

c) Glottalisierung im Wortinneren:
Es kommen nur sechs Fälle mit anlautendem Vokal im Wortinneren[329] vor, und bei keinem findet Glottalisierung statt, obwohl es sich in vier Beispielen um fußinitiale Vokale handelt.

d) Glottalisierung am Wortanfang:
nach einer Sprechpause
Von den 104 untersuchten Fällen im Kontext *vor Vokal nach einer Pause* findet eine Glottalisierung vor 45% der Vokale statt. In 82% dieser glottalisierten Vokale handelt es sich um einen betonten Vokal (Haupt- oder Nebenbetonung).

ohne Sprechpause:
Es wurden 496 Fälle an der *Wortgrenze vor Vokal und ohne Sprechpause* untersucht. Dabei fand eine Glottalisierung in 17% der Fälle statt (davon in 74% der Fälle betontem Vokal).
- Bei den untersuchten Folgen zweier Vokale zwischen zwei Wörtern ohne Pause gab es in 18% der Fälle eine Glottalisierung vor dem zweiten Vokal[330], davon in 77% der Fälle vor betontem Vokal (Haupt- oder Nebenbetonung), z.B. bei *una organización* (eine Organisation).
- Bei den untersuchten Folgen *Konsonant-Vokal zwischen zwei Wörtern ohne Pause* gab es in 10% der Fälle eine Glottalisierung, davon in 70% der Fälle vor betontem Vokal (Haupt-oder Nebenbetonung), z.B. bei *los **hombres*** (die Männer).

e) Glottalisierung je nach Vokalart:
Wenn jeder einzelne Vokal und die Rate der Glottalisierung beobachtet werden, so zeigen sich unterschiedliche Ergebnisse, je nachdem, ob es sich um den Kontext *nach Sprechpause* handelt oder nicht. Da jeder Vokal unterschiedlich oft vorkommt, wird hier untersucht wie oft, z.B. im Teilkorpus [a], glottalisiert wird. Diese Vorgehensweise entspricht insofern der Methode, die bereits im Unterkapitel *der [ʔ]-Laut bei DaF-Lernern (Glottalisierung je nach Vokalart)* (S. 139) Anwendung fand.

---

[329] Zwei Glottalisierungen vor betontem Vokal nach der Morphemgrenze: *cumpleaños, leer* (Geburtstag, lesen), zwei vor unbetonten Vokal nach der Morphemgrenze: *Sudamérica, Latinoamérica* (Südamerika, Lateinamerika), und zwei vor betontem Vokal ohne Morphemgrenze: *ahora, toallas* (jetzt, Handtücher).
[330] Die drei Informanten mit der schlechteren Aussprache haben die Glottalisierung als Mittel benutzt, zwei aufeinanderfolgende Vokale zu trennen.

nach einer Sprechpause
Hier werden nur die drei Vokale untersucht, die bei den Interviews am Häufigsten vorkommen: [a], [e] und [i]. In der folgenden Tabelle werden, wie schon erwähnt, die Prozentsätze für jeden einzelnen Vokal angegeben. Wie aus der Spalte *Korpus* zu entnehmen ist, kommt jeder Vokal unterschiedlich oft vor:

Vokal	Häufigkeit der Glottalisierung	Korpus
a	13 (52%)	25
e	24 (45%)	53[331]
i	3 (21%)	14

Tabelle 25: Häufigkeit der Glottalisierung bei jedem einzelnen der Vokalen nach Pause[332].

Die Vokale [a] und [e] werden mit ähnlicher Frequenz glottalisiert. Praktisch jeder zweite von ihnen wird nach einer Sprechpause glottalisiert. Bei [i] ist eine Glottalisierung dagegen viel seltener zu beobachten. In fast der Hälfte der Fälle von Glottalisierung (43%) handelt es sich um unbetonte Vokale.

ohne Sprechpause
Auch hier werden nur die Vokale untersucht, die bei den Interviews am häufigsten vorkommen, in diesem Fall [a], [e], [i] und [u]. In der folgenden Tabelle werden, wie schon erwähnt, die Prozentsätze für jeden einzelnen Vokal angegeben.

---

[331] Man muß bedenken, dass der Vokal [e] sehr oft im Spanischen am Anfang eines Wortes und auch am Anfang einer Aussage vorkommt, z.B. in allen konjugierten Verbformen (Präsens und Präteritum) von *estar* (sein), einigen Formen von *ser* (sein), Pronomen *el* (er), *ellos, ellas* (sie, Plural maskulin und feminin), *éste, ésta* (dieser, diese) *eso, esa* (dieser, diese), Artikel *el* (der), die Präposition *en* (in), das Adverb *entonces* (dann), und auch in mehreren Substantiven. Diese Worte haben zudem eine hohe Gebrauchsfrequenz.
[332] /o/ und /u/ kommen hier zu selten vor, um berücksichtigt zu werden.

Vokal	Häufigkeit der Glottalisierung	gesamt Korpus
a	36 (23%)	156
e	13 (6%)	202
i	8 (16%)	55
u	6 (10%)	62

Tabelle 26: Häufigkeit der Glottalisierung bei jedem einzelnen der Vokale ohne Pause.

Im Vergleich zu der *Glottalisierung vor Vokal nach einer Sprechpause* (Tabelle 25) kann man hier beobachten, dass diese bei [a] und [i] nur halb so oft stattfindet: Knapp jedes vierte [a] und jedes sechste [i] wird glottalisiert. Bei [e] ist der Prozentsatz der Glottalisierungen im Vergleich zum Kontext *nach Pause* sehr niedrig.

f) Glottalisierungen je nach Sprachtempo und je nach Konsonantenart:
Das Sprachtempo hat bei den Spanischlernern keinen Einfluss auf die Frequenz der Glottalisierungen. Ebenso scheint der vorausgehende Konsonant in der Folge Konsonant-Vokal keinen Einfluss auf die Glottalisierung zu haben, da diese nach [n] und [s] - an der Wortgrenze oder wortintern - gleich oft realisiert wird. Andere Konsonanten kommen im spanischen Auslaut sehr selten vor.

Diese Untersuchung zeigt, dass die deutschen Spanischlerner den [ʔ]-Laut im Spanischen auch verwenden, aber nicht in den gleichen Kontexten wie im Deutschen. Die drei Parameter, die im Deutschen meistens zusammenfallen, nämlich die Kontexte *fußinitial*, *nach Pause* und *Morphemgrenze* fallen im Spanischen nicht so oft zusammen. Die Betonung, die im Spanischen eher auf die letzten Silben im Wort fällt, verursacht, dass der Kontext *nach Pause* oft von einem unbetonten Vokal besetzt ist. Man kann beobachten, dass die Glottalisierung bei den SpaF-Lernern oft an fußinitialer Position, aber auch an unbetonter Position vorkommt. Am meisten wird die Glottalisierung nach einer Sprechpause realisiert, auch wenn der Vokal unbetont ist. Die Notwendigkeit den Vokal im absoluten Anlaut einzuleiten, scheint hier wichtiger zu sein, als nur *fußinitiale* Vokale zu glottalisieren. Im Kontext *ohne Pause* dagegen werden hauptsächlich fußinitiale

Vokale glottalisiert. Alle realisierten Glottalisierungen finden an der Morphemgrenze statt.
Auch hier kann man beobachten, dass bei allen untersuchten Parametern die meisten Glottalisierungen vor einem [a]-Laut stattfinden.

4.6.3. Zusammenfassung und Interpretation

Übereinstimmend mit Kohler[333] zeigt die vorliegende Untersuchung, dass in beiden Fremdsprachlergruppen die meisten Glottalisierungen vor dem [a]-Laut stattfinden. Da aber vor [e] und [u] auch relativ oft glottalisiert wurde, jedoch kaum vor [o], korreliert die Häufigkeit der Glottalisierungen kaum mit dem Öffnungsgrad der Vokale.

Auch zusammenstimmend mit Kohler[334] ergibt sich, dass die Glottalisierung am Morphemanfang vorkommen kann, da sie bei den hier untersuchten Fällen immer am Wortanfang, an der Wort- oder Morphemgrenze bei Komposita, und zwischen Präfix und Stamm auftritt. Hierbei fällt jedenfalls auf, dass zumeist betonte anlautende Vokale, also Vokale an fußinitialer Position involviert sind. Daher kann man behaupten, dass die meisten Glottalisierungen bei beiden Fremdsprachlergruppen an fußinitialer Position, nach einer Sprechpause und vor dem [a]-Laut stattfinden.

Anders als in der Vorhersage erwartet, muss festgestellt werden, dass die argentinischen DaF-Lerner die Glottalisierung meistens an fußinitialer Position einsetzen, denn aufgrund der Akzent- und Silbenmuster des Deutschen haben sie kaum eine Möglichkeit, die Glottalisierung an einer anderen Position auszusprechen. Dies bedeutet aber auch nicht, dass diese Fremdsprachenschüler den Fuß als prosodische Einheit wahrnehmen. Wie erwartet, findet bei diesen Sprechern die Glottalisierung zumeist nach einer Sprechpause statt, denn dadurch wird den Silben, die an dieser Position kein Onset durch Resilbifizierung oder Vokalverschmelzung erreichen könnten, ein Onset gegeben. Dies entspricht im übrigen der universellen Tendenz zur Bildung von Silben, die durch ein Onset eingeleitet werden, und auch der idealen Silbenstruktur für die Rhythmusbildung

---

[333] Kohler 1995, S. 168.
[334] Kohler 1995, S. 168.

im Spanischen. Obwohl es sich um einen neuen Laut handelt, ist die phonetische Realisation des Lautes korrekt.

Die deutschen Spanischlerner dagegen werden oft mit anlautenden Vokalen konfrontiert, die betont oder unbetont sein können. Sie artikulieren, wie vorhergesagt und wie aus der Untersuchung hervorgeht, den [ʔ]-Laut oft an fußinitialer Position. Dies geschieht hauptsächlich nach einer Sprechpause oder gelegentlich, wie in Fußnote 330 erwähnt, als phonotaktische Aushilfe bei unbekannten Lautfolgen.

Es ist erstaunlich, dass sowohl bei den Spanisch- wie auch bei den Deutschlernern immer die Gruppe, die sich im Land der Zielsprache befand, mehr Interferenzen aus der Muttersprache in bezug auf den [ʔ]-Laut aufweist als die Gruppe im eigenen Heimatland.

4.7. Konsonantentilgung im Spanischen

In der Porteño-Varietät können die intervokalischen Konsonanten /d, b, g/ innerhalb eines Wortes, in sehr seltenen Fällen auch über die Wortgrenze hinweg, abgeschwächt werden. Der vokalische Kontext, in dem sich der Konsonant befindet, spielt bei der Abschwächung eine große Rolle, denn am meisten findet diese statt, wenn der Vokal vor und nach dem Konsonanten derselbe ist, unabhängig von der Betonung (s.u. Beispiel 1.). Wenn die Vokale verschieden sind, ist der erste von ihnen meistens nicht betont[335]. Die Abschwächung ist graduell und kann, je nach Sprachtempo[336], bis zu der totalen Elision führen, wie etwa in:

1. *trabajo* (Arbeit)   [tɾaβ'axo] → [tɾa'axo]
2. *cadena* (Kette)   [kað'ena] → [ka'ena]

Dieser Tilgungsprozess entspricht eigentlich nicht der Präferenz für CV-Silben des Spanischen und der universellen Tendenz, da der vorhandene Onset elidiert wird. Es handelt um einen sprachspezifischen Prozess des Spanischen, der diachron entstehen konnte, weil einerseits das Vokalsystem sehr stabil ist, und weil andererseits die Konsonanten /d, b, g/ im Spanischen abschwächungsfähig sind[337].

Ein weiterer Fall von Konsonantentilgung ergibt sich bei der Folge von zwei gleichen, heterosyllabischen Konsonanten. Beide Konsonanten werden dann zu einem einzigen Konsonanten reduziert, der die Funktion des Onsets übernimmt, wie z.B. in *el loro* (der Papagei) [e.'lo.ɾo][338]. Dies entspricht der universellen Tendenz zur Bildung von CV-Silben, da die erste Silbe geöffnet wird und die zweite weiterhin von einem Onset eingeleitet wird.

---

[335] Vgl. Contreras/Lleó 1982, S. 49.
[336] Siehe auch Dauer 1983, S. 57f.
[337] Dieser Abschwächungsprozess hängt mit der Abschwächung von Konsonanten im Übergang vom Latein zum Spanischen sehr eng zusammen, bei dem ein geminierter, stimmloser Obstruent (z.B. /tt/) zu einem einfachen stimmlosen Obstruent wurde (/t/), dieser einfache stimmlose Obstruent zu einem stimmhaften (/d/), dieser wiederum wird frikativiert (/ð/) und kann schließlich elidiert werden (Hooper 1976, S. 201ff, Contreras/Lleó 1982, S. 49 und Harris-Northall 1990, S. 6ff).
[338] Vgl. Quilis 1993, S. 375f.

4.7.1. Vorhersage für den Fremdsprachenerwerb

Die deutschen Spanischlerner werden sich dem Prozess der Konsonantentilgung, der spezifisch für das Spanische ist, nicht anschließen. Denn sie werden wie in ihrer Muttersprache keine Konsonanten durch Frikativierung abschwächen und schon gar nicht elidieren. Und gemäß der universellen Tendenz werden die Informanten den Onset einer wohlgeformten Silbe nicht wegfallen lassen.

Die argentinischen Lerner werden im Deutschen die intervokalischen Konsonanten wie in ihrer Muttersprache als Frikative aussprechen. Eine Elision der Konsonanten in der Fremdsprache wäre auszuschließen, da die Sprecher sich bewusst sind, dass diese Tilgung ein Merkmal der Umgangssprache der Porteño-Varietät ist. Der Tilgungsprozess kann in der Muttersprache in einem gehobenen Sprachstil bewusst vermieden werden, also können auch in der Fremdsprache, in der dieser Prozess nicht üblich ist, die Konsonanten ausgesprochen werden.

4.7.2. Konsonantentilgung in Spanisch als Fremdsprache

Die intervokalische Konsonantentilgung ist für deutsche SpaF-Lerner nicht einfach zu erlernen. Im Deutschen und allgemein universell besteht die Tendenz, den Onset einer Silbe zu bewahren. Im Spanischen aber ist Tendenz zur Abschwächung der o.g. Konsonanten sehr stark ausgeprägt.

Für diese Untersuchung wurden in den Aufnahmen von vier deutschen Sprechern die intervokalischen Laute /d, b/[339] (nur wortintern) analysiert. Zu jedem Konsonant wurden jeweils 12 Fälle untersucht, also insgesamt 48 für /d/ und 48 für /b/, wie z.B. *todo* (alles), *trabajaba* (arbeitete) oder *universidad* (Universität). Ergebnis: Die Sprecher elidieren in keinem der 96 Fälle den Konsonant. Sie sprechen den Konsonanten auch nicht "extrem schwach" aus, sondern er wird immer als [d], bzw, [b] ausgesprochen, in sehr seltenen Fällen auch als stimmloser Konsonant.

Eine Untersuchung bei einem argentinischen Muttersprachler, bei der insgesamt 50 Beispiele analysiert wurden, ergab, dass der Konsonant zwischen zwei gleichen Vokalen in 70 % der Fälle elidiert wird, wenn der erste von beiden betont ist (bei dieser Untersuchung kommen in diesem Kontext fast ausschließlich /a/ und /o/ vor). Wenn die Vokale verschieden sind und der erste von ihnen nicht betont ist,

---

[339] Intervokalisches /g/ kommt zu selten vor.

wird der Konsonant in 55% der Fälle elidiert. In anderen Kontexten wird der Konsonant immer als Frikativ [β] und [ð] ausgesprochen, wenn auch manchmal nur sehr schwach.

4.7.3. Konsonantentilgung in DaF

Es werden in den Aufnahmen von drei Deutschlernern 20 Beispiele von intervokalischen Konsonanten /b/ und /d/) untersucht, wie z.B. in *über, habe, neben*. Die argentinischen Deutschlerner sprechen, wie aus der Untersuchung hervorgeht, wortinterne intervokalische /d/ und /b/ im Deutschen immer aus (als Vergleich zu *Konsonantentilgung im Spanischen*). Wenn auch manchmal nur sehr schwach, meistens als Frikativ [β] bzw. [ð] (95% der Fälle). Der sprachspezifische Prozess des Spanischen, Konsonanten zu elidieren, wird also in der Fremdsprache nicht angewendet.

4.7.4. Zusammenfassung und Interpretation

Die argentinischen Deutschlerner elidieren die deutschen intervokalischen Konsonanten tatsächlich nicht, aber diese werden meistens durch Frikativierung abgeschwächt. Dadurch entsprechen sie der universellen und der deutschen Tendenz, keine Konsonantenelision vor Vokal zuzulassen. Die Interferenz aus der Muttersprache ist aber stark genug, um diese Konsonanten abzuschwächen.

Die deutschen Spanischlerner nehmen keine Konsonantentilgung vor, da dieser Prozess ein spezifisch spanischer ist, und weder der deutschen noch der universellen Tendenz entspricht.
Der Prozess der intervokalischen Konsonantentilgung passt weder zu den Eigenschaften eines silbenzählenden Rhythmus, bei dem alle Laute qualitativ und quantitativ vollständig vorhanden sind, noch zu den Eigenschaften eines akzentzählenden Rhythmus, bei dem Abschwächungen prinzipiell bei unbetonten Silben vorgenommen werden.

Die folgenden drei Phänomene, *Dauer der Vokale, Elision des [ə]-Lautes* und *Synalöphe und Synärese*, betreffen den Silbennukleus. Dieser verhält sich - wie der folgende Auszug aus Tabelle 1 (siehe S. 13) - bei akzentzählenden Sprachen unterschiedlich, je nachdem ob die Silbe betont ist oder nicht. Bei silbenzählenden Sprachen dagegen ist der Nukleus stabil.

prototypische akzentzählende Sprachen	protoypische silbenzählende Sprachen
jede unbetonte Silbe wird qualitativ und quantitativ reduziert	Reduktionen finden nicht statt. Jede Silbe ist sowohl qualitativ als auch quantitativ vollständig vorhanden
Vokalsystem im Nebenakzent reduziert, keine Vokalharmonie möglich	Vokalsystem stabil und Vokalharmonie möglich

4.8. Die Dauer der Vokale

Phonetisch betrachtet werden Vokale unterschiedlich kurz oder lang ausgesprochen. Es handelt sich hier nicht um ein phonologisches Merkmal, sondern um einen Dauerunterschied, der von verschiedenen Faktoren abhängig ist, und in diesem Fall Deutsch und Spanisch gleichermaßen betrifft. Diese Faktoren sind zum einen der Artikulationsort und die Zungenhöhe bei der Aussprache der Vokale. Im allgemeinen sind offene Vokale (/a/)[340] länger als geschlossene (/i, u/)[341]. Ein weiterer Faktor, der die Dauer der Vokale beeinflusst, ist die Sprechgeschwindigkeit, denn bei schnellem Sprechen sind die Vokale, wie alle anderen Laute auch, zeitlich kürzer als bei langsamen Sprechen. Auch die Betonung und die Intonation können die zeitliche Dauer der Vokale beeinflussen: betonte Vokale werden normalerweise länger ausgesprochen als unbetonte. Eine sinkende Intonationskurve am Ende eines Satzes oder einer Aussage oder auch

---

[340] Artikulatorisch betrachtet ist /a/ ein offener Vokal, weil während seiner Artikulation der freie Raum im Mund groß ist. Die Zunge ist dabei relativ flach, der Unterkiefer weit geöffnet. Bei den geschlossenen Vokalen /i,u/ ist der Resonanzraum im Mund eng, die Zunge ist nah am Hartgaumen, der Unterkiefer ist nicht weit geöffnet.
[341] Nach Ramers (1988, S. 58f) ist der Zusammenhang von Vokallänge und Öffnungsgrad (auch *intrinsische Dauer* genannt) sprachunabhängig und daher als "phonetische Universalie" zu betrachten.

emphatisches Sprechen können längere Vokale zur Folge haben. Nach Ramers[342] und Rosner/Pickering[343] gibt es weitere Faktoren von denen die phonetische Dauer der Vokale abhängig ist: a) der vorausgehende und der folgende Konsonant, denn im Deutschen z.B. ist der Vokal vor einem stimmlosen Konsonant kürzer als vor einem stimmhaften; b) der Einfluss der Wortlänge, da in Einsilblern die Vokaldauer etwas größer als bei Zweisilblern ist; c) die Bedeutung der Taktlänge und die Stellung des Vokals im Takt und d) Der Einfluss der Satzlänge und die Stellung des Vokals im Satz, denn bei zunehmender Anzahl von Lauten im Satz nimmt die Lautdurchschnittsdauer ab.

Wie lang oder wie kurz die Vokale tatsächlich ausfallen, hängt hauptsächlich vom Sprecher und von der Sprechsituation ab. Nach Ramers[344] sind Vokale erst ab einer Mindestdauer von 30 bis 50 Millisekunden wahrnehmbar. Der Dauerunterschied zwischen langen und kurzen Vokalen ist ab einem Faktor 0,2 wahrnehmbar[345]. Allerdings sind Hörer sensibler auf Dauerschwankungen bei Vokalen als bei Konsonanten.

4.8.1. Vokaldauer im Deutschen

Im Deutschen wird die Quantität des Vokals - wie bereits im Kapitel *Aufbau der Silbe* schon erwähnt und je nach Auffassung - von der Coda bestimmt. Trubetzkoy[346], Vennemann[347], Maas[348] und Sievers[349] gehen von einem unmarkierten langen Vokal im Deutschen aus[350]. Dieser kann, je nachdem wie der

---

[342] Ramers 1988, S. 60ff.
[343] Rosner/Pickering 1994, S. 200.
[344] Ramers 1988, S. 57f.
[345] Rosner/Pickering 1994, S. 194.
[346] Trubetzkoy 4:1967, S. 176ff u. 196f.
[347] Vennemann 1991, S. 89f.
[348] Maas 1998, S. 59.
[349] Sievers 1901.
[350] Nach Trubetzkoy (4:1967, S. 176 und 196f), weil der Quantitätsgegensatz im Auslaut und vor Vokalen aufgehoben ist. "Dabei dürfen in den offenen betonten Auslautsilben nur lange Vokalphoneme stehen. Daher müssen hier nicht die kurzen, sondern die langen Silbenträger als merkmallose Korrelationsglieder betrachtet werden." Siehe auch Vater (1992) S. 117f.

Anschluss zu dem folgenden Konsonanten ist, ganz ablaufen ("sanfter Schnitt" oder "loser Anschluss"), wie z.B. in *Beet* oder er wird vor seinem Höhepunkt geschnitten ("scharfer Schnitt" oder "fester Anschluss") wie z.B. in *Bett*. Bei dem sanften Schnitt beginnt der Konsonant erst dann, wenn der Vokal in seiner Intensität bereits deutlich geschwächt ist. Bei dem scharfen Schnitt setzt der Konsonant nach dem Kurzvokal dann ein, wenn dieser den Silbengipfel erst überschritten hat und wo also der Luftstrom noch stark und die Klangfülle noch groß ist[351]. Dass der Vokal mit festem Anschluss kürzer als der Vokal mit losem Anschluss ist, ist nur eine Folgeerscheinung: Der feste Anschluss *schneidet* sozusagen das Ende des Vokals ab und daher muss er kürzer als der normale, ungeschnittene Vokal sein. Es gibt aber auch Fälle, in denen der ungeschnittene Vokal kurz ist, z.B. *Holunder* [ho.ˈlʊn.dɐ], *Forelle* [fo.ˈrɛ.lə], *Alkohol* [al.ko.ˈhoːl] und *Polizei* [po.lɪ.ˈtsai]. Trubetzkoy[352] erklärt dies dadurch, dass der Vokal mit dem festen Anschluss nur kurz sein kann, während der mir losem kurz oder lang sein kann.

Die Länge der Vokale ist im Deutschen meistens mit Qualität gekoppelt. Denn lange Vokale sind meistens auch gespannt und kurze ungespannt. Beide Merkmale scheinen so eng zusammenzuhängen, dass viele deutsche Sprecher Schwierigkeiten haben, kurze, ungespannte Vokale zu dehnen[353], wohl aber können die gespannten Vokale eventuell auch kurz ausgesprochen werden.
Beide Merkmale, Quantität und Qualität, können in der phonologischen Transkription wiedergegeben werden: die langen (ungeschnittenen), gespannten Vokalphoneme des Deutschen sind /aː, eː, ɛː, iː, oː, uː, yː, øː/, wobei die Dauer durch das Zeichen /ː/ signalisiert wird. Die kurzen (geschnittenen), ungespannten Vokale sind /a, ɛ, ə, i, ɔ, ʊ, ʏ, œ/.
In seltenen Fällen kommen im Deutschen auch gespannte kurze Vokale in offener, unbetonter Silbe vor, wie etwa in *Kaffee* [ˈka.fe]. Sie werden von den langen

---

[351] Ramers 1988, S. 106.
[352] Trubetzkoy 4:1967, S. 196.
[353] Weiss 1976, S. 12.

gespannten Vokalen abgeleitet und stehen in komplementärer Distribution mit denen, die ja nur in betonter Position vorkommen können[354].

Es gibt viele phonetische Untersuchungen zur Dauer der Vokale im Deutschen und obwohl die gemessene Dauer der Vokale nur relativ ist - denn die Werte schwanken je nach Sprecher, Messgerät und Messkriterium, Konsonantenumgebung, Betonung und Sprechgeschwindigkeit[355] -, kommen die meisten von ihnen zu dem Ergebnis, dass die langen, betonten deutschen Vokale in geschlossenen Silben, doppelt so lang sind wie die kurzen betonten Vokale[356]. Nach Weiss[357] handelt es sich um einen Faktor 1:1,87 bei einzelnen ähnlichen Wörtern und 1:1,60 in ganzen Sätzen. Nach Ramers[358], der die Dauer der betonten Vokale in einzelnen vorgelesenen Wörtern bei vier deutschen Sprechern untersucht hat, unterscheiden sich kurze und lange Vokale um einen Faktor 1:1,65 bis 1:2,5, je nach Sprecher. Er stellt auch fest, dass die Variationsbreite bei den langen Vokalen größer ist als bei den kurzen Vokalen. Bei unbetonten Vokalen, die auch anhand einzelner Wörter untersucht wurden, stellt Ramers[359] fest, dass an unbetonter Position fast immer nur kurze Vokale vorkommen. Nach Jessen[360] sind gespannte, lange Vokale doppelt so lang wie ungespannte, kurze Vokale. Er begründet diese Behauptung mit verschiedenen, von ihm zitierten Untersuchungen, sowie auch mit seinen eigenen Ergebnissen aus einer Untersuchung zu der Dauer zwischen betonten /a/ und /a:/, bei der er feststellt, dass der Unterschied zwischen beiden Vokalen einem Faktor 1:2,14 entspricht.

---

[354] Siehe auch Wiese 1996, S. 277ff.
[355] Siehe Weiss 1976, S. 14.
[356] Nur z.B. bei emotionaler Redeweise oder starker Betonung kann der bereits lange Vokal länger als normal artikuliert werden. Dabei sind aber auch Veränderungen der Intonation und in der Betonung zu beobachten. Weiss 1976, S. 13.
[357] Weiss 1976, S. 14f.
[358] Ramers 1988, S. 195.
[359] Ramers 1988, S. 202.
[360] Jessen 1994, S. 122.

4.8.2. Vokaldauer im Spanischen

Das Spanische verfügt über ein einfaches und sehr stabiles Vokalsystem, das aus fünf Vokalphonemen /a, e, i, o, u/ besteht. Es kann als stabil bezeichnet werden, weil die Vokale im Spanischen nicht reduziert werden, weil der Klang der Vokale während deren Artikulation konstant bleibt, also ohne Verschiebung der Artikulationsorgane, und weil sie sehr klar voneinander zu unterscheiden sind[361]. Phonologisch betrachtet gibt es im Spanischen keinen Unterschied zwischen langen und kurzen Vokalen. Die quantitative und qualitative Veränderung, die diese Vokale erfahren können, ergibt sich hauptsächlich aus dem Kontrast betont/unbetont, da betonte Vokale länger als unbetonte sind. Es handelt sich also um eine phonetische Folgeerscheinung. Eine sinkende Intonationskurve am Satzende, oder emphatisches Sprechen können ebenfalls längere Vokale zur Folge haben, besonders in Argentinien[362]. In bezug auf die Qualität beschreibt Cressey[363] die unbetonten Vokale als ungespannter und weniger genau artikuliert als die akzentuierten, hauptsächlich dann, wenn die unbetonte Silbe gleich nach einer betonten erscheint. Als Merkmale von unbetonten Vokalen fügt Quilis[364] noch hinzu, dass sie etwas weniger stabil in ihrem Klang und nicht so offen wie die betonten Vokale sind. Für ihn sind die Vokale vor einer Pause die ungespanntesten, die aber nicht so stark reduziert oder zentralisiert werden wie im Deutschen.

In bezug auf die Quantität sind, wie bereits erwähnt, offene Vokale (/a/) generell länger als geschlossene (/i, u/) und die betonten Vokale generell länger als die unbetonten. Dieses letzte Phänomen scheint in der Porteño-Varietät sehr ausgeprägt zu sein[365]. Die betonten Vokale werden hauptsächlich durch Dauer und Intensität hervorgehoben, wobei in manchen Fällen nur einer von beiden Faktoren ausreicht,

---

[361] Vgl. Núñez Cedeño/Morales-Front 1999, S. 30f.
[362] Vgl. Malmberg 1950, S. 179ff. Siehe auch S. 180f für Messwerte der Vokale im Spanischen. Nach Borzone de Manrique/Signiorini 1983, S. 120f sind satzfinale betonte Vokale (vor einer Pause) um ein Faktor 1.37 länger als satzinterne betonte Vokale. Der Unterschied zwischen betonten und unbetonten Vokalen an satzinterner Position entspricht einem Faktor von 1.5.
[363] Cressey 1978, S. 75.
[364] Quilis 1993, S. 150f.
[365] Beym 1963, S. 200 und Foster 1975, S. 62.

um den Vokal als betont vorkommen zu lassen, wenn z.B. die Intonationskurve am Ende einer Aussage sinkt und dabei die letzte Silbe der Aussage betont wird. Zusammen mit der Intonation sinkt auch die Intensität und die Betonung wird durch Vokaldehnung signalisiert. Bei anderen Intonationsmustern, wie etwa bei Fragesätzen, wird entsprechend die betonte Silbe in der tieferen Phase der Intonationskurve gedehnt[366].

4.8.3. Vorhersage für den Fremdsprachenerwerb

Die Deutschlerner werden Schwierigkeiten mit dem phonologischen Quantitäts- und Qualitätsunterschied der deutschen Vokale haben. Es handelt sich um die zwei neuen Eigenschaften [± lang] und [± gespannt], die durch den Anschluss an den folgenden Konsonanten bestimmt werden, und die den Fremdsprachlern fremd sind. Wie diese Merkmale miteinander verbunden sind, nach welchen Kriterien ihre Distribution erfolgt und welche Ausnahmen es gibt, müssen die Deutschlerner erst lernen. Die deutsche Rechtschreibung hilft ihnen dabei nicht viel, denn sie weist nicht in allen Fällen eindeutig auf die Vokaldauer bzw. Qualität hin. Auf diesem Sprachniveau wissen die DaF-Lerner aber, dass es im Deutschen den phonologischen Dauerunterschied gibt, und bemühen sich - vermutlich nach anderen Kriterien als den deutschen - lange und kurze Vokale auszusprechen. Dadurch werden manchmal z.B. Vokale, die nach dem deutschen phonologischen System lang wären, z.B. bei *Miete*, kurz und evtl. gespannt ausgesprochen, z.B. ['mi.te].

Deutsche Spanischlerner kommen mit dem spanischen Vokalsystem und der Distribution der spanischen Vokale gut zurecht, denn es ist einfacher als das deutsche. Alle Vokale können an betonter und unbetonter Position stehen und es gibt keinen phonologischen Unterschied zwischen langen und kurzen, gespannten und ungespannten Vokalen. Die Fremdsprachler, die ja auch "Fremdhörer" sind,

---

[366] Vgl. Canellada/Kuhlmann Madsen 1987, S. 77ff.

empfinden die spanischen Vokale immer als lang und ungeschnitten. Schon am Anfang des Sprachunterrichts lernen die Spanischlerner, dass im Spanischen weder Qualität noch Quantität phonologisch distinktiv sind.
Sie können auch nicht durch die Orthographie irregeführt werden, da Zeichen, die im Deutschen Länge oder Kürze signalisieren - wie z.B. <ie>, <h> nach Vokal, Doppelschreibung des Vokals oder ein Doppelkonsonant nach dem Vokal, im Spanischen kaum vorkommen. Eine Ausnahme ist das spanische Graphem <rr> (/r/), der nur wortintern und an intervokalischer Onsetposition vorkommt, z.b. bei *perro* (Hund). Dieser Konsonant ist für die deutschen Sprecher sehr schwer auszusprechen. In Anlehnung an die Funktion eines Doppelkonsonanten im Deutschen wird oft versucht den Unterschied zwischen /r/ und /ɾ/ - nur wortintern und intervokalisch, z.B. zwischen *perro* (Hund) und *pero* (aber) - vermutlich durch die Vokaldauer zu kompensieren[367].

4.8.4. Empirische Untersuchung

Die Dauer der Vokale wurde für beide Gruppen, Argentinier auf Deutsch und Deutsche auf Spanisch mit dem CSL (Computrized Speech Labor) Modell 430013, Software Version 5.x, der Firma Kay Electrometrics Corp. (USA) gemessen.
Das Sprachsignal ist ein Vorgang in der Zeit, und die einzelnen Sprachlaute sind durch starke und schnelle Änderungen der Schwingungsform charakterisiert. Deshalb eignet sich zur Darstellung dieser beiden Eigenschaften des Sprachschalls ein Spektrogramm (Spektrum-Zeit-Diagramm oder auch Sonagramm genannt). Die Zeit, die bei dieser Untersuchung gemessen werden soll, wird darin auf der

---

[367] Beide Laute sind alveolar und stimmlos. /ɾ/ wird durch eine einfache Vibration erzeugt, die entsteht, wenn die Zungenspitze kurz in Berührung mit den Alveolen kommt und kann als "tab" oder "flap" bezeichnet werden. Dagegen /r/ wird durch eine mehrfache Vibration erzeugt. Dabei drückt die Zungenspitze gegen die Alveolen, so dass ein leichter Luftdruck entsteht. Wenn dieser Druck stark genug ist, löst sich die Zungenspitze kurz von den Alveolen, während der Zungenrücken die Spannung behält. Sobald der Luftdruck abgebaut ist, drückt die Spannung des Zungenrückens die Zungenspitze erneut gegen die Alveolen. Dieser Zyklus wiederholt sich bei der Artikulation von /r/ mehrmals (vgl. Nuñez Cedeño/Morales-Front 1999, S. 33f).

Abszisse, die Frequenz auf der Ordinate abgetragen[368]. Um die Dauer eines Lautes zu messen, müssen dessen Anfang und Ende, in diesem Fall auf dem Spektrogramm, identifiziert werden. Aber es ist sehr schwer, Anfang und Ende eines Lautes exakt festzustellen, wenn dieser von anderen Lauten umgeben ist, weil die Laute nicht getrennt voneinander, sondern als ein Kontinuum mit Überlappungen und Übergänge im Sprachsignal artikuliert werden. Daher können Anfang und Ende eines Lautes nur mehr oder weniger willkürlich festlegt werden, z.b. an der Stelle, wo eine Veränderung der Formanten[369] zu beobachten ist. Denn eine solche Veränderung kann z.b. andeuten, dass der zu messende Laut endet. Da es sich aber um eine mehr oder weniger willkürliche Festlegung der Grenze handelt, sollte auch zusätzlich die auditive Perzeption als Kriterium genommen werden, die ja u.U. ausschlaggebend sein kann[370].

Für diese Untersuchung wurden als Messpunkte für die Dauer der Vokale zunächst immer Beginn und Ende der ersten beiden Formanten (F1 und F2) am Spektrogramm genommen. Diese können, je nach lautlichem Kontext, durch eine starke Veränderung signalisiert werden. Danach wurde auch immer auditiv geprüft, ob an dieser Stelle tatsächlich die Grenzen zwischen dem Vokal und den benachbarten Lauten liegt. Alle nicht eindeutigen Fälle werden hier nicht berücksichtigt.

---

[368] Siehe Pétursson 1991, S. 125.
[369] Unter *Formanten* versteht man die Intensitätsmaxima des Spektrums (oder Obertöne des Sprachsignals). Die Vokale sind unter anderem durch die unterschiedliche Frequenzwerte bei den ersten beiden Formanten (F1 und F2) voneinander zu unterscheiden. (Ramers 1988, S. 22).
[370] Vgl. Weiss 1976, S. 59.

4.8.5. Vokaldauer bei DaF-Lernern

Hier wird nur der Quantitätsunterschied der Vokale bei DaF-Lernern untersucht, zum einen, weil er für die Rhythmusbildung entscheidender ist als die Qualität, zum anderen, weil die Dauer der Vokale das phonologische zugrundeliegende Merkmal der Vokale ist, und nicht die Gespanntheit.

Bei dieser Untersuchung wird die Dauer der Vokale nur bei /I/ und /i:/ bei Deutschlernern gemessen. Es soll festgestellt werden, ob die Fremdsprachler mit dem deutschen Quantitätsunterschied zurechtkommen. Da für alle deutschen Vokale dieselbe Distribution in bezug auf die Opposition lang/kurz gilt, sind die Ergebnisse zu einem Vokalpaar, in diesem Fall /I/ und /i:/, repräsentativ für alle Vokale und so erübrigen sich weitere Messungen bei allen anderen Vokalen.
Es wurden /I/ und /i:/ für die Dauermessungen gewählt zum einen, weil sie mit hoher Frequenz vorkommen, und zum anderen, weil sie, seitens der Deutschlernern, nicht mit anderen Vokalen verwechselt werden können. Sie werden in der Orthographie durch das Zeichen <i> indiziert[371], das ausschließlich die Funktion hat, /I/ und /i:/ darzustellen. Dadurch werden Missverständnisse, die durch die Rechtschreibung entstehen könnten, vermieden. /I/ und /i:/ können nicht mit anderen - für die Fremdsprachler "ähnlichen" - Laute verwechselt, wie es z.B. bei /e/ [e, e:, ɛ, ɛ:, ə] der Fall sein könnte[372].

Für diese Untersuchung wurden die Aufnahmen von zwei argentinischen Deutschlernern in Argentinien und zwei in Deutschland ausgewertet, bei jedem Sprecher 20 Beispiele von /i:/, z.B. *viel* und 40 Beispiele von /I/, davon 20 an betonter und 20 an unbetonter Position, z.B. *Mitte* und *Spanisch*. Für eine Untersuchung zur Vokaldauer mit deutschen Muttersprachlern würden die unbetonten Vokale aus der Betrachtung herausfallen, weil an dieser Position der Unterschied praktisch aufgehoben ist (eine Ausnahme ist *Beispiel)*. Da aber hier

---

[371] Allerdings auch <ie>, und selten <ih> und <ieh>.
[372] Siehe Dieling 1982, S. 391.

untersucht werden soll, ob die Fremdsprachler die Distribution der langen und kurzen Vokale kennen, werden auch sie berücksichtigt. Hier handelt es sich hauptsächlich um unbetonte Präpositionen (*mit*) und Pronomina (*dich, mich*). Bei allen Beispielen ist der Vokal von Onset und Coda umgeben, und die Fälle, in denen die Fremdsprachler die Coda resilbifizieren werden hier nicht untersucht.

Es zeigt sich zunächst, dass die Sprecher einen sehr geringen Dauerunterschied zwischen betontem /I/ und /i:/ machen. Beide Vokale werden gelegentlich sehr lang oder extrem kurz ausgesprochen. In der folgenden Tabelle sind die Daten für jeden der vier Sprecher einzeln angegeben. Dabei wird der Durchschnittswert und die Standardabweichung (Fehlerbalken) der jeweiligen Messungen in Millisekunden angegeben. Ein gegebener (zufälliger) Messwert der Vokaldauer bei einem der vier Sprecher liegt also mit 69% Wahrscheinlichkeit innerhalb der Fehlerbalken um den jeweiligen Durchschnittswert. Verdoppelt man die Fehlerbalken, steigt diese Wahrscheinlichkeit auf 95% an[373]..

		/I/	/i:/	Faktor
Sprecher 1	Durchschnitt	75	86	**1:1,1**
	Fehlerbalken	68-82	74-98	
Sprecher 2	Durchschnitt	96	92	**1:0,95**
	Fehlerbalken	86-106	87-97	
Sprecher 3	Durchschnitt	94	93	**1:1**
	Fehlerbalken	87-101	86-100	
Sprecher 4	Durchschnitt	151	136	**1:0,9**
	Fehlerbalken	134-168	119-153	

Tabelle 27: Vokaldauer bei betonten /I/ und /i:/ bei Deutschlernern (in Millisekunden)

---

[373] Bei Sprecher 1 z. B. wurde ein Fehlerbalken um den Durchschnittswert von ± 7 Millisekunden bei betontem /I/ ausgerechnet (68-82). Bei einer Verdoppelung des Fehlerbalkens auf ± 14 Millisekunden (61-89 Millisekunden) steigt die Wahrscheinlichkeit auf 95%, dass ein willkürlich gemessener Wert sich innerhalb dieses Rahmens befindet.

Aus der Tabelle geht hervor, dass die Deutschlerner den phonologischen Dauerunterschied zwischen jeweils betontem /I/ und /i:/ nicht konsequent machen. Aufgrund der Abschätzung der Fehlerbalken zeigt sich, daß diese Aussage statistisch signifikant ist. Der Faktor, der sich aus diesen Mittelwerten ergibt, ist bei allen vier Sprechern ähnlich und entspricht näherungsweise dem Verhältnis 1:1. Nach Rosner/Pickering[374] ist ein Längenunterschied zwischen Vokalen erst ab einem Faktor 0,2 wahrnehmbar. Für deutsche Muttersprachler ist, wie im theoretischen Teil bereits erwähnt, das Verhältnis zwischen kurzen und langem Vokal praktisch 1:2. Der Unterschied zwischen den langen und den kurzen Vokalen bei den DaF-Lernern - bei denen dem Faktor nach die deutschen kurzen Vokale länger als die langen ausfallen - ist nicht signifikant. Ebenso wird durch auditive Wahrnehmung festgestellt, dass die Deutschlerner die Opposition [± gespannt] bei den betonten Vokalen nicht konsequent mit der Quantität koppeln. Die Qualität scheint vielmehr von dem Akzent abzuhängen: Unbetonte Vokale sind generell ungespannt, während fokussierte Silben - Silben, die den Satzakzent tragen - meist gespannt sind. Bei den restlichen betonten Vokalen fällt eine auditive Beurteilung der Qualität sehr schwer, da sie bei den Deutschlernern, anders als bei den Muttersprachlern, nicht eindeutig genug polarisiert wird.

Beide folgende Spektrogramme veranschaulichen zwei Aussprachevarianten des Wortes *dieser*, die von einem einzigen Sprecher (2) produziert werden. Bei dem ersten Spektrogramm beträgt die Dauer des Vokals /i:/ 117 Millisekunden (Angabe rechts oben'). Bei dem zweiten Spektrogramm beträgt die Dauer desselben Vokales 56 Millisekunden. Auf der Zeitachse ist zu erkennen, dass die Gesamtdauer des Wortes gemäß des ersten Spektrogramms 602, gemäß des zweiten 579 Millisekunden beträgt.

---

[374] Rosner/Pickering 1994, S. 194.

Spektrogramm 1

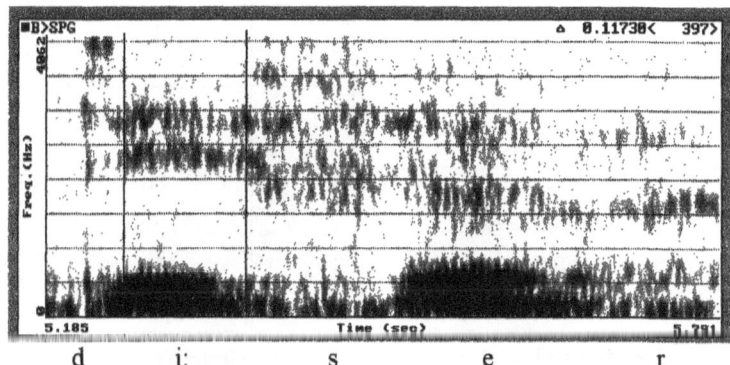

d   i: s   e   r

Spektrogramm 2

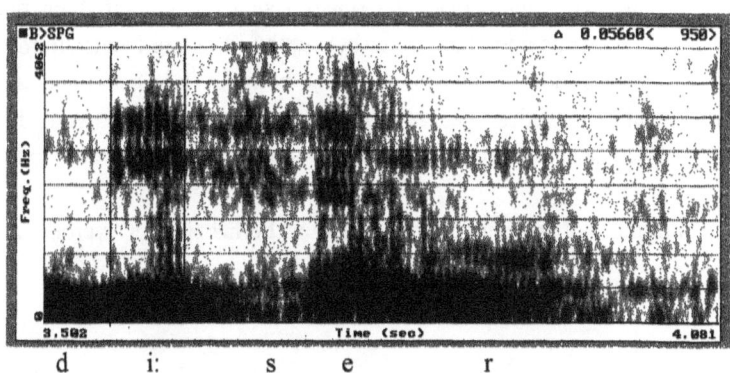

d   i: s   e   r

Es wird ein Unterschied zwischen den Daten für unbetontes und die für betontes /I/ festgestellt. Die folgende Tabelle zeigt diese Daten als Durchschnitt und Fehlerbalken, auch in Millisekunden, für alle vier Sprecher:

		unbetontes /I/	betontes /I/
Sprecher 1	Durchschnitt	**65**	**75**
	Fehlerbalken	56-74	68-82
Sprecher 2	Durchschnitt	**82**	**96**
	Fehlerbalken	71-93	86-106
Sprecher 3	Durchschnitt	**73**	**94**
	Fehlerbalken	67-79	87-101
Sprecher 4	Durchschnitt	**100**	**151**
	Fehlerbalken	93-107	134-168

Tabelle 28: Vokaldauer bei unbetontem und betontem /I/ bei Deutschlernern

Die Durchschnittswerte vom unbetonten /I/ in Tabelle 28 sind niedriger als die Durchschnittswerte für betontes /I/. Sie stehen in einer Relation von 1:1,25 (durchschnittlich für alle vier Sprecher). Und obwohl sich die Fehlerbalken bei Sprecher 1 und 2 z.T. überschneiden kann man behaupten, dass die Deutschlerner die unbetonten /I/ generell kürzer aussprechen als betonte /I/. Dies kann als phonetische Folgeerscheinung des Akzents betrachtet werden, da sowohl im Deutschen wie im Spanischen betonte Vokale phonetisch länger als unbetonte Vokale sind.

Unbetonte /i:/ kommen viel zu selten vor, um hier berücksichtigt werden zu können.

Im folgenden wird untersucht, nach welchen anderen Parametern[375] die DaF-Sprecher die Vokale kurz oder lang (phonetische Dauer) aussprechen:
- Die Konsonanten, die nach dem Vokal vorkommen, haben im allgemeinen keinen Einfluss auf die Dauer der Vokale. Es kommen bei allen Sprechern vor jedem einzelnen der Konsonanten extrem kurze und lange Vokale vor. Die

---
[375] Nach Ramers 1988, S. 60ff.

Durchschnittswerte für die Dauer betonter Vokale je nach dem entsprechenden folgendem Konsonanten, werden in der folgenden Tabelle angegeben:

	[s]		[l]		[r]		[b]		[n]		[t]		[x]	
	/I/	/i:/	/I/	/i:/	/I/	/i:/	/I/	/i:/	/I/	/i:/	/I/	/i:/	/I/	/i:/
Sprecher 1	-	74	-	55	113	131	46	52	116	-	85	74	78	-
Sprecher 2	-	90	140	80	91	112	-	84	90	-	111	-	93	-
Sprecher 3	113	-	92	114	80	89	-	118	103	-	97	78	-	-
Sprecher 4	178	-	-	157	100	-	-	61	152	-	74	-	156	-

Tabelle 29: Durchschnittliche Dauer der Vokale je nach folgendem Konsonant bei DaF-Lernern (in Millisek.)

Aus dieser Tabelle geht hervor, dass die Mittelwerte der Vokaldauer je nach folgendem Konsonant nicht aussagekräftig sind, da sie von Sprecher zu Sprecher sehr schwanken. Z.B. ist bei Sprecher 3 /i:/ vor [l] länger als /I/ im gleichen Kontext, aber bei Sprecher 2 ist es genau umgekehrt. Nur im Kontext vor [r] sprechen die Sprecher 1, 2 und 3 /i:/ länger als /I/.

Nach Ramers[376] sind die Vokale (phonetisch) länger vor stimmhaften Konsonanten, kürzer vor stimmlosen und vor [r]. Dies kann bei den Deutschlernern nicht behauptet werden.

- Die (grammatikalische) Wortklasse erweist sich als nicht relevant für die Dauer der betonten Vokale bei Deutschlernern. Durchschnittlich sind /I/ und /i:/ bei allen untersuchten Wortklassen von ähnlicher Dauer. In der folgenden Tabelle werden die durchschnittlichen Dauermessungen (in Millisekunden) der betonten Vokale (linksorientiert und fettgedruckt) und der unbetonten Vokale (rechtsorientiert und zwischen Klammern), je nach grammatischer Wortart angegeben. Dabei wird aber nicht zwischen /i:/ und /I/ unterschieden, weil schon

---

[376] Ramers 1988, S. 60.

festgestellt wurde, dass die DaF-Lerner den phonologischen Unterschied nicht machen.

	Substantiv	Präposition	Pronomen	Negation (*nicht*)	Verb	Adjektiv + Adverb
Sprecher 1	**83** (93)	(54)	**77**	(82)	**78**	**82**
Sprecher 2	**88** (73)	-	**91**	(124)	**105**	**96** (78)
Sprecher 3	**96** (69)	**96**		(83) (68)	**85**	**120** (94)
Sprecher 4	**138** (124)	(125)	-	(102)	**123**	**124** (93)

Tabelle 30: Durchschnittliche Vokaldauer je nach grammatikalischer Wortart bei DaF-Sprechern (in Millisekunden)[377].

Auch hier ergeben sich die Mittelwerte immer aus einer weiten Datenstreuung. Dennoch kann man feststellen, dass die durchschnittliche Dauer der betonten Vokale bei jedem der Sprecher von einer Wortklasse zur anderen nicht sehr variiert. Besonders bei den Sprechern 1 und 4 sind die Daten sehr homogen. Bei den Sprechern 2 und 3 sind die Unterschiede etwas größer, aber bei verschiedenen Wortklassen. Also kann nicht die Wortklasse der Grund für diesen Dauerunterschied sein.

Bei den unbetonten Vokalen schwanken die Daten mehr als bei den betonten. Aber auch hier stimmen bei allen Deutschlernern Dauerunterschied und Wortklasse nicht überein. Bei einem Vergleich zwischen betonten und unbetonten Vokalen stellt sich heraus, dass die unbetonten Vokale bei Sprecher 2, 3 und 4 (wie schon im Zusammenhang mit Tabelle 28 erwähnt) im allgemeinen kürzer als die betonten sind.

- Bei allen vier DaF-Sprechern sind die betonten Vokale von Einsilblern und mehrsilbigen Wörtern (zwei oder drei Silben) von unterschiedlicher zeitlicher

---

[377] In jeder Spalte werden linksorientiert und fettgedruckt die Durchschnittswerte für betonte Vokale (/I/ und /i:/), rechtsorientiert und zwischen Klammern die Durchschnittswerte für unbetonte Vokale angegeben. Die Lücken in der Tabelle ergeben sich daraus, dass nicht für jede Wortklasse ausreichend betonte und unbetonte Vokale gemessen wurden.

Dauer. Je nach Sprecher steht die Dauer der Vokale in mehrsilbigen Wörtern zu der Dauer der Vokale in Einsilblern in einem Verhältnis von 0,8 bis 1,2. Das heißt, dass sie bei 0,8 um ein Fünftel kürzer, bei 1,2 um ein Fünftel länger sind als die Vokale in Einsilblern. Diese Differenz ergibt sich aus dem Durchschnitt, der wiederum aus einer breiten Datenvarianz errechnet wird. Da der Unterschied zwischen Ein- und Mehrsilblern nicht sehr groß ist, und außerdem die Einsilbler bei zwei Sprechern von größerer Dauer sind als Mehrsilbler - und somit nicht Ramers[378] Feststellung bestätigen, dass die Vokale von Einsilblern länger sind als Vokale von mehrsilbigen Wörtern - kann in diesem Fall die Silbenanzahl auch nicht als Parameter für die Produktion von zeitlich langen und kurzen Vokalen angesehen werden.

- Die letzen betonten Vokale am Äußerungsende (Takt) bei gleichbleibender Intonationskurve sind bei den DaF-Sprechern länger als die betonten Vokale innerhalb einer Äußerung. Das Verhältnis beträgt je nach Sprecher zwischen 1:1 bis 1:1,75. In den untersuchten Aufnahmen kommen die Vokale /I/ und /i:/ am Ende einer Aussage mit sinkender Intonationskurve an betonter Position viel zu selten vor. Es wird aber beobachtet, dass die unbetonten /i:/ und /I/, die im letzen Fuß einer Äußerung bei gleichbleibender Intonationskurve deutlich länger sind als die unbetonten Vokale innerhalb einer Aussage. Hier beträgt der Faktor je nach Sprecher zwischen 1:1,2 und 1:2,3. Bei den Vokalen innerhalb einer Äußerung sind die Durchschnittswerte aus einer breiten Streuung ausgerechnet, dagegen sind die Werte für die Vokale am Ende einer Aussage, bei allen Informanten sehr homogen. Das unterschiedliche Verhältnis zwischen betonten und unbetonten Vokalen ist dadurch zu erklären, dass die Deutschlerner betonte Vokale u.a. anhand zeitlicher Dauer hervorheben[379]. Also können betonte Vokale am Ende einer Äußerung nur etwas länger als andere innerhalb einer Aussage sein. Unbetonte Vokale, die normalerweise nicht durch Dehnung hervorgehoben werden, werden am Ende einer Aussage, zusammen mit dem ganzen Fuß gedehnt.

---

[378] Ramers 1988, S. 60.
[379] Auch im Deutschen sind betonte Vokale u.a. durch Dauer hervorgehoben.

- Schließlich wird bei zwei Informanten festgestellt, dass die betonten Vokale bei einer schnelleren Sprechgeschwindigkeit kürzer ausfallen, als bei langsamem Sprechen. Es handelt sich um einen Faktor 1:1,3 bis 1,4. Aber diese phonetisch langen und kurzen Vokale stimmen nicht mit den im Deutschen phonologisch langen und kurzen /i:/ und /I/ überein. Bei den anderen zwei Deutschlernern sind die Vokale bei beiden Geschwindigkeiten gleich lang. Die unbetonten Vokale sind bei allen vier Sprechern in bezug auf die Sprechgeschwindigkeit immer gleich lang (Verhältnis 1:0,9 bis 1,1).

Es können bisher keine klaren Kriterien festgestellt werden, nach denen die DaF-Lerner kurze und lange Vokale systematisch unterscheiden. Im allgemeinen könnte man schlussfolgern, dass Betonung, das Ende einer Intonationsphrase und eine eher langsame Sprechgeschwindigkeit phonetisch lange Vokale zur Folge haben. Diese stimmen aber mit den deutschen phonologischen langen und kurzen Vokale nicht überein. Im Prinzip sind sich die Deutschlerner bewusst, dass es den phonologischen Unterschied im Deutschen gibt. Und vermutlich würden die Sprecher keine Schwierigkeiten in einer *neutralen* Situation mit ihnen sehr bekannten Wörtern haben, wie *viel* oder *nicht*. Aber sobald sich diese am Ende eines Satzes befinden, die Sprecher eine hohe Sprechgeschwindigkeit verwenden, versehentlich den Akzent falsch plazieren oder ein nicht so gewöhnliches Wort benutzen, kommen sie durcheinander und es herrscht das Chaosprinzip.

4.8.6. Vokaldauer bei SpaF vor /r/ und /ɾ/

Es werden hier zwei Aufnahmen von deutschen Sprechern in Deutschland ausgewertet, die speziell für diese Untersuchung zur Dauer der Vokale vor /r/ und /ɾ/ gemacht wurden[380], da es sich hierbei um ein Phänomen handelt, das im spontanen Gespräch viel zu selten vorkommt. Diese Aufnahmen bestehen jeweils aus einem kurzen (unvorbereitet) vorgelesenen Text (11 Zeilen) und 12

---

[380] Siehe Kapitel *Methode*, S. 43ff.

Minimalpaare[381]. Bei einem Sprecher werden insgesamt 78 Beispiele (24 aus den (zum Teil Quasi-)Minimalpaaren, und 54 aus dem vorgelesenen Text) von Vokal vor /r/ und /ɾ/ untersucht (der Text wurde zweimal vorgelesen) bei dem anderen 51 (24 aus den Minimalpaaren, 27 aus dem vorgelesenen Text).
Bei allen Beispielen sind /r/ und /ɾ/ Onset der folgenden Silbe. Es handelt sich also bei den untersuchten Beispielen um offene Silben. Der gemessene Vokal kann jeder der fünf spanischen Vokale sein. Unbetonte Vokale und Diphthonge werden hier nicht berücksichtigt.

In der folgenden Tabelle wird bei jedem Sprecher die durchschnittliche Dauer der Vokale, die sich im Kontext vor /r/ und /ɾ/, zunächst nur für den vorgelesenen Text angegeben. Zusätzlich zu den Mittelwerten werden die gemessenen Extremwerte (Streuung) angegeben. Als Vergleich wird auch die Aufnahme eines argentinischen Muttersprachlers ausgewertet, die aus einem spontanem Gespräch besteht. Hier werden 40 Beispiele im Kontext vor /r/ und /ɾ/ gezählt. Alle Daten sind in Millisekunden:

		Vokal vor /ɾ/	Vokal vor /r/	Faktor
SpaF-Lerner 1	Durchschnitt	144	127	1:0,88
	Streuung	110-162	91-150	
SpaF-Lerner 2	Durchschnitt	188	155	1:0,82
	Streuung	135-252	88-262	
Muttersprachler	Durchschnitt	94	100	1:1
	Streuung	48-243	56-204	

Tabelle 31: **Dauer der betonten Vokale (in Millisekunden) im Kontext vor /r/ und /ɾ/ im vorgelesenen Text bei Fremd- und Muttersprachlern**

---

[381] Siehe *Anhang*, S. 199.

Bei Sprecher 1 können die Durchschnittswerte als repräsentativ bezeichnet werden, da die Varianzdaten, wie aus der Tabelle hervorgehen, nicht weit auseinander liegen und sich der Mittelwert ziemlich genau zwischen diesen Extremwerten befindet. Bei Sprecher 2 und bei dem Muttersprachler klaffen die Extremwerte weit auseinander. Bei Sprecher 2 lag es daran, dass er - im Vergleich zu dem Durchschnitt - die Vokale in einzelnen Fällen extrem kurz oder lang realisiert hat: die kurzen Vokale z.B. bei schnellem Sprechen, die langen Vokale z.B. am Ende einer Aussage. Im Vergleich zu Sprecher 1 haben bei Sprecher 2 in 69% der gemessenen Vokale eine Dauer von +/- 30 ms von dem in der Tabelle angegebenen Durchschnittswert (Fehlerbalken).

Bei dem Muttersprachler dagegen befinden sich alle Messwerte gleichmäßig verstreut zwischen den angegebenen Extremwerten.

Aus den Durchschnittswerten für die Dauer der Vokale vor /r/ und /ɾ/ im vorgelesenen Text ergibt sich bei beiden Spanischlernern ein Faktor von 1:0,88 bis 0,82, während es sich bei dem Muttersprachler um ein Verhältnis von 1:1 handelt. Wie vorauszusehen war, sprechen die argentinischen Muttersprachler die Vokale vor /r/ und /ɾ/ nicht immer gleich lang, aber auch ohne einen Unterschied darin zu machen, welcher der beiden Konsonanten auf dem jeweiligen Vokal folgt.

Durch das Vorlesen der Minimalpaare werden die Spanischlerner dazu gebracht, den Unterschied zwischen /r/ und /ɾ/ bewusst zu markieren, und dies wird durch die Vokaldauer signalisiert. In der folgenden Tabelle werden wieder die durchschnittliche Dauer der Vokale und die Streuung der Extremwerte bei beiden Informanten in Millisekunden angezeigt.

		Vokal vor /ɾ/	Vokal vor /r/	Faktor
Spanischlerner 1	Durchschnitt	**177**	**122**	**1:0,68**
	Streuung	73-213	85-149	
Spanischlerner 2	Durchschnitt	**197**	**150**	**1:0,76**
	Streuung	115-254	121-182	

Tabelle 32: Dauer der Vokale (in Millisekunden) bei Minimalpaaren bei Spanischlernern.

Die SpaF-Lerner machen eindeutig einen Unterschied, je nachdem vor welchem von beiden Konsonanten sich der Vokal befindet: vor /ɾ/ ein eher langer Vokal, vor /r/ ein eher kurzer Vokal. Im Falle der Minimalpaare beträgt der Faktor zwischen der Dauer der Vokale vor /r/ und /ɾ/ 1:0,68 bis 0,76. Dieser Dauerunterschied ist nicht so bedeutend wie die phonologische Opposition [± lang] im Deutschen (bei Muttersprachlern c.a. 1:2), denn es geht hier ja nicht um einen phonologischen Unterschied der Vokale an sich, sondern dieser Dauerunterschied wird als Aushilfe benutzt, den phonologischen Unterschied zwischen /r/ und /ɾ/ zu kompensieren[382].

Die folgenden zwei Spektrogramme zeigen die Dauer des Vokals vor /r/ und /ɾ/ bei einem deutschen Spanischlerner. Im ersten Fall handelt es sich um das Wort *faro* (Leuchtturm), im zweiten um das Wort *párrafo* (Textabschnitt)[383]. Am Vergleich der beiden Spektrogramme ist deutlich zu erkennen, dass die Dauer des betonten Vokals bei dem ersten Spektrogramm erheblich länger als bei dem zweiten ist. Auch hier ist die Dauer der Vokale im oberen rechten Winkel der Graphik zu lesen: bei *faro* beträgt die Dauer des Vokals /a/ 212 Millisekunden während es bei *párrafo* 123 Millisek. sind. An den Spektrogrammen ist auch zu erkennen, dass in beiden Fällen ein sehr ähnlicher Laut [ɾ] nach dem gemessenen Vokal artikuliert wird.

---

[382] Die Fremdsprachler sprechen /ɾ/ und /r/ unterschiedslos als [ʁ R ɾ ʀ] aus, d.h. sie können beide Laute artikulatorisch nicht unterscheiden.
[383] Ein Beispiel aus einem Minimalpaar wäre wenig anschaulich gewesen, da bei diesen gegen Endes des zweiten Wortes immer eine "creaky voice" einsetzt.

Spektrogramm 3

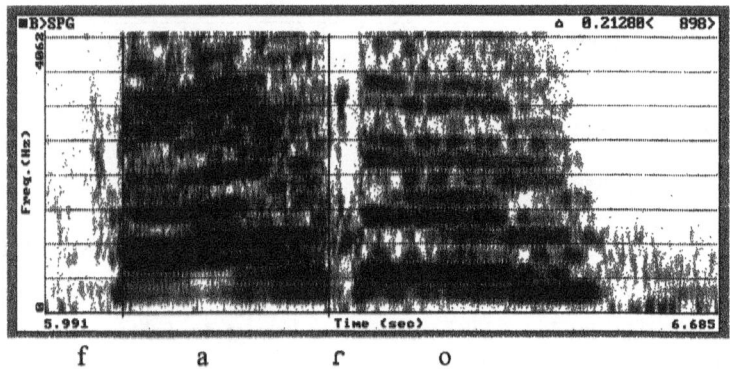

f a ɾ o

Spektrogramm 4

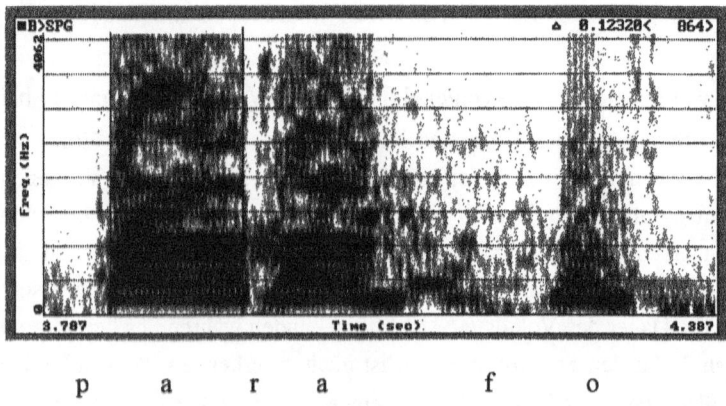

p a r a f o

Als Vergleich zu diesen beiden Graphiken wird anschließend das Spektrogramm eines argentinischen Muttersprachlers mit dem Beispiel *se me rompe* (es geht mir kaputt) gezeigt, um die unterschiedliche Artikulation von /r/ zu zeigen. /ɾ/ wird genauso wie bei den Spanischlernern produziert, während /r/, wie aus der Graphik hervorgeht, aus mehrfachen Schlägen der Zungenspitze besteht, was zeitlich auch länger als /ɾ/ sein kann. Diese Schlägen sind auf dem Spektrogramm als zwei vertikale Lücken zwischen /e/ und /o/ erkennbar.

Spektrogramm 5

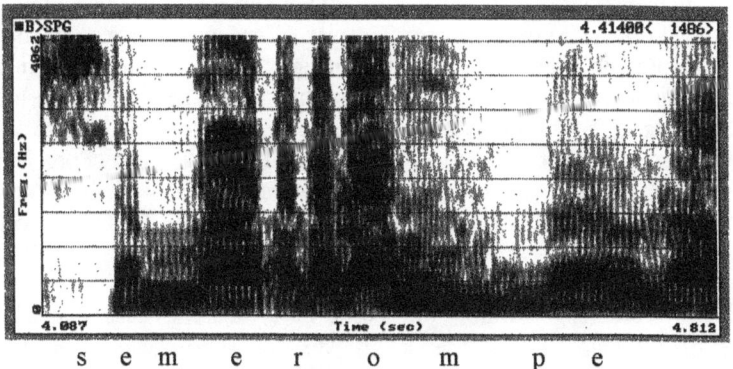

s   e   m   e   r   o   m   p   e

Wie erwartet ist der Dauerunterschied zwischen den Vokalen vor /r/ und /ɾ/ bei den Minimalpaaren größer als zwischen Vokalen im selben lautlichen Kontext innerhalb eines Textes, denn wie bereits erwähnt, sehen sich die Spanischlerner bei dem Vorlesen der Minimalpaaren gezwungen, den Unterschied deutlicher zu machen als innerhalb eines Textes, bei dem der semantische und der grammatikalische Kontext helfen können, das Wort trotz schlechter Aussprache zu verstehen.

4.8.7. Zusammenfassung und Interpretation

Wie vorhergesagt, haben die argentinischen Deutschlerner große Schwierigkeiten, phonologisch kurze und lange Vokale zu unterscheiden. Sie sind sich bewusst, dass es den Unterschied im Deutschen gibt, aber sie sprechen manche Vokale extrem kurz und manche extrem lang aus, nicht übereinstimmend mit den phonologisch langen und den phonologisch kurzen Vokalen des Deutschen. Sie haben also Schwierigkeiten mit der Distribution der langen und kurzen Vokale. Die Parameter, nach denen die Deutschlerner kurze und lange Vokale produzieren, scheinen die Betonung, die Intonationskurve und die Sprechgeschwindigkeit zu sein. Dabei werden die Vokale bei geläufigen Wörtern in bezug auf Quantität besser artikuliert als unbekannte Wörter. Abgesehen von diesen Tendenzen, herrscht das Chaosprinzip. Die Folgen von diesem "Durcheinander" in bezug auf Quantität beschränken sich nicht nur auf Kommunikationsprobleme, sondern sind auch bei der Rhythmusbildung zu beobachten. Zum einen, weil der Unterschied zwischen betonten und unbetonten Silben, wie es bei den akzentzählenden Sprachen erforderlich ist, nicht deutlich genug gemacht wird, zum anderen weil die Dauer der Silben bei akzentzählenden Sprachen eine sehr große Rolle in der Rhythmusbildung spielen.

Ebenfalls mit der Vorhersage stimmt die Feststellung überein, dass deutsche Spanischlerner die Vokale vor /r/ kürzer als vor /ɾ/ aussprechen, um den Unterschied zwischen beiden Konsonanten auszudrücken. Dieser Dauerunterschied ist nicht so extrem wie im Deutschen, aber da er mehr oder weniger konsequent bei allen Vokalen gemacht wird, kann man davon ausgehen, dass dieser Dauerunterschied die Lösung für eine Unterscheidung von /r/ und /ɾ/ ist. Dies wird bei den Minimalpaaren besonders deutlich, wo sich die Informanten gezwungen sehen, die Distribution bei der Vibranten mittels der jeweils unterschiedlichen Vokaldauer deutlich zu machen, weil die Wörter nicht aus dem Kontext erschlossen werden können.
Die argentinischen Muttersprachler sprechen alle Vokale willkürlich länger oder kürzer aus, auch vor /r/ und /ɾ/. Also könnte die (lang/kurz) Aussprache der Vokalen seitens der deutschen Informanten unauffällig sein. Da sie aber die beiden folgenden Konsonanten nicht richtig aussprechen können, fällt die Lösung, den Unterschied zwischen beiden durch die Vokaldauer zu kompensieren, auf.
Dies hat keine Folgen für den spanischen Rhythmus, da einerseits die Silbe vor /r/ und /ɾ/ weiterhin offen bleibt, und andererseits eine unterschiedliche Vokaldauer auch bei den Muttersprachlern möglich ist.

4.9. Elision des /ə/-Lautes

Durch die fakultative Tilgung des Schwa-Lautes [ə] kann im Deutschen die Nukleusposition von dem Sonoranten (/m, n, r/) besetzt werden, der andernfalls dem [ə]-Laut als Coda folgen würde, wie z.B. [m] in *einem* [ainəm] vs. [aimm̩]. Dieser Tilgungsprozess ist dadurch möglich, dass in der ursprünglichen Silbifizierung der Nukleus nur von einem [-konsonant] Element besetzt werden kann, aber bei einer späteren, post-lexikalischen Überarbeitung der Silbifizierung diese Regel etwas abgeschwächt wird, so dass der Nukleus von allen [-obstruent] Elementen besetzt werden kann[384]. Diese Regel kann bei den meisten Sonoranten fakultativ in Kraft treten, ist aber obligatorisch, wenn es sich bei dem Sonoranten um [ʀ] handelt, da er nicht nur nukleusfähig ist; er kann vokalisiert werden. Dieser Laut kann auch vokalisiert werden, wenn der vorausgehende Vokal noch vorhanden ist. In diesem Fall wird er als Glide oder Sonorant betrachtet[385].
Die Schwa-Tilgung dient fast immer der rhythmischen Konstanz, indem sie Folgen unbetonter Silben reduziert[386].

Im Spanischen ist ein solcher Prozess nicht möglich, da zum einen unbetonte Vokale nicht so stark reduziert werden können wie im Deutschen, zum anderen der Nukleus hier immer nur von einem Vokal besetzt werden kann. Schließlich hat die Elision eines Vokals einen Konsonantencluster zur Folge; dies ist gegen die Tendenz des Spanischen.

4.9.1. Vorhersage für den Fremdsprachenerwerb

Die Elision des [ə]-Lautes vor einem Sonoranten und dessen Beförderung zum Nukleus der Silbe ist für argentinische Sprecher zunächst unvorstellbar. Nicht nur, weil im Spanischen betonte und unbetonte Vokale gleich ausgesprochen werden, sondern auch, weil silbische Konsonanten unbekannt sind. Dennoch werden Argentinier versuchen, sich dem deutschen Standard anzupassen, wenn sie mit der deutschen Umgangssprache konfrontiert werden. Denn obwohl dieser Prozess

---

[384] Vgl. Wiese 1996, S. 246f.
[385] Vgl. Eisenberg 1992, S. 110.
[386] Vgl. Auer 1990, S. 74f.

ihnen unbekannt ist, bereitet er keine phonetischen oder distributiven Schwierigkeiten.

Deutsche Sprecher werden keine Schwierigkeiten haben, die spanischen unbetonten Silben nicht zu reduzieren, und an deren Stelle keinen Konsonant einsetzen. Zum einen ist ein spanischer Vokal, vor allem wenn von Onset und Coda umgeben, auch an unbetonter Position sehr stabil, und zum andern ist es für die Erhaltung des Rhythmus im Spanischen gar nicht nötig, Folgen von unbetonten Silben zu reduzieren.

4.9.2. Elision des /ə/-Lautes bei DaF-Lernern

Die Elision des Schwa-Lautes in der Reduktionssilbe ist im umgangssprachlichen Deutsch sehr geläufig. Dieser Prozess wird aber im Deutsch-als-Fremdsprache-Unterricht, bei dem Hochdeutsch die Zielsprache ist, im Gegensatz zu anderen phonetischen Phänomene nicht erwähnt, so dass die Sprachlerner erst im einem späten Spracherwebsstadium, etwa durch Sprachkontakt mit deutschen Muttersprachlern, sich des Tilgungsprozesses bewusst werden.

Für diese Untersuchung werden Daten von sechs argentinischen Deutschlernern und zwei deutschen Muttersprachlern gesammelt.
Bei der Gruppe der Fremdsprachler werden pro Sprecher 15 Fälle von Reduktionssilben, bei denen die Coda aus einem nukleusfähigen Konsonanten /n, m, ɐ/ besteht, wie z.B. *lachten, gegen, leider*, etc. am Wortende untersucht. Bei den Muttersprachlern sind es 70 Beispiele insgesamt.

Die Ergebnisse sind für die Sprecher in Argentinien und in Deutschland gleich und werden in der folgenden Tabelle, zusammen mit den Daten deutscher Muttersprachlern gezeigt.

	DaF-Lerner Korpus		Muttersprachler Korpus	
Elision von [ə]	17 (19%)	90	61 (87%)	70
Aussprache [ə]	25 (28%)		8 (12%)	
Aussprache [e]	48 (53%)		1 (1%)	

Tabelle 33: Aussprachevarianten von [ə] in der Reduktionssilbe bei Deutschlernern und deutschen Muttersprachlern.

Es ist eindeutig, dass die DaF-Lerner viel seltener den Schwa-Laut elidieren und dadurch den folgenden Sonoranten zum Silbennukleus befördern als die Muttersprachler. Zum einen wird beobachtet, dass die Deutschlerner, wenn sich der geeignete Kontext ergibt, den auslautenden Konsonanten lieber resilbifizieren, als ihn zum silbischen Konsonanten zu befördern, wie z.B. bei *wegen Arbeit*. Im deutschen umgangssprachlichen Standard würde man etwa ['veː.gn̩.'²ɐ.baɪt] aussprechen, während in der Aufnahme eines DaF-Sprechers die Aussprache [be.ɣe.'nar.baɪt] vorkommt.

Durch die Elision des Schwa-Lautes treffen beide Konsonanten aufeinander - Onset und Sonorant. Es entsteht also eine Konsonantenhäufung, wie etwa [gn̩] bei *wegen* und [lm̩] bei *allem*, die entgegen der Präferenz des Spanischen zur Vermeidung von Konsonantenfolgen geht. Die Konsonantenfolgen, die bei der Elision von [ə] entstehen, sind sehr unterschiedlich. Bei den 17 Fällen von Elision bei den DaF-Sprechern können 11 verschiedene Folgen identifiziert werden. Sie bestehen hier alle aus zwei Konsonanten, von denen immer nur der zweite silbisch ist, und einer der Sonoranten /m, n, r/ ist. Keiner von ihnen verhindert oder begünstigt die Elision mehr als die anderen.

Aus der Tabelle kann man entnehmen, dass DaF-Sprecher die nicht-zentralisierte Variante [e] des Vokals in der Reduktionssilbe bevorzugen. Der Laut [ə] ist den Informanten aus ihrer Muttersprache nicht bekannt und wird eher bei den DaF-

Sprechern in Deutschland beobachtet. Der Kontakt und die Vertrautheit mit der Zielsprache scheinen viel einflussreichere Faktoren darzustellen als etwa die Sprechgeschwindigkeit oder die Wortklasse. Es handelt sich um einen Prozess, der den Informanten völlig fremd ist und den sie erst wahrnehmen lernen müssen.

4.9.3. Vokaltilgung und silbische Konsonanten bei SpaF-Lernern

Deutsche SpaF-Sprecher haben wenig Gelegenheit, Vokale vor einem Sonoranten zu elidieren, weil im Spanischen unbetonte Vokale nicht so stark wie im Deutschen reduziert werden. Außerdem kommen unbetonte /e/ vor einem Sonoranten - vergleichbar mit dem Prozess der Schwa-Elision im Deutschen - viel seltener als im Deutschen vor. Bei den wenigen vorkommenden Fällen von unbetontem /e/ vor dem Sonoranten /n/ im Auslaut (bei vier deutschen Informanten nur insgesamt 20 Beispiele, wie z.B. in *divierten* (amüsieren), *tienen* (haben)), konnte bei keinem der Deutschlernern eine Elision des Vokals und daher auch keine silbischen Konsonanten beobachtet werden. /m/ kam an dieser Position nicht vor.

Der am meisten vorkommende Sonorant im Auslaut ist im Spanischen /ɾ/, sowohl nach einem betonten wie nach einem unbetonten Vokal. Bei den Aufnahmen von zwei deutschen Informanten in Argentinien und zwei in Deutschland wurden insgesamt

- 68 Beispiele von auslautendem /ɾ/ nach einem betonten Vokal pro Informant untersucht, etwa in *vivir* (leben), *mujer* (Frau), *ser* (sein), etc. und
- 12 Beispiele von auslautendem /ɾ/ nach unbetontem Vokal pro Informant, etwa in *jardín* (Garten), *por* (durch), etc.

Wobei der Vokal jeder der fünf spanischen Vokale sein kann. In einem Drittel aller untersuchten Fälle (betont und unbetont) wurde der Sonorant vokalisiert, aber der vorausgehende Vokal blieb immer vorhanden, auch wenn manchmal kaum wahrnehmbar. Speziell bei /e/ wird festgestellt, dass dieser Vokal nicht in unbetonter Position vor /ɾ/ vorkommt, denn es handelt sich bei der Endung /eɾ/

meistens um Infinitive, die in der letzten Silbe betont werden. In der betonten Silbe wird /e/ von SpaF-Lernern meistens [e] ausgesprochen, auch vor der Vokalisierung des Konsonanten, etwa in *aprender* (lernen) [a.pren.'deɐ]. Diese Aussprache ist mit der deutschen vergleichbar, etwa in *Heer* ['heːɐ]. Das vokalisierte [ɐ] nimmt nicht die Nukleusposition ein, sondern steht weiterhin unsilbisch im Silbenauslaut[387]. Sowohl im Deutschen wie in Spanisch als Fremdsprache ist diese Aussprache sprecher- und situationsabhängig[388] und hat wenig mit Sprechtempo, Akzentmuster[389], Wortklasse, Silbenanzahl oder Vokaldauer zu tun.

Es findet also weder Elision eines Silbennukleus statt noch wird der Konsonant zu Nukleus. Dennoch kann die Vokalisierung des /r/-Lautes die Silbenstruktur des Spanischen verändern. Der neue Status von /r/ kann, je nach Ansicht, als Glide, also als Teil des Nukleus, oder als postvokalischer Sonorant, also weiterhin als Coda betrachtet werden. Wenn [ɐ] mit dem Vokal diphthongiert wird, wird die Silbe geöffnet.

4.9.4. Zusammenfassung und Interpretation

Die DaF-Informanten können sich in fast der Hälfte aller Fälle der deutschen Tendenz anpassen und den Schwa-Laut elidieren oder als [ə] aussprechen. Dies kann nur möglich sein, wenn die Fremdsprachler die Interferenz aus der Muttersprache überwinden und sich den Regeln der Zielsprache anpassen, unbetonte Silben stark zu reduzieren. Dennoch wird die Aussprache [e] in über der Hälfte der Fälle bevorzugt.

---

[387] Nach Maas (1998, S. 245) können keine Diphthonge in der Reduktionssilbe vorkommen, während Vater (1992, S. 110) davon ausgeht, dass dieser Laut mit dem davorstehenden Vokal immer diphthongiert werden kann.
[388] Kohler 1995, S. 84.
[389] Nach Wiese (1996, S. 17) aber kommt dieser Laut nur in unbetonten Silben vor.

Wie erwartet reduzieren die deutschen Spanischlerner das Phonem /e/ gar nicht. Demnach wird der folgende Konsonant auch nicht silbisch, genau wie es im Spanischen üblich ist. Dennoch kann das Allophon /ɐ/ oft in der betonten oder unbetonten Coda beobachtet werden. Diese Ausspracheform, sowie die Nicht-Reduktion unbetonter Vokale, entspricht der spanischen Rhythmusbildung insofern, dass die Silbe offen ist, aber der ursprüngliche Nukleus erhalten bleibt.

Durch das letzte der drei untersuchten Phänomene im Silbennukleus kann je nach Rhythmustyp die Silbenstruktur verbessert werden, oder es können aus rhythmischen Gründen Silben verkürzt werden.

prototypische akzentzählende Sprachen	prototypische silbenzählende Sprachen
Vokalausfall aus akzentuellen Gründen	Vokalausfall zur Optimierung der Silbenstruktur

4.10. Synalöphe und Synärese

Im Spanischen ist die Vereinfachung von Vokalsequenzen möglich[390]. Dasselbe Phänomen kann auch in der diachronen Entwicklung des Spanischen festgestellt werden. Núñez Cedeño/Morales-Front und Harris unterscheiden zwischen zwei Arten von Veränderungen im Silbennuklei: Wenn sie zwischen zwei Wörtern stattfindet, wird sie *Synalöphe* genannt, wenn sie innerhalb eines Wortes stattfindet, wird sie *Synärese* genannt. Bei beiden Phänomenen werden zwei aufeinanderfolgende Silbennuklei zu einem einzigen reduziert. Nach Pinkerton Hutchinson[391] wird dieses Phänomen durch das "syllable-timing" des Spanischen kontrolliert. Sie unterscheidet zwischen einem langsamen und einem schnelleren Sprechtempo[392], wobei bei dem ersten der erste Vokal einer Vokalfolge gekürzt wird, während bei einem schnelleren Tempo derselbe Vokal reduziert wird oder zu einem Glide wird.

Dieses Phänomen ist besonders dann sehr häufig, wenn keiner von beiden Vokalen betont ist. Wenn einer von beiden Vokalen hoch ist, wird er zum Glide[393]:
mi amigo [ja] (mein Freund)
perla italiana [aj] (italienische Perle)
tu amigo [wa] (dein Freund)
mucha unidad [aw] (innige Einheit)

---

[390] Vgl. Núñez Cedeño/Morales-Front 1999, S. 186f, Quilis 1993, S.189ff, Harris 1989, S. 147 und Pinkerton Hutchinson 1974, S. 184ff.
[391] Pinkerton Hutchinson 1974, S. 185.
[392] Nach Harris (1969, S. 7) andante und allegretto genannt.
[393] Die Beispiele sind aus Núñez Cedeño/Morales-Front (1999, S. 186f) übernommen.

Wenn beide Vokale gleich hoch sind, wird der erste von beiden zum Glide:
bici usada [ju] (gebrauchtes Fahrrad)
espíritu insaciable [wi] (unersättlicher Geist)
Zwei gleiche Vokale, von denen einer betont ist, verschmelzen beide zu einem einzigen betonten Vokal[394]:
estaba hablando [eh.'ta.βa.'blan.do] ((ich/er/sie) sprach) Beide Vokale sind unbetont.
Papá anda [pa.'pa:n.da] (Papa geht) Beide Vokale sind betont.
lo hondo ['lon.do] ((das) tiefe) Der erste Vokal ist unbetont, der zweite betont.

Die Synärese (innerhalb eines Wortes) kann einen Hiat[395] in einen Diphthong umwandeln, d.h. zwei Vokale zu einem einzigen Nukleus reduzieren[396]. Bei diesem Phänomen, das nur bei der Umgangssprache im schnellen Tempo entsteht, kann man verschiedene Stufen erkennen, wie die folgenden Beispiele zeigen. Alle drei Aussspracheformen sind korrekt, wobei die erste eine gehobene Aussprache wiedergibt, die letzte eine stark umgangssprachliche.
toalla (Handtuch) [to.'a.ʃa] →['toa.ʃa] → ['twa.ʃa]
pelear (streiten) [pe.le.'aɾ] → [pe.'leaɾ] → [pe.'ljaɾ]
empeoraba (verschlechterte) [em.pe.o.'ɾa.βa] → [em.peo.'ɾa.βa] → [em.pjo.'ɾa.βa]

Auch manche Folgen von drei Vokalen können zu einem einzigen Nukleus reduziert werden, wenn die Sonoritätskontur es erlaubt.
culta europa [kul.taew.'ɾo.pa] (kulturreiches Europa)
muerte airada [mwer.teaj.'ɾa.da] (stolzer Tod)
sitio umbroso [si.tjowm.bɾo.so] (dunkler Ort)

---

[394] Quilis 1993, S. 375.
[395] Harris (1989, S. 147) stellt fest, dass die spontane Reduktion eines Nukleus (bei einem Hiat) und die kleine Wahrscheinlichkeit, einen Hiat spontan zu produzieren (etwa aus einem Diphthong) ein Hinweis darauf ist, dass im Spanischen der Hiat markiert ist, während der Diphthong unmarkiert ist. Harris kommt zu dem Schluß, dass im synchronen Spanisch eine kontrastive Nuklearität viel eher als die "Nicht-Nuklearität" in den zugrundeliegenden phonologischen Einträgen ("underlying representations") spezifiziert sein muß.
[396] Wenn beide Vokale gleich hoch sind, ist es sehr wahrscheinlich, dass sie nicht zu einem einzigen Nukleus werden, wie z. B. in *oeste* (Westen) [o.'es.te], es sei denn das erste Element wird als [w] ausgesprochen. Vgl. auch Harris (1989).

Andere Möglichkeiten, den Hiat und dadurch eine sehr schwache Silbengrenze zu vermeiden, sind die Bildung eines Diphthongs, u.a. durch Verschiebung des Akzents, z.B. *baúl* (Truhe) [ba.'ul] vs. ['bawl], oder die Einfügung eines Konsonants zwischen beiden Vokalen, z.B. *zanahoria* (Karotte) [sa.na.'o. ɾja] vs. [sa.na.'ɣo. ɾja][397].

4.10.1. Vorhersage für den Fremdsprachenerwerb

Die Verschmelzung zweier Nuklei ist ein sprachspezifischer Prozess des Spanischen, durch den onsetlose Silben vermieden werden. Im Deutschen dagegen zeichnen sich Tendenzen ab, Vokale am Wortanfang mit Glottal Stop anzusetzen und Veränderungen der Silbenstruktur über die Wortgrenze zu vermeiden. Die deutschen Spanischlerner werden also vermutlich nicht Verschmelzungen von zwei Vokalen an der Wortgrenze vornehmen, da es sich um einen Prozess des Spanischen handelt, der nicht mit der Tendenz ihrer Muttersprache übereinstimmt.

Die argentinischen Deutschlerner dagegen werden durch Interferenz aus der Muttersprache versuchen, zwei aufeinanderfolgende Vokale an der Wortgrenze zu verschmelzen, besonders im Falle zweier gleicher aufeinanderfolgender Vokale. Eine solche Konstellation kommt aber im Deutschen eher selten vor.

4.10.2. Vokalfolgen bei SpaF-Lernern

Für die Untersuchung zu den Vokalfolgen wurden die Aufnahmen von sechs deutschen Informanten (drei in Deutschland und drei in Argentinien) ausgewertet. Es werden folgende Vokalfolgen über die Wortgrenze untersucht:
- 12 Beispiele von verschiedenen Vokalen, z.B. *carga en* ((er/sie/es) lädt in), *trabajo en* ((ich) arbeite in), *pero aparte* ('aber außerdem), etc.
- 5 Beispiele von gleichen Vokalen, z.B. *hace el* ((er/sie/es) macht den/das), *tengo otros* ((ich) habe andere), etc.
- und 2 Beispiele von drei Vokalen, z.B., *de automatización* (Automatisierung), *no hay* (es gibt nicht), etc.

---

[397] Vgl. Quilis 1983, S.190f.

Als Vergleich wird die Aufnahme eines argentinischen Muttersprachlers untersucht.

	Spanischlerner		Muttersprachler	
	Synalöphe	Korpus	Synalöphe	Korpus
Folge von zwei verschiedenen V	8 (11%)	72	9 (37,5%)	24
Folge von zwei gleichen V	5 (17%)	30	12 (100%)	12
Folge von drei verschiedenen V[398]	3 (25%)	12	-	10

Tabelle 34: Reduktion zweier (bzw. dreier) Vokale aus zwei verschiedenen Wörtern zu einem einzigen Nukleus (Synalöphe).

Aus der Tabelle geht hervor, dass die Spanischlerner Folgen von zwei verschiedenen Vokalen deutlich weniger zu einem Diphthong reduzieren als der Muttersprachler, wie etwa in: *era uno* (es war einer) [e.'r͡aw.no]. Dabei handelt es sich um sehr unterschiedliche Vokalfolgen: Bei den Muttersprachlern *a-e, a-u, e-i, o-e, o-i*, bei den Spanischlernern *a-e, a-u, e-a, e-u, i-e, o-u*. Bei dieser Untersuchung kommen keine Wörter vor, die auf /u/ enden, und auch keine, die mit /o/ beginnen. Die Synalöphe scheint also unabhängig von der Vokalart, aus der die Vokalfolge besteht, stattzufinden. Das Sprachtempo hat, wie bei der Resilbifizierung, auch bei diesem Phänomen einen großen Einfluss auf die Ergebnisse.

Zwei gleiche Vokale, die durch eine Wortgrenze getrennt sind, werden von dem Muttersprachler immer zu einem einzigen Nukleus, also einem einzigen gedehnten Vokal reduziert. Bei den Fremdsprachlern ist auch dieses Phänomen selten zu beobachten. Im Gegenteil, sie versuchen den anlautenden Vokal neu anzusetzen, um beide Vokale zu trennen. Dabei findet nicht immer ein Glottal Stop[399] statt, aber beide Vokale bilden eindeutig zwei verschiedene Nuklei. Sowohl bei den Spanischlernern als auch beim Muttersprachler handelt es sich um die Folgen *a-a* und
e-e.
Folgen von drei Vokalen, die immer aus einem auslautenden oder anlautenden Diphthong und einem weiteren Vokal bestehen, werden vom Muttersprachler nicht

---

[398] Bestehend aus der Folge von Diphthong und einem weiterern Vokal.
[399] Siehe auch Ergebnisse im Kapitel *Der [ʔ]-Laut im Deutschen*, S. 133.

reduziert, während die Fremdsprachler - im Vergleich zu Folgen zweier Vokale - dies öfter tun. Dabei entstehen Triphthonge wie bei *de automatización* (Automatisierung) [deaw.to.ma.ti.sa.'sjon] oder bei *o hay* (oder es gibt) ['waj].

Wie schon erwähnt haben das Sprachtempo und das Akzentmuster einen großen Einfluss auf diesem Phänomen, denn bei flüssigem Sprechen werden von den Spanischlernern 73% der Vokalfolgen zu einem Nukleus verschmolzen, während bei überlegtem Sprechen nur 6% der Vokalfolgen betroffen sind. Bei dem Muttersprachler dagegen werden bei flüssigem Sprechen in 54% der Fälle beide Nuklei zu einem verschmolzen, bei einem überlegten Sprechen noch in 40% der Fälle. Bei Muttersprachlern sind also nicht wie bei Fremdsprachlern die Spontaneität und Flüssigkeit beim Sprechen der entscheidende Faktor, sondern der Unterschied, ob beide Vokale gleich sind oder nicht.
In bezug auf die Betonung kann beobachtet werden, dass Vokalverschmelzungen bei Mutter- und bei Fremdsprachlern meist dann stattfinden, wenn beide Nuklei unbetont sind. Zu welcher Wortklasse die beiden Nuklei gehören, scheint nicht von Bedeutung zu sein, wohl aber müssen beide zu derselben phonologischen Phrase gehören.

Die Synärese tritt bei dem Muttersprachler, bei dem 25 Beispiele untersucht wurden, in keinem Fall auf, während sie bei den Spanischlernern, bei denen jeweils 8 Beispiele untersucht wurden (insgesamt 48 Beispiele), in nur zwei Fällen stattfindet. Dies ist eine Folge der Akzentverschiebung: Anstatt von *maíz* (Mais) [ma.'is] wird ['mais] ausgesprochen, und anstelle von *tenía* ((ich/er/sie/es) hatte) [te.'ni.a] wird ['te.nja] ausgesprochen.

Für Mutter- und Fremdsprachler spielt das gleiche Akzentmuster eine große Rolle bei der Verschmelzung von Vokalen. Es werden nämlich fast ausschließlich unbetonte Vokale miteinander verschmolzen. Während für Spanischlerner die Sprechart oder die Sprechgeschwindigkeit eine Rolle spielt, ist für Muttersprachler allein die Vokalart entscheidend.

4.10.3. Vokalfolgen bei DaF-Lernern

Bei den sechs DaF-Lernern (drei in Deutschland und drei in Argentinien) wurden folgende Vokalfolgen über die Wortgrenze untersucht:
- 12 Beispiele von Folgen aus zwei verschiedenen Vokalen[400], wie z.B. *werde ich, welche Antwort, Geschichte über,* etc.
- 3 Beispiele von Folgen aus zwei gleichen Vokalen[401], wie z.B. *diese Elegie, du und, die ich,* etc.

Als Vergleichsmaterial werden die Aufnahmen von zwei deutschen Muttersprachlern untersucht, allerdings nur in bezug auf die Folgen von zwei verschiedenen Vokalen (insgesamt 25 Beispiele), da Folgen von zwei gleichen Vokalen viel zu selten vorkommen.

	DaF-Lerner		Muttersprachler	
	Synalöphe	Korpus	Synalöphe	Korpus
Folge von zwei verschiedenen V	16 (22%)	72	-	25
Folge von zwei gleichen V	4 (22%)	18	-	-

Tabelle 35: Reduktion zweier Vokale aus zwei verschiedenen Wörtern zu einem einzigen Nukleus (Synalöphe).

Aus der Tabelle 35 geht hervor, dass die argentinischen Informanten genauso oft Folgen von verschiedenen Vokalen wie Folgen von gleichen Vokalen zu einem einzigen Nukleus reduzieren. Obwohl die Zahl der Fälle, in denen diese Reduktion stattfindet, nicht sehr hoch ist, ist sie im Vergleich zu den Daten der Muttersprachlern doch signifikant. Bei den DaF-Lernern handelt es sich bei dieser Verschmelzung zweier Nuklei oft um die Wörter *habe ich*, die sie als [ˈha.βiç] aussprechen. Hier könnte man argumentieren, dass es sich bei dieser Wortfolge nicht um eine Vokalverschmelzung handelt, sondern um einen Elisionsprozess (des Schwa-Lautes) mit anschließender Resilbifizierung des /b/-Lautes. Dies wäre für argentinische Sprecher sehr unwahrscheinlich, da im Spanischen keine Vokale

---

[400] Die DaF-Sprecher fassen, auf der Basis des spanischen Vokalsystems, das auslautende /e/ als [e] und nicht als Reduktionsvokal auf.

[401] Für die DaF-Sprecher sind auslautendes und anlautendes /e/ phonetisch gleich. Auch der Unterschied zwischen langem und kurzem Vokal spielt hier keine Rolle. Wenn die Fremdsprachler die Vokale als verschieden empfinden würden, dürfte hier keine Vokalverschmelzung stattfinden.

abgeschwächt oder elidiert werden, ohne sie in Verbindung mit dem folgenden Vokal zu bringen, falls einer vorhanden ist. Wenn auf *habe* ein Wort mit Onset folgt (wie z.B. in *habe nicht)*, bleibt der letzte Vokal erhalten, und zwar als [e] und nicht als [ə]. Eine Elision des Schwa-Lautes würde zunächst die ideelle Silbenstruktur CV.CV von *habe* zu CVC verändern. Wenn aber von dieser Wortfolge abgesehen werden soll, findet nur in 5% der Fälle von verschiedenen Vokalen eine Synalöphe bei DaF-Lernern statt. Hierzu bilden die Sprecher keinen Diphthong aus den beiden Vokalen, sondern der zweite von ihnen bleibt als Nukleus erhalten.

Die deutschen Sprecher dagegen schwächen den auslautenden Schwa-Laut ab. Er ist aber immer noch hörbar, und der folgende Vokal wird dann mit Glottaleinsatz angesetzt.

In den Fällen, in denen keine Vokalverschmelzung bei den Deutschlernern stattfindet, kann der zweite Vokal mit Glottal Stop angesetzt werden[402]. Je schneller und spontaner die Spanischlerner sprechen, um so mehr verschmelzen die Vokale. Die deutschen Muttersprachler sprechen natürlich fließender als die Fremdsprachler. Dennoch behalten sie immer beide Nuklei, weil im Deutschen das Prinzip zur Erhaltung der Wortgrenzen sehr stark ist. Im Spanischen dagegen ist dieses Prinzip nicht so stark wie die Vermeidung onsetloser Silben. Durch die Verschmelzung zweier Nuklei kann meistens der (Onset-)Konsonant der auslautenden Silbe, sofern vorhanden, dem "neuen" Nukleus als Onset dienen.

Auch hier haben die Wortklassen, zu denen die Vokalfolgen gehören, keinen Einfluss auf die Verschmelzung oder Erhaltung der Vokale, sondern vielmehr auf das Akzentmuster, denn nur bei unbetonten Silben werden die Vokale miteinander verschmolzen.

Bei allen Sprechergruppen kommen zu wenige Beispiele von Folgen dreier Vokale, oder wortinternem Hiat vor, so dass diese hier nicht berücksichtigt werden können.

DaF- und SpaF-Lerner haben gemeinsam, am ehesten dann Vokale miteinander zu verschmelzen, wenn sie unüberlegt und spontan sprechen. Dabei sind Folgen von unbetonten Vokalen am meisten betroffen.

---

[402] Siehe Unterkapitel *Glottalisierung bei DaF-Lerner*, S. 137.

4.10.4. Zusammenfassung und Interpretation

Anders als erwartet findet bei Spanischlernern gelegentlich eine Vokalverschmelzung statt, besonders wenn schnell und spontan gesprochen wird. Es findet also eine Reduktion der Nuklei statt, aber aus anderen Gründen als bei argentinischen Muttersprachlern. Bei ersteren ist die Sprechgeschwindigkeit ausschlaggebend, während bei den Muttersprachlern die Vokalart entscheidend ist. Da die betroffenen Silben bei Fremdsprachlern immer unbetont sind, könnte man vermuten, dass sie von den deutschen Sprechern als Reduktionssilben wahrgenommen werden, die aus (akzentzählenden) rhythmischen Gründen zu einem einzigen Nukleus reduziert werden können. Durch eine solche Reduktion werden einerseits onsetlose Silben vermieden, andererseits wird die zeitliche Dauer der Silben verkürzt.

Deutschlerner verschmelzen gelegentlich, wie vorhergesagt, zwei aufeinanderfolgende Vokale an der Wortgrenze. Da diese Sprecher am ehesten Vokalverschmelzungen durchführen, wenn sie spontan und "unüberlegt" sprechen, könnte man davon ausgehen, dass es sich hier um eine Interferenz aus der Muttersprache handelt, die aber der Rhythmusbildung des Deutschen entspricht, weil unbetonte Silben, jedoch nicht nur der zentralisierte Laut [ə], reduziert werden.

Sowohl Deutschlernende wie Spanischlernende verschmelzen zwei Vokale an der Wortgrenze in der Fremdsprache. Obwohl es beide Gruppen durch Interferenz aus der Muttersprache tun - im Spanischen ist Vokalausfall zur Optimierung der Silbenstruktur möglich, im Deutschen aus akzentuellen Gründen - , entspricht es in beiden Fällen der rhythmischen Tendenz der Fremdsprache.

5. Zusammenfassung und Ausblick für den Fremdsprachenunterricht

Im Verlaufe der empirischen Untersuchung wurde detailliert analysiert, in welchem Maße und unter welchen Bedingungen Fremdsprachler die Phänomene der Zielsprache anwenden können und wie stark die Interferenz aus der Muttersprache dabei ist. Im folgenden, in Anlehnung an Tabelle 1[403], werden die Konsequenzen zusammengefasst, die die untersuchten Prozesse und Phänomene auf den Rhythmus der Zielsprache haben.

prototypische akzentzählende Sprachen	prototypische silbenzählende Sprachen
die Kombination von Elementen an jeder silbischen Position können von erheblicher Komplexität sein	außer der Kombination von C und V sind keine weiteren Cluster möglich

Konsonantencluster
Wie erwartet haben die deutschen Spanischlerner keine Schwierigkeiten mit den spanischen Konsonantenfolgen, da diese aus wenigen Elementen bestehen und dem Sonoritätsprinzip entsprechen.
Die argentinischen Sprachlerner dagegen werden mit sehr komplexen Clustern im Deutschen konfrontiert, die sie nicht vollständig aussprechen können. Sie behelfen sich dadurch, dass sie sehr oft die peripheren Konsonanten des Clusters, sowohl im Onset wie in der Coda, elidieren. Dadurch wird die sehr komplexe Silbenstruktur, bei der die elidierten Laute oft extrasilbische Elemente darstellen, verändert. Die Konsonantenfolge wird für die Fremdsprachler aussprechbarer, aber sie entspricht nicht mehr der deutschen Silbenstruktur.

Klitika

Die argentinischen Deutschlerner können die klitischen Formen des Deutschen aussprechen, solange es sich um lexikalisierte Verschmelzungen von Präposition und Artikel handelt, die eine relativ einfache Silbenstruktur, z.B. CVC-Silbe, aufweisen. Falls durch die Klitisierung komplexe Codas entstehen, bevorzugen die Deutschlerner die Vollform. Dies ist nicht falsch, aber es entspricht nicht der deutschen Tendenz und Rhythmusbildung, da die Anzahl der unbetonten Silben durch die Nicht-Klitisierung erhöht wird, und dadurch auch die Fußdauer.

Die deutschen Spanischlerner haben keine Schwierigkeiten mit den spanischen Pronominalklitika, denn sie weisen eine sehr einfache CV-Silbenstruktur auf.

prototypische akzentzählende Sprachen	prototypische silbenzählende Sprachen
verschiedene, komplexe Silbenstruktur	überwiegend Konsonant-Vokal (CV)-Silbenstruktur

/s/-Allophone

Die deutschen Spanischlerner passen sich dem argentinischen Prozess der /s/-Abschwächung überhaupt nicht an. Anders als bei dem Resilbifizierungsprozess, dem sich die Informanten zum Teil anschließen, bleiben die entsprechenden Silben durch das Nicht-Anwenden dieses Abschwächungsphänomens geschlossen und entsprechen also nicht der idealen CV-Silbenstruktur. Durch die Resilbifizierung wird die Silbenstruktur geändert. Durch die Abschwächung des auslautenden /s/ im Spanischen kann nicht nur die Silbenstruktur geändert werden, sondern auch die Qualität der Coda. Die deutschen Spanischlerner können sich diesem Prozess nicht anschließen, weil die deutsche Tendenz selten schwache Codas, und noch seltener Abschwächungsprozesse der Coda erlaubt.

Die argentinischen Deutschlerner können diesen Abschwächungsprozess aus der Muttersprache unterdrücken, so dass das deutsche auslautende /s/ auch fast immer,

---

[403] Siehe Unterkapitel *Der Sprachrhythmus* S. 11.

der deutschen Aussprache entsprechend, als Sibilant ausgesprochen wird, besonders wenn es sich nicht um Konsonantencluster handelt. Dadurch bleiben die Silben, der deutschen Tendenz entsprechend, geschlossen.

Auslautverhärtung

Die deutschen Sprachlerner tendieren im Spanischen dazu, die auslautenden stimmhaften Konsonanten im Wortinneren stimmlos auszusprechen. Wortfinale Konsonanten werden dagegen von den deutschen Informanten in Argentinien, die den universalen Prozess der Auslautverhärtung z.T. unterdrücken können, meist elidiert oder stimmhaft ausgesprochen. Dadurch wird die Silbe idealerweise geöffnet, oder zumindest ist der Sonoritätsabotieg nicht so steil wie bei stimmlos ausgesprochenen Konsonanten. Bei den Sprechern, die in Deutschland leben, ist dies seltener der Fall.

Die argentinischen Deutschlerner, die den Prozess der Auslautverhärtung beim Prozess des Erstsprachenerwerbs völlig unterdrückt haben, können (ursprünglich stimmhafte) auslautende Konsonanten des Deutschen nicht immer stimmlos aussprechen. Der Konsonant /d/ wird, in Analogie zum spanischen auslautenden /d/, am ehesten elidiert. Ansonsten wird er, der deutschen Aussprache entsprechend, stimmlos ausgesprochen, aber nicht stimmhaft. Der Konsonant /g/ wird als Bestandteil eines Clusters, sowie vor einer Pause oder einem anlautenden Konsonant, meist stimmlos ausgesprochen. Ansonsten wird er stimmhaft ausgesprochen, aber nicht elidiert. Der Konsonant /b/ wird meist stimmhaft ausgesprochen, ansonsten verhärtet oder als alleinstehender Konsonant in der Coda elidiert. Es stellt sich also heraus, dass die argentinischen Deutschlerner jeden der drei Konsonanten in der Coda anders artikulieren. Die stimmlose Aussprache entspricht der deutschen Tendenz. Eine stimmhafte Aussprache dieser Konsonanten verändert die Sonoritätskontur und ihre Elision kann evtl. die Silbe öffnen, wenn es sich nicht um einem Cluster handelt.

Resilbifizierung
In bezug auf den Resilbifizierungsprozess wurde festgestellt, dass die deutschen Spanischlerner in einem Kontext *über die Wortgrenze und ohne Pause* viel öfter als erwartet resilbifizieren. Dies wird besonders bei flüssigem, unüberlegtem, spontanem Sprechen beobachtet. Bei überlegtem Sprechen dagegen werden die Wortgrenzen (der Tendenz im Deutschen entsprechend) deutlich erhalten. Der Resilbifizierungsprozess an der Wortgrenze findet bei den deutschen Spanischlernern überwiegend zwischen einer unbetonten und einer betonten Silbe statt, also innerhalb einer phonologischen Phrase. Dadurch werden ideale CV-Silben gebildet, die nicht nur der universellen Tendenz entsprechen, sondern auch der optimalen Silbenstruktur zur Rhythmusbildung des Spanischen.

Die argentinischen Lerner, besonders diejenigen, die in Deutschland leben, resilbifizieren auch im Deutschen. Die Präferenz des Deutschen, die Coda zu bewahren, die Wortgrenze zu erhalten und wortinitiale betonte Vokale mit einem Glottal Stop einzuleiten, wird durch die Resilbifizierung seitens der Fremdsprachler missachtet. Das Phänomen, dass Fremdsprachler im Land der Zielsprache mehr Interferenzen aufweisen, als im eigenen Land, wird auch bei anderen der untersuchten Prozesse beobachtet. Vermutlich achten Sprachlerner, die fast ausschließlich im Klassenzimmer mit der Fremdsprache konfrontiert werden, mehr auf die angelernte Aussprache. Sprecher, die im Land der Zielsprache leben, müssen einerseits oft selber auf Prozesse oder deren Unterdrückung in der Fremdsprache kommen und werden daher seltener korrigiert als im Klassenzimmer. Andererseits fühlen sie sich, durch den täglichen Gebrauch wohler in der Fremdsprache. Sie können spontaner und überlegter sprechen, wodurch mehr Interferenzen aus der Muttersprache und nicht-unterdrückte universale Prozesse auftreten können.

Glottal Stop
Die deutschen Spanischlerner übertragen den Glottal Stop ins Spanische. Am Wortanfang nach einer Pause wird er sowohl vor betonten wie auch vor unbetonten

Vokalen eingesetzt. Am Wortanfang ohne Pause und innerhalb eines Wortes dagegen tritt er nur fußinitial auf. Dies verändert die Silbenstruktur, da durch das Einsetzen des Glottal Stops die betroffenen Silben einen Onset bekommen.
Die argentinischen Sprachlerner setzen im Deutschen onsetlose Silben mit einer Glottalisierung ein, allerdings seltener als deutsche Muttersprachler. Durch das Akzentmuster des Deutschen kann der Glottal Stop fast nur an fußinitialer Position eingesetzt werden, denn die meisten onsetlosen Silben sind betont. Es bleibt also offen, inwiefern den Informanten die prosodische Einheit bewusst ist. Im Deutschen ist ja die Abwechslung betonter und unbetonter Silben fundamental für die Rhythmusbildung. Wenn Deutschlerner den Fuß als Einheit erkennen sind sie viel näher dran, den deutschen Rhythmus wirklich zu lernen.

Konsonantenelision
Bei deutschen Spanischlernern bleiben, anders als bei argentinischen Muttersprachlern, intervokalische Konsonanten als Onset immer erhalten. Diese Sprecher passen sich der sprachspezifischen Regel des Spanischen nicht an, sondern bewahren die kanonische CV-Silbenstruktur.
Die argentinischen Deutschlerner können den Prozess der Konsonantenelision unterdrücken und elidieren die intervokalischen Konsonanten im Deutschen nicht. Es entsteht also auch keine Veränderung oder Vereinfachung der deutschen Silbenstruktur.

prototypische akzentzählende Sprachen	prototypische silbenzählende Sprachen
jede unbetonte Silbe wird qualitativ und quantitativ reduziert	Reduktionen finden nicht statt. Jede Silbe ist sowohl qualitativ als auch quantitativ vollständig vorhanden
Vokalsystem im Nebenakzent reduziert, keine Vokalharmonie möglich	Vokalsystem stabil und Vokalharmonie möglich

Elision des Schwa-Lautes

Die deutschen Spanischlerner elidieren die unbetonten Vokale im Spanischen nicht. Gelegentlich werden diese aber zu einem zentralisierten Vokal reduziert. Das Erhalten des Silbennukleus auch an unbetonter Position entspricht eher der Silbenstruktur des Spanischen. Dennoch entspricht die Reduktion unbetonter Vokale, die gelegentlich bei den Informanten stattfindet, nicht dem stabilen Vokalsystem im Spanischen.

Die argentinischen Deutschlerner elidieren in manchen Fällen die unbetonten Vokale. Insofern sie dies tun, passen sie sich dem deutschen Rhythmus an. Meistens aber wird entgegen der deutschen Tendenz der unbetonte Vokal weder elidiert noch reduziert. Dadurch wird das deutsche Vokalsystem unbetonter Silben dem im Hauptakzent angepasst.

Vokaldauer

Die Spanischlerner machen gelegentlich einen Dauerunterschied bei den Vokalen des Spanischen. Solche willkürliche Dauerschwankungen können auch bei argentinischen Muttersprachlern festgestellt werden. Die deutschen Sprecher versuchen aber auch, durch die Dauer der Vokale einen Unterschied zwischen Konsonanten zu kompensieren. Dieser Dauerunterschied der Vokale, den deutsche

Spanischlerner vor /ɾ/ und /r/ machen, hat keinen Einfluss auf die spanische Rhythmusbildung, denn hier ist die Silbendauer unwichtig. Die Deutschlerner können den deutschen phonologischen Dauerunterschied der Vokale nicht machen und dieses Nicht-Differenzieren phonologisch langer und kurzer Vokale seitens der argentinischen Deutschlernern kann die Rhythmusbildung des Deutschen stören. Im Deutschen wird die Dauer der Vokale durch die gesamte Silbenlänge bestimmt. Die Silbendauer ist im Deutschen nicht konstant und spielt eine große Rolle bei der Rhythmusbildung. Wird also die Vokaldauer willkürlich geändert, so wird auch die Silbendauer modifiziert.

prototypische akzentzählende Sprachen	prototypische silbenzählende Sprachen
Vokalausfall aus akzentuellen Gründen	Vokalausfall zur Optimierung der Silbenstruktur

Synalöphe
Anders als erwartet findet eine Vokalverschmelzung an der Wortgrenze bei deutschen Spanischlernern gelegentlich (fast ausschließlich bei schnellem, spontanem Sprechen) statt. Dies ist durch die Interferenz aus der Muttersprache möglich, denn im Deutschen können unbetonte Vokale aus akzentuellen Gründen reduziert werden. Es entstehen also bei den deutschen Informanten wohlgeformte CV-Silben, die der spanischen Tendenz entsprechen, aber nicht durch die Optimierung der Silbenstruktur motiviert sind, sondern durch die deutsche Tendenz zur Vokalreduktion aus akzentuellen Gründen.
Das entgegengesetzte Phänomen ist bei den argentinischen Deutschlernern zu beobachten. Auch hier findet gelegentlich eine Vokalverschmelzung bei schnellem und spontanem Sprechen statt, die durch eine Interferenz aus der Muttersprache motiviert ist. Da es sich überwiegend um unbetonte Vokale handelt, passt das Ergebnis gut zu dem deutschen Phänomen der Vokalreduktion aus akzentuellen Gründen, obwohl der Vokalausfall durch eine Optimierung der Silbenstruktur motiviert ist.

Das abschließende Fazit lässt sich folgendermaßen formulieren: Beide Sprachlernergruppen haben tendenziell die größten Schwierigkeiten mit den Prozessen in der Coda. Die argentinischen Deutschlerner sollten deshalb darauf aufmerksam gemacht werden, dass die deutsche Sprache eine komplexe und z.T. auch stimmlose Coda haben kann. Durch gezieltes Training sollte erreicht werden, dass sie keine Konsonanten an dieser Position (und ebenso im Onset) elidieren, abschwächen oder an der Wortgrenze resilbifizieren, so dass die Kriterien
- *komplexe Silbenstruktur* und
- *die Kombination von Elementen an jeder Position können von erheblicher Komplexität sein*

akzentzählender Sprachen in ihrer (Fremd-)Aussprache erfüllt werden.

Die deutschen Sprachschüler müssten dagegen lernen, die spanische Coda schwach und sonor, wenn überhaupt, auszusprechen. Dazu sollte besonders der Auslautverhärtungsprozess stärker unterdrückt werden, und auf die Abschwächung bzw. Elision von Konsonanten in der Coda und evtl. in Konsonantenclustern hingewiesen werden. Dadurch wird es den Sprachschülern möglich, die notwendige *CV-Silbenstruktur* des Spanischen zu erreichen.

In bezug auf das Vokalsystem sollen die spanischsprachigen Deutschlerner verstehen, dass es nicht nur einen phonologischen Quantitäts (und Qualitäts-)unterschied im Deutschen gibt, sondern auch, dass sich dieser nur auf die betonten Vokale beschränkt. Nicht nur die Opposition lang/kurz ist für die Rhythmusbildung des Deutschen wichtig, sondern auch die starke Abschwächung bis hin zur Elision von Reduktionsvokalen. Der deutliche *Unterschied zwischen betonten und unbetonten Silben*, sowie die *Vokal- und Silbendauer* im allgemeinen sind weitere grundsätzliche Bausteine für den Rhythmus akzentzählender Sprachen[404].

Das Ziel dieser Untersuchung war festzustellen, wie deutsche und argentinische Sprachlerner zentrale Phänomene für die Rhythmusbildung erkennen und assimilieren können, und inwiefern der dabei resultierende Rhythmus dem original deutschen bzw. spanischen entspricht. Aus allen untersuchten Kriterien kann nun gefolgert werden, dass die argentinischen Deutschlerner große Schwierigkeiten haben, die verschiedenen Kriterien der deutschen Rhythmusbildung zu erfüllen,

---

[404] Für konkrete Hinweise für den Deutsch-als-Fremdsprache-Unterricht siehe Völtz 1994, Klimov 1995, Hirschfeld 1995, Cauneau 1992.

und damit den eher akzentzählenden Rhythmus des Deutschen zu produzieren. Obwohl sie aus der Fremdsprache nicht nur eine bloße Folge von CV-Silben machen, besteht doch eine starke Tendenz dazu.
Die deutschen Spanischlerner dagegen können sich dem tendenziell silbenzählenden Rhythmus des Spanischen relativ gut anpassen. Einerseits bedeuten konstante Silbendauer und -struktur sowie ein stabiles Vokalsystem eine Vereinfachung im Vergleich zu den Kriterien für die Rhythmusbildung des Deutschen, da ihnen dieser Rhythmustyp aus dem frühen Spracherwerb schon bekannt.

6. Anhang

1. Der folgende Text wurde von deutschen Spanischlernern für die Untersuchung zur Vokaldauer vor /r/ und /ɾ/ vorgelesen:

Un día, caminando por un barrio alejado y muy humilde, pude observar los quehaceres cotidianos de la gente del lugar: Cerro arriba, en una callecita angosta, había un hombre viejo tirando con una barra de hierro de su carro pesado. Estaba atascado, el burro se le había empacado y él solo no podía sacar el carro del barro. Estaban volviendo de la feria, que había en la plaza, entre la iglesia y la escuela. El pobre hombre había cargado su carro con manzanas, jarros y cajas de madera, peras, naranjas, hojas de parra, limones y papas. Era temprano y todavía no había mucha gente. Se podían ver todos los puestos de la feria: una gorda vendiendo verdura, otra vendiendo fruta, un charro vendiendo diarios y revistas, un viejo con un gorro de lana vendiendo churros y chocolate caliente. Mas atrás había puestos donde se vendían leche, quesos, pan y flores.
Delante de la iglesia, en la tierra seca y polvorienta, estaba el cura párroco, leyendo algunos párrafos de la Biblia, pero nadie le prestaba atención.
Me alejé contento.

2. Die folgenden (z.T. Quasi-)Minimalpaare wurden ebenfalls von deutschen Spanischlernern für die Untersuchung zur Vokaldauer vor /r/ und /ɾ/ vorgelesen (in dieser Reihenfolge):

cura (Priester)   *curro* (umgangssprachlich *Trick*)
coro (*Chor*)   *corro* ((ich) laufe)
feria (Markt)   *ferreo* (aus Eisen)
faro (Leuchtturm)   *farra* (Party)
pero (aber)   *perro* (Hund)
juro ((ich) verspreche)   *jarro* (Krug)
loro (Papagei)   *gorro* (Mütze)
paro ((ich) bremse)   *sarro* (Kalk)
cera (Wachs)   *cerro* (Berg)
bora (Name eines Windes)   *borra* (Kaffeesatz)
boro (metal)   *borro* ((ich) radiere)
vara (Rute)   *barra* (Stange).

7. Bibliographie

Abercrombie, David (1967): *Elements of General Phonetics*. - Edinburgh University Press.

Adams, Corinne (1979): *English Speech Rhythm and the Foreign Learner*. - (= Janua Linguarum, Series Practica 69). The Hague: Mouton.

Alarcos Llorach, Emilio (4:1991): *Fonología Española*. - Madrid: Gredos.

Allen, George (1973): *Segmental timing control in speech production*. - Journal of Phonetics 1, S. 219-237.

Allen, George (1975): *Speech rhythm: its relation to performance universals and articulatory timing*. - Journal of Phonetics 3, S. 75-86.

Allen, George und Hawkins, Sarah (1980): *Phonological Rhythm: Definition and Development*. - In: Child Phonology, Volume 1: Production (Hrsg. Grace Yeni-Komshian et al.), S. 227-256. New York: Academic Press.

Almeida, Manuel (1993): *Alternancia y ritmo en español*. - Verba 20, S. 433-443.

Almeida, Manuel (1994): *Patrones rítmicos del español: isocronía y alternancia*. - Estudios Filológicos 29. Universidad Austral de Chile, S. 7-14.

Archibald, John (1998): *Second Language Phonology*. - (= Language Acquisition and Language Disorders, Bd. 17). Amsterdam: Benjamins.

Auer, Peter und Uhmann, Susanne (1988): *Silben- und akzentzählende Sprachen*. - Zeitschrift für Sprachwissenschaft 7, S. 214-259.

Auer, Peter (1990): *Phonologie der Alltagssprache*. - (= Studia Linguistica Germanica 28). Berlin, New York: Walter de Gruyter.

Auer, Peter (1994): *Einige Argumente gegen die Silbe als universale prosodische Hauptkategorie*. - In: Universale phonologische Strukturen und Prozesse (Hrsg. Karl-Heinz Ramers, Heinz Vater, Henning Wode), S. 55-78. Tübingen: Niemeyer.

Auer, Peter und Couper-Kuhlen, Elizabeth (1994): *Rhythmus und Tempo konversationeller Alltagssprache*. - Zeitschrift für Literaturwissenschaft und Linguistik 96, S. 78-106.

Bausch, Karl-Richard und Raabe, Horst (1978): *Zur Frage der Relevanz von kontrastiver Analyse, Fehleranalyse und Interimsprachenanalyse für den Fremdsprachenunterricht*. - In: Jahrbuch Deutsch als Fremdsprache 4, S. 56-72. München: Judicium.

Berendsen, Egon (1986): *The Phonology of Cliticization.* - Dordrecht/Riverton: Foris.

Beym, Richard (1963): *Porteño /s/ and [h][h̃] [s] [x] [ø] as variants.* - Lingua 12, S. 199-204.

Borer, Hagit (1983): *Parametric Syntax.* - (= Studies in Generative Grammar 13). Dordrecht: Foris.

Borzone de Manrique, Ana María und Signorini, Angela (1983): *Segmental Duration and Rhythm in Spanish.* - Journal of Phonetics 11, S. 117-128.

Brière, Eugène (1968): *A Psycho-Linguistic Study of Phonological Interference.* - (= Janua Linguarum: Series Minor 66). The Hague: Mouton.

Brockhaus, Wiebke (1995): *Final Devoicing in the Phonology of German.* - (= Linguistische Arbeiten 336). Tübingen: Niemeyer.

Brown, Cynthia (2000): *The Interrelation between Speech Perception and Phonological Acquisition from Infant to Adult.* - Second Language Acquisition and Linguistic Theory, S. 4-63.

Bruce, Gösta (1983): *On rhythmic alternation.* - Working Papers 25, Linguistics-Phonetics Lund University, S. 35-52.

Burt, Marina und Dulay, Heidi (1980): *On Acquisition Orders.* - In: Second Language Development: trends and issues (Hrsg. Sascha Felix), S. 265-327. Tübingen: Narr.

Canellada, María Josefa und Kuhlmann Madsen, John (1987): *Pronunciación del Español.* - Madrid: Castalia.

Cartagena, Nelson und Gauger, Hans-Martin (1989): *Vergleichende Grammatik Spanisch-Deutsch.* Duden-Sonderreihe Teil 1. Mannheim: Dudenverlag.

Castro, Américo (2:1960): *La Peculiaridad Lingüística Rioplatense y su Sentido Histórico.* - Madrid: Taurus.

Cauneau, Ilse (1992): *Hören-Brummen-Sprechen: Angewandte Phonetik im Unterricht Deutsch als Fremdsprache.* - München: Klett.

Chen, Matthew (1974): *Natural Phonology from the Diachronic Vantage Point.* - In: Papers from the Parassesion on Natural Phonology (Hrsg. Anthony Bruck, Robert Fox und Michael La Galy). Chicago Linguistic Society. S. 43-80.

Contreras, Heles und Lleó, Conxita (1982): *Aproximación a la fonología generativa.* - Barcelona: Anagrama.

Cressey, Williams (1978): *Spanish Phonology and Morphology: A Generative View.* - Washington: Georgetown University Press.

Dauer, Rebecca (1983): *Stress-timing and syllable-timing reanalyzed.* - Journal of Phonetics 11, S. 51-62.

Dauer, Rebecca (1987): *Phonetic and phonological components of language rhythm.* - In: Proceedings of the Eleventh International Congress of Phonetic Sciences, Volume 5, S. 447-450. Tallinn: Academy of Sciences of the Estonian SSR.

Delattre, Pierre (1966): *A comparison of syllable length conditioning among languages.* - International Review of Applied Linguistics (IRAL), S. 183-198.

Delattre, Pierre (1969): *An acoustic and articulatory study of vowel reduction in four languages.* - International Review of Applied Linguistics (IRAL), S. 295-325.

Dieling, Helga (1982): *Zur Perzeption deutscher Vokale im Fremdsprachenunterricht.* - In: Sprechwirkungsforschung, Sprecherziehung, Phonetik und Phonetikunterricht (Hrsg. Eva Maria Krech), S. 389-393. Abteilung Wissenschaftspublizistik der Martin-Luther-Universität Halle Wittenberg.

D'Introno, Francesco, Ortiz, Judith und Sosa, Juan (1989): *On resyllabification in Spanish.* - In: Studies in Romance Linguistics (Hrsg. Carl Kirschner und J. Decesaris), S. 98-107. Amsterdam: Benjamins.

Donegan, Patricia und Stampe, David (1979a): *The Study of Natural Phonology.* - In: Current Approaches to Phonological Theory (Hrsg. Daniel Dinnsen), S. 126-173. Bloomington: Indiana University Press.

Donegan, Patricia und Stampe, David (1979b): *Rhythm and the holistic organization of language structure.* - In: Papers from the Parasession on the Interplay of Phonology, Morphology and Syntax (Hrsg. John Richardson). Chicago Linguistic Society, S. 337-353.

Dressler, Wolfgang (1984): *Explaining natural phonology.* - Phonology Yearbook 1, S. 29-51.

Duden Aussprachewörterbuch, Wörterbuch der Deutschen Standardaussprache, 2. (= Duden Bd.6, 1974). Mannheim, Wien, Zürich: Dudenverlag.

Durand, Jacques (1990): *Generative and Non-Linear Phonology.* - New York: Harlow Longman.

Eisenberg, Peter (1989): *Die Schreibsilbe im Deutschen.* - In: Schriftsystem und Orthographie (Hrsg. Peter Eisenberg und Hartmut Günther), S.57-84. Tübingen: Niemeyer.

Eisenberg, Peter (1991): *Syllabische Struktur und Wortakzent.* - Zeitschrift für Sprachwissenschaft 10/1, S. 37-64.

Eisenberg, Peter (Hrsg.) (1992): *Silbenphonologie des Deutschen.* - (= Studien zur deutschen Grammatik 42). Tübingen: Narr.

Fontana, Josep (1996): *Phonology and Syntax in the Interpretation of the Tobler-Mussafia Law.* - In: Approaching Second: Second position clitics and related phenomena (Hrsg. Aaron Halpern und Arnold Zwicky), S. 41-84. Stanford, California: CSLI Publ.

Foster, David (1975): *Concerning the phonemes of standard porteño spanish.* - In: Three Essays in Linguistic Diversity in the Spanish Speaking World (Hrsg. Jacob Ornstein-Galicia), S. 61-70. The Hague: Mouton.

Gass, Susan und Ard, Josh (1984): *Second Language Acquisition and the Ontology of Language Universals.* - In: Language Universals and Second Language Acquisition (Hrsg. William Rutherford), S. 33-67. Amsterdam: Benjamins.

Giegerich, Heinz J. (1992): *Onset maximisation in German: the case against resyllabification rules.* - In: Silbenphonologie des Deutschen (Hrsg. Peter Eisenberg, Karl-Heinz Ramers und Heinz Vater), S. 134-169. Tübingen: Narr.

Gili Gaya, Samuel (15:1991): *Curso superior de sintaxis española.* - Barcelona: Bibliograf.

Goncharenko, Sergei (1987): *Metro-rhythmic and phonetic structures of spanish poetic speech.* - In: Proceedings of the Eleventh International Congress of Phonetic Sciences, Volume 5, S. 451-455. Tallinn: Academy of Sciences of the Estonian SSR

Grab-Kempf, Elke (1988): *Kontrastive Phonetik und Phonologie Deutsch-Spanisch.* - (= Heidelberger Beiträge zur Romanistik, Bd. 23). Frankfurt a.M.: Lang.

Granda Gutiérrez, German de (1966): *La Estructura Silábica.* - (= Revista de filología española. Anejo 81). Madrid.

Guirao, Miguelina and Borzone de Manrique, Ana Maria (1972): *Fonemas, silabas y palabras del español de Buenos Aires.* - Filología, Bd. XVI, Universidad de Buenos Aires, Instituto de Filología y Literaturas Hispánicas. S. 135-165.

Gussmann, Edmund (1976): *Wie lassen sich phonologische Regeln vergleichen?.* - In: Trends in kontrastiver Linguistik. Forschungsberichte des Instituts für deutsche Sprache 28 (Hrsg. Horst Raabe), S.119-134. Tübingen.

Hall, Tracy Alan (1992): *Syllable Structure and Syllable-Related Processes in German.* - (= Linguistische Arbeiten 276). Tübingen: Niemeyer.

Halpern, Aaron (1995): *On the placement and morphology of clitics.*- Dissertation. Leland Stanford Junior University.

Harris, James (1969): *Spanish phonology*. - Cambridge, Mass.: MIT Press.

Harris, James (1983): *Syllable Stucture and Stress in Spanisch*. - Cambridge, Mass.: MIT Press.

Harris, James (1989): *Sonority and Syllabification in Spanish.*- In: Studies in Romance Linguistics (Hrsg. Carl Kirschner und J. Decesaris). S. 139-153. Amsterdam: Benjamins.

Harris-Northall, Ray (1990): *Weakening Processes in the History of Spanish Consonants*. - Cornwall, London: Routledge.

Heike, Georg (1992): *Zur Phonetik der Silbe.*- In: Silbenphonologie des Deutschen (Hrsg. Peter Eisenberg, Karl-Heinz Ramers und Heinz Vater), S. 1-42. Tübingen: Narr.

Heilmann, Christa (1992): *Methodische Aspekte der Klassifizierung phonetischer Fehler*. - Materialien DaF 32. Phonetik, Ausspracheschulung und Sprecherziehung im Bereich Deutsch als Fremdsprache, S. 105-110.

Heindrichs, Wilfried; Gester, Friedrich W. und Kelz, Heinrich (1980): *Sprachlehrforschung: angewandte Linguistik und Fremdsprachendidaktik*. - (= Angewandte Linguistik, Band 6). Stuttgart: Kohlhammer.

Hirschfeld, Ursula (1981): *Zu Problemen des Ausspracheunterrichts bei der Aneignung fremdsprachiger Laut- und Intonationsformen*. - Deutsch als Fremdsprache 18, Heft 2, S. 102-106.

Hirschfeld, Ursula (1982): *Konfrontative phonologische phonetische Untersuchungen Spanisch-Deutsch als Grundlage für die Intensivierung der Aussprachefertigkeiten bei der Aneignung des Deutschen durch Spanischsprechende in der Anfangsetappe*. - Halle. Dissertation.

Hirschfeld, Ursula (1983a): *Ergebnisse des Sprachvergleichs Spanisch-Deutsch im Bereich der Phonologie und Phonetik*. - Deutsch als Fremdsprache 20, Heft 3, S. 169-174.

Hirschfeld, Ursula (1983b): *Zur Interferenz im Bereich der Phonologie und Phonetik*. - Deutsch als Fremdsprache 20, Heft 1, S. 51-55.

Hirschfeld, Ursula (1995): *Phonetik im Unterricht Deutsch als Fremdsprache: Wie der Lehrer so der Schüler?*. - Fremdsprache Deutsch 12, S. 6-10.

Honsa, Vladimir (1965): *The Phonemic System of Argentinian Spanish*. - Hispania 48, S. 275-283. AATSP.

Hooper, Joan (1972): *The Syllable in Phonological Theory*. - Language 48, Nr. 3, S. 525-540.

Hooper, Joan (1974): *Rule Morphologization in Natural Generative Phonology*. - In: Papers from the Parasession on Natural Phonology (Hrsg. Anthony Bruck, Robert Fox und Michael La Galy). Chicago Linguistic Society. S. 160-170.

Hooper, Joan (1976): *An Introduction to Natural Generative Phonology*. - New York: Academic Press.

Hooper, Joan (1979): *Substantive Principles in Natural generative Phonology*. - In: Current Approaches to Phonological Theory (Hrsg. Daniel Dinnsen), S. 106-125. Bloomington: Indiana University Press.

Hualde, José Ignacio (1989): *Delinking Processes in Romance*. - In: Studies in Romance Linguistics (Hrsg. Carl. Kirschner und J. Decesaris). S. 176-193. Amsterdam: Benjamins.

Hualde, José Ignacio (1991): *Aspiration and Resyllabification in Chinato Spanish*.- Probus, International Journal of Latin and Romance Languages, Bd. 3.1, S. 55-76.

Hualde, José Ignacio (1991): *On Spanish Syllabification*. - In: Current Studies in Spanish Linguistics (Hrsg. Héctor Campos und Fernando Martínez-Gil), S. 475-493. Washington D.C.: Georgetown University Press.

Hurch, Berhard und Rhodes, Richard (1996): *Natural Phonology: The State of the Art (Introduction)*, S. VII-XII. Berlin, New York: Mouton de Gruyter.

Jaeggli, Osvaldo (1986): *Three Issues in the Theory of Clitics: Case, Doubled NPs, and Extraction*. - In: Syntax and Semantics, Vol. 19: The Syntax of Pronominal Clitics (Hrsg. Hagit Borer), S. 15-42. Orlando Academic Press.

James, Carl (1972): *Zur Rechtfertigung der Kontrastiven Linguistik*. - In: Reader zur kontrastiven Linguistik (Hrsg. Gerhard Nickel), S. 21-38. Frankfurt a.M.: Athenäum.

Janker, Peter (1995): *Sprechrhythmus, Silbe, Ereignis*. - (= Forschungsberichte des Instituts für Phonetik und Sprachliche Kommunikation der Universität München, 33). München.

Jessen, Michael (1994): *Funktional differences between consonants and vowels in German*. - In: Universale phonologische Strukturen und Prozesse (Hrsg. Karl-Heinz Ramers, Heinz Vater, Henning Wode), S.115-150. Tübingen: Niemeyer.

Juhász, János (1970): *Probleme der Interferenz*. - Budapest: Akadémiai Kiadó.

Kelz, Heinrich (1976): *Phonetische Probleme im Fremdsprachenunterricht*. - Hamburg: Helmut Buske.

Kelz, Heinrich (1992): *Lernziel Deutsche Aussprache*. - Materialien DaF 32. Phonetik, Ausspracheschulung und Sprecherziehung im Bereich Deutsch als Fremdsprache, S. 23-38.

Kenstowicz, Michael (1994): *Phonology in Generative Grammar*. - Cambridge, Mass: Blackwell.

Kiparsky, Paul (1982): *Explanation in Phonology*. - (= Publications in Language Sciences 4). Dordrecht: Foris.

Klimov, Nikolai (1995): *Zur Bewußtmachung rhythmischer Strukturen*. - Fremdsprache Deutsch 12, S. 23-26.

Kohler, Klaus (1982): *Rhythmus im Deutschen*. - Arbeitsberichte Institut für Phonetik Universität Kiel 19, S. 89-105.

Kohler, Klaus (1983): *Prosodic Boundary Signals in German*. Phonetica 40, S. 89-134

Kohler, Klaus (1986): *Invariance and variability in speech timing: from utterance to segment in German*. - In: Invariance and variability in speech processes (Hrsg. Joseph Perkell und Klatt), S. 268-299. Hillsdale: Erlbaum.

Kohler, Klaus (1994a): *Glottal Stops an Glottalization in German* - Phonetica 51, S. 38-51.

Kohler, Klaus (1994b): *Stressed Vowel Duration in German: Results from a Large Data Base of read Speech*. - In: Linguistic studies in honour of Jürgen Rischel (Hrsg. Elmegård Rasmussen; = Acta Linguistica Hafniensia) Vol. 27, S. 299-320. Copenhagen: Reitzel.

Kohler, Klaus (2:1995): *Einführung in die Phonetik des Deutschen*. - (= Grundlagen der Germanistik 20). Berlin: Erich Schmidt.

Kohno, Morio (1987): *Perception of Rhythm and its Role in the Process of Language Acquisition*. - In: Proceedings of the Eleventh International Congress of Phonetic Sciences, Volume 5, S. 54-55. Tallinn: Academy of Sciences of the Estonian SSR.

Krech, Eva-Maria (1968): *Sprechwissenschaftlich-phonetische Untersuchungen zum Gebrauch des Glottisschlageinsatzes in der allgemeinen deutschen Hochlautung*. - (= Bibliotheca Phonetica, No.4). Halle.

Krzeszowski, Tomasz (1972): *Kontrastive Generative Grammatik*. - In: Reader zur kontrastiven Linguistik (Hrsg. Gerhard Nickel), S. 75-80. Frankfurt a.M.: Athenäum.

Kubarth, Hugo (1986): *El Idioma como Juego Social*. - Thesaurus 41, S. 187-210.

Kubarth, Hugo (1987): *Das lateinamerikanische Spanisch*. - München: Hueber.

Lauterbach, Stefan und Merzig, Brigitte (1994): *Phonetik und Phonologie im DaF-Studium.* - Info DaF 21/5, S. 534-543.

Lass, Roger (1984): *Phonology.* - Cambridge University Press.

Laver, John (1994): *Principles of Phonetics.* - Cambridge University Press.

Liberman, Mark und Prince, Alan (1977): *On Stress and Linguistic Rhythm.* - Linguistic Inquiry 8, S. 249-336.

Lösener, Hans (1999): *Der Rhythmus in der Rede.* - (= Konzepte der Sprach- und Literaturwissenschaft 59). Tübingen: Niemeyer.

Maas, Utz (1999): *Phonologie: Einführung in die funktionale Phonetik des Deutschen.* - (= Studienbücher zur Linguistik 2). Opladen: Westdeutscher Verlag.

Major, Roy (1987): *The Natural Phonology of Second Language Acquisition.* - In: Sound Patterns in Second Language Acquisition (Hrsg. Allan James und Jonathan Leather), S. 207-224. Dordrecht: Foris.

Malmberg, Bertil (1950): *La Phonétique de l'espagnol parlé en Argentine.* - In: Lund Universitets Årsskrift N. F. Aud. 1 Bd. 45, Nr 7.

Martinet, André (2: 1974): *Economia de los cambios fonéticos.* - Madrid: Gredos.

Martínez Celdrán, Eugenio (1984): *Fonética.* - Barcelona: Teide.

Marton, Waldemar (1976): *Kontrastive Analyse im Fremdsprachenunterricht.* - In: Trends in kontrastiver Linguistik. Forschungsberichte des Instituts für deutsche Sprache 28 (Hrsg. Horst Raabe), S. 165-175. Tübingen: Narr.

Miller, M. (1984): *On the perception of rhythm.* - Journal of Phonetics 12, S. 75-83.

Moulton, William (1956): *Syllable nuclei and final consonant clusters in German.* - In: For Roman Jakobson (Hrsg. Morris Halle), S. 372-381. The Hague: Mouton.

Nespor, Marina und Vogel, Irene (1986): *Prosodic Phonology.* - (= Studies in Generative Grammar 28). Dordrecht: Foris.

Núñez Cedeño, Rafael (1991): *Headship assignment resolution in Spanish compounds.* - In: Current Studies in Spanish Linguistics (Hrsg. Héctor Campos und Fernando Martínez-Gil), S. 573-598. Washington D.C.: Georgetown University Press.

Núñez Cedeño, Rafael und Morales-Front, Alfonso (1999): *Fonología generativa contemporánea de la lengua española.* - Washington D.C.: Georgetown University Press.

Nübling, Damaris (1992): *Klitika im Deutschen.* - (= SciptOralia 42). Tübingen: Narr.

Oller, Kimbrough D. (1979): *Syllable Timing in Spanish, English and Finnish.* - . Current Issues in the Phonetic Sciences, Part I (Hrsg. Harry und Patricia Hollien), S. 331-343.

Olsen, Caroll (1972): *Rhythmical patterns and syllabic features of the spanish sense-group.* - In: Proceedings of the 7th International Congress of Phonetic Sciences 1971, S. 990-996. The Hague: Mouton.

Pétursson, Magnús und Neppert, Joachim (1991): *Elementarbuch der Phonetik.* - Hamburg: Helmut Buske.

Pike, Kenneth (1945): *The Intonation of American English.* - Univ. of Michigan.

Pinkerton Hutchinson, Sandra (1974): *Spanish Vowel Sandhi.* - In: Papers from the Parasession on Natural Phonology. (Hrsg. Anthony Bruck, Robert Fox und Michael La Galy). Chicago Linguistic Society. S. 184-192.

Pointon, Graham (1980): *Is Spanish really syllable-timed?* - Journal of Phonetics 8, S. 293-304.

Pompino-Marschall, Bernd; Grosser, Wolfgang; Hubmayer, Karl und Wieden, Wilfried (1987): *Is German stress-timed? A study on vowel comprehension.* - In: Proceedings of the Eleventh International Congress of Phonetic Sciences, Volume 2, S. 161-163. Tallinn: Academy of Sciences of the Estonian SSR.

Pompino-Marschall, Bernd (1990): *Die Silbenprosodie.* - (= Linguistische Arbeiten 247). Tübingen: Niemeyer.

Pompino-Marschall, Bernd (1995): *Einführung in die Phonetik.* - Berlin: de Gruyter.

Prinz, Michael (1991): *Klitika im Deutschen und im Neugriechischen.* - (= Linguistische Arbeiten 256). Tübingen: Niemeyer.

Quilis, Antonio (1993): *Tratado de fonología y fonética españolas.* - Madrid: Gredos.

Ramers, Karl Heinz (1988): *Vokalquantität und -qualität im Deutschen.* - (= Linguistische Arbeiten 213). Tübingen: Niemeyer.

Ramers Karl-Heinz und Vater, Heinz (1991): *Einführung in die Phonologie.* - (= Kölner Linguistische Arbeiten - Germanistik 16). Hürth-Efferen: Gabel.

Ramers, Karl Heinz (1992): *Ambisilbische Konsonanten im Deutschen.* - In: Silbenphonologie des Deutschen. (Hrsg. Peter Eisenberg, Karl Heinz Ramers und Heinz Vater), S. 246-283. Tübingen: Narr.

Rein, Kurt (1983): *Einführung in die kontrastive Linguistik.* - Darmstadt: Wissenschaftliche Buchgesellschaft.

Roach, Peter (1982): *On the distinction between "stress-timed" and "syllable-timed" languages.* - In: Linguistic Controversies: Essays in Linguistic Theory and Practice in Honour of F. R. Palmer (Hrsg. David Crystal), S. 73-79. London: Edward Arnold.

Roca, Iggy (1986): *Secondary Stress and Metrical Rhythm.* - Phonology Yearbook 3, S. 341-370.

Roca, Iggy (1991): *Stress and syllables in Spanish.* - In: Current Studies in Spanish Linguistics (Hrsg. Héctor Campos und Fernando Martínez-Gil), S. 599-635. Washington: Georgetown University Press.

Roldán, Mercedes (1974): *Constraints on Clitic Insertion in Spanish.* - In: Linguistic Studies in Romance Languages (Hrsg. Joe Campbell), S. 124-138. Washington: Georgetown University Press.

Rosner, B. und Pickering, J. (1994): *Vowel Perception and Production.* - (= Oxford Psychology Series 23). Oxford University Press.

Rubach, Jerzy (1990): *Final Devoicing and Cyclic Syllabification in German.* - Linguistic Inquiry, Bd. 21, Nr. 1, S. 79-94.

Russinovich Solé, Yolanda (1987): *El Porteño ante los acentos extranjeros en su medio.* - Thesaurus 42, S. 285-319.

Saltarelli, Mario (1989): *Syntactic Shift and the Creation of Clitics in Romance.* - In: Studies in Romance Linguistics (Hrsg. Carl Kirschner und J. Decesaris), S. 347-364. Amsterdam: Benjamins.

Schön, Barbara (1984): *Warum sprechen die Kinder das schon wieder falsch aus? - Phonetische Interferenzen bei deutschlernenden Spaniern.* - Der deutsche Lehrer im Ausland 1/84, S. 40-46.

Seiler, H (1962): *Laut und Sinn: Zur Struktur der Deutschen Einsilbler.* - Lingua 11, S. 375-387.

Selinker, Larry (1972): *Interlanguage.* - International Review of Applied Linguistics (IRAL) 10/3, S. 210-231.

Siebs, Theodor (19:1969): *Deutsche Aussprache. Reine und gemäßigte Hochlautung mit Aussprachewörterbuch.* - Berlin: de Gruyter.

Sievers, Eduard (1901): *Grundzüge der Phonetik.* - Leipzig: Breitkopf und Haertel.

Simpson, J. und Withgott, M. (1986): *Pronominal clitic clusters and templates.* - In: Syntax and Semantics, Vol.19. The Syntax of Pronominal Clitics (Hrsg. Hagit Borer), S. 149-174. Orlando: Academic Press.

Singh, Rajendra (1996): *Natural Phono(morpho)logy: A view from the outside.* - In: Natural Phonology. The State of the Art (Hrsg. Bernhard Hurch und Richard Rhodes), S. 1-38. Berlin, New York: Mouton de Gruyter.

Slama-Cazacu, Tatiana (1976): *Die Regularisierung: eine der Universalien beim Spracherwerb.* - In: Trends in kontrastiver Linguistik. Forschungsberichte des Instituts für deutsche Sprache 28 (Hrsg. Horst Raabe), S. 255-289. Tübingen: Narr.

Slembeck, Edith (1983): *Phonetik im Unterricht untersucht an deutschen Sprachbüchern 1898-1978.* - (= Forum Phoneticum, Band 29). Hamburg: Buske.

Spencer, Andrew (1997): *Phonology.* - Oxford: Blackwell.

Spieckermann, Helmut (2000): *Silbenschnitt in deutschen Dialekten.* - (= Linguistische Arbeiten 425). Tübingen: Niemeyer.

Stampe, David (1979): *A Dissertation an Natural Phonology.* - New York: Garland Publishing.

Strangert, Eva (1987): *Major Determinants of Speech Rhythm: A Preliminary Model and some Data.* - In: Proceedings of the Eleventh International Congress of Phonetic Sciences, Volume 2, S. 149-152. Tallinn: Academy of Sciences of the Estonian SSR.

Strozer, Judith (1992): *Non-native language acquisition from a Principles and Parameters perspective.* - In: Current Studies in Spanish Linguistics, (Hrsg. Héctor Campos und Frenando Martínez-Gil), S. 71-113. Georgetown University Press.

Suñer, Margarita (1989): *Dialectal variation and clitic-doubled direct objects.* - In: Studies in Romance Linguistics (Hrsg. Carl Kirschenr und J. Decesaris), S. 377-395. Amsterdam: Benjamins.

Szabo, Robert (1974): *Deep and Surface Order of the Spanish Clitics.* - In: Linguistic Studies in Romance Languages (Hrsg. Joe Campbell), S. 139-146. Washington: Georgetown University Press.

Taylor, D. S. (1987): *Non-Native Speakers and the Rhythm of English.* - In: Interlanguage Studies (= Studies in Descriptive Linguistics 17; Hrsg. Dietrich Nehls) S. 95-102. Heidelberg: Groos.

Terrell, Tracy (1977): *A natural Approach to Second Language Acquisition and Learning.* - The Modern Language Journal, Volume LXI, Nummer 7, S. 325-337.

Terrell, Tracy (1978): *La aspiración y elisión de /s/ en el español porteño.* - Anuario de Letras 16, S. 41-66.

Toledo, Guillermo (1997): *Prominencia melódica y temporal: El caso de la alternancia rítmica.* - Estudios de Fonética Experimental (EFE), volúmen VIII, S. 153-183.

Trubetzkoy, Nikolaj S. (4: 1967): *Grundzüge der Phonologie.* - Göttingen: Vanderhoeck und Ruprecht.

Van Wijk, H. L. A. (1963): *A note on the article "porteño /s/ and [h][h̆] [x] [ø] as variants".*- Lingua 12, S. 307-308.

Vásquez, Washington (1953): *El fonema /s/ en el español del Uruguay.* - Revista de la facultad de humanidades y ciencias 10, S. 87-94.

Vater, Heinz (1992): *Zum Silben-Nukleus im Deutschen.* - In: Silbenphonologie des Deutschen. (Hrsg. Peter Eisenberg, Karl Heinz Ramers, Heinz Vater), S. 100-130. Tübingen: Narr.

Vennemann, Theo (1972): *On the Theory of Syllabic Phonology.* - Linguistische Berichte 18, S. 1-18.

Vennemann, Theo (1974): *Words and Syllables in Natural Generative Grammar.* - In: Papers from the Parassesion on Natural Phonology (Hrsg. Anthony Bruck, Robert Fox und Michael La Galy). Chicago Linguistic Society. S. 346-374.

Vennemann, Theo (1982): *Zur Silbenstruktur der deutschen Standardsprache.* - In: Silben, Segmente, Akzente (Hrsg. Theo Vennemann). S. 261-305. Tübingen: Niemeyer.

Vennemann, Theo (1986): *Neuere Entwicklungen in der Phonologie.* - Berlin, New York, Amsterdam: Mouton de Gruyter.

Vennemann, Theo (1988): *Preference laws for syllable structure and the explanation of sound change.* - Berlin, New York, Amsterdam: Mouton de Gruyter.

Vennemann, Theo (1991): *Skizze der deutschen Wortprosodie.* - Zeitschrift für Sprachwissenschaft 10/1, S. 86-111.

Vennemann, Theo (1994): *Universelle Nuklearphonologie mit epiphänomenaler Silbenstruktur.* - In: Universale phonologische Strukturen und Prozesse (Hrsg. Karl-Heinz Ramers, Heinz Vater, Henning Wode), S. 7-54. Tübingen: Niemeyer.

Vidal de Battini, Berta (1964): *El Español de la Argentina.* - Buenos Aires: Consejo Nacional de Educación.

Völtz, Michael (1991): *Das Rhythmusphänomen.* - Zeitschrift für Sprachwissenschaft 10, S. 284-296.

Völtz, Michael (1994): *Sprachrhythmus und Fremdspracherwerb.* - Deutsch als Fremdsprache Heft 2, S. 100-104.

Wanner, Dieter (1974): *The Evolution of Romance Clitic Order.* - In: Linguistic Studies in Romance Languages (Hrsg. Joe Campbell), S. 158-177. Washington: Georgetown University Press.

Wenk, Brian (1986): *Crosslinguistic Interference in Second Language Phonology: Speech Rhythms.* - In: Crosslinguistics Influence in Second Language Acquisition (Hrsg. Eric Kelleman und Michael Sharwood) S. 120-133. Fankfurt a.M.: Pergamon Press.

Weiss, Rudolf (1976): *The Perception of Vowel Length and Quality in German.* - (= Hamburger Phonetische Beiträge Bd. 20) Hamburg: Buske

White, Lydia (1989): *Universal Grammar and Second Language Acquisition.* - (= Language Acquisition and Language Disorders, Bd.1). Amsterdam: Benjamins.

White, Lydia (2000): *Second Language Acquisition: From Initial to Final State.* - In: Second Language Acquisition and Linguistic Theory (Hrsg. John Archibald), S. 130-155. Malden, MA: Blackwell.

Wiese, Richard (1996): *The Phonology of German.* - Oxford: Clarendon Press.

Wode, Henning (1977): *The L2 acquisition of /r/.* - Phonetica 34, S. 200-217.

Wode, Henning (1980): *Phonology in L2 Acquisition.* - In: Second Language Development (Hrsg. Sascha Felix), S. 123-136. Tübingen: Narr.

Wojcik, Richard (1981): *Natural Phonology and Generative Phonology.* - In: Phonology in the 1980's (Hrsg. D.L. Goyvaerts), S. 635-647. Ghent: Story-Scientia.

Wolff (1950): *Partial comparison of the sound systems of english and puerto-rican spanish.* - Language Learning 3, S. 38-40.

Young-Scholten, Martha (1993): *The Acquisition of Prosodic Structure in a Second Language.* - (= Linguistische Arbeiten 304). Tübingen: Niemeyer.

Young-Scholten, Martha (2000): *Second Language Syllable Structure.* - In: Second Language Acquisition and Linguistic Theory (Hrsg. John Archibald), S. 64-101. Malden, MA: Blackwell.

Yu, Si-Taek (1992): *Silbeninitiale Cluster und Silbifizierung im Deutschen*. - In: Universale phonologische Strukturen und Prozesse (Hrsg. Karl-Heinz Ramers, Heinz Vater, Henning Wode), S. 172-206. Tübingen: Niemeyer.

Zierer, Ernst (1961): *Lautbildungsschwierigkeiten spanischsprachiger Peruaner im Deutschen*. - Deutschunterricht für Ausländer, S. 26-29.

Zollna, Isabel (1994): *Der Rhythmus in der geisteswissenschaftlichen Forschung*. - Zeitschrift für Literaturwissenschaft und Linguistik 96, S. 12-52.